n°230

COUVERTURE
Léonard Cornevin, assistant à la mise en scène, prépare une répétition du projet de fin d'études d'Amel Benaïssa, *Je suis née à 18h30, heure à laquelle passait « Beverly Hills »*, Insas, Bruxelles, 2014.© Michel Boermans.

théâtre public

Revue trimestrielle publiée par l'association *théâtre public*
2 bis, rue Dupressoir
92230 Gennevilliers
www.theatrepublic.fr

COÉDITION/DIFFUSION
Éditions Théâtrales
47, avenue Pasteur
93100 Montreuil
Tél. : 01 56 93 36 70

ABONNEMENTS/COMMANDES
Laura Geloin
Tél. : +33 (0)2 31 59 25 02
Courriel : gisabo3@gis-routage.fr
Fax : +33 (0)2 31 69 44 35
Théâtre/Public - GIS Logistique
Z.A. La Tellerie
C.S. 20016
61438 Flers Cedex

DIRECTION DE LA PUBLICATION
Bernard Rothstein

RÉDACTION EN CHEF
Olivier Neveux
olivier.neveux@theatrepublic.fr

COORDINATION ET SECRÉTARIAT DE RÉDACTION
Sylvie Claval

COMITÉ DE RÉDACTION
Jean-Louis Besson, Christian Biet, Clare Finburgh, Alain Girault, Jean Jourdheuil, Olivier Neveux, Michèle Raoul-Davis, Bernard Sobel

ADMINISTRATION
Rose Boursier-Mougenot
administration@theatrepublic.fr

CONCEPTION GRAPHIQUE
Sur une maquette de BlomStudio (Blom\Fogliani)
blomstudio.fr

MISE EN PAGE ET PHOTOGRAVURE
Brigitte Benard

IMPRESSION
Corlet Imprimeur
14110 Condé-sur-Noireau

Dépôt légal : octobre 2018
Commission paritaire : 0423 G 89623
N° TVA intracommunautaire : FR1449836265600015
ISSN 0335-2927

SOMMAIRE

Enseigner la mise en scène

La création d'une première section Mise en scène dans une école supérieure de théâtre en France, au TNS, au début des années 2000, fit à l'époque polémique. Presque vingt ans ans plus tard, le dossier « Enseigner la mise en scène » propose de revenir sur cette histoire et plus spécifiquement sur son actualité alors que les formations se sont depuis multipliées. Quelles sont les singularités de chacune, leur approche et, plus largement, les enjeux, les difficultés et les perspectives pour le théâtre à venir de telles formations ?
Ce 230e numéro est aussi l'occasion de faire évoluer la formule de *Théâtre/Public*. On y retrouve, bien sûr, le dossier — que nous venons de présenter —, constitué d'études, de témoignages, de récits. À celui-ci, désormais, s'ajouteront en plus grand nombre des articles en prise avec l'actualité du théâtre public : interventions, comptes-rendus, recensions. Et chaque volume débutera, dorénavant, par un entretien — c'est Thomas Ostermeier qui ouvre cette « nouvelle formule ».

Un metteur en scène, un théâtre, un continent, un monde
Thomas Ostermeier et la Schaubühne

ENTRETIEN AVEC THOMAS OSTERMEIER,
RÉALISÉ PAR CLARE FINBURGH
TRADUIT DE L'ANGLAIS PAR MARIELLE PELISSERO

L'an prochain, cela fera vingt ans que Thomas Ostermeier est directeur artistique de la Schaubühne. Dans cette interview, menée après la création de *Retour à Reims* à Manchester, en Angleterre, Ostermeier parle de son insertion dans l'histoire de la Schaubühne, dans sa généalogie de politique radicale, d'expérimentation stylistique, de démocratie. Son approche de la mise en scène et de la direction d'une institution s'insère dans les débats les plus aigus d'aujourd'hui.

CLARE FINBURGH: Quelle est, selon vous, l'identité de la Schaubühne? Si l'on estime que la Volskbühne est le «théâtre du peuple», un théâtre «pour le peuple», que considéreriez-vous comme étant l'identité de la Schaubühne?

THOMAS OSTERMEIER: On a tendance à penser que la Schaubühne a été fondée en 1970 par le grand metteur en scène allemand Peter Stein, alors qu'en fait elle a débuté presque une décennie plus tôt. L'histoire de la Schaubühne, notamment dans ses huit premières années, est essentielle à la compréhension de l'esprit de la Schaubühne aujourd'hui.

La Schaubühne a été initiée en 1962 par un groupe d'étudiants qui ont décidé d'interrompre leurs études théâtrales et de faire du théâtre à la place[1]. L'un des cinq étudiants, Jürgen Schitthelm, qui est encore actionnaire de la compagnie de la Schaubühne, avait alors 22 ans. Avec quatre autres passionnés de théâtre, Leni Langenscheidt, Waltraut Mau, Dieter Sturm et Klaus Weiffenbach, le projet était de faire un théâtre de pratique, de façon indépendante. Le fait que la première compagnie était indépendante est très significatif vis-à-vis de l'identité actuelle de la Schaubühne, car c'est un théâtre fondé par des étudiants, sans qu'aucun argent public ait été engagé.

Les étudiants venaient tous de milieux différents. Schitthelm, notamment, était originaire de Berlin-Est et avait déménagé à l'Ouest juste avant que le mur de Berlin ne soit construit, en août 1961. Avant de déménager, quand il était encore un jeune adolescent à Berlin-Est, après l'école, il avait l'habitude d'assister à toutes les répétitions au Berliner Ensemble, qui avait été fondé par Bertolt Brecht et Helene Weigel en 1949.

Ainsi, les cinq jeunes étudiants ont créé la compagnie en 1962, avec un programme très engagé politiquement, proche de mon programme quand j'ai créé la Baracke, le petit espace expérimental au Deutsches Theater de Berlin, en 1996[2]. Par exemple, dans les années 1960, ils ont monté *Le Baladin du monde occidental,* de J.M. Synge, *Vietnam-Diskurs*[3], de Peter Weiss, et *Purgatoire à Ingolstadt,* de Marieluise Fleisser. Ces spectacles étaient tous très réalistes, on pourrait les qualifier de «kitchen sink drama»[4],

1– Parmi les ouvrages rendant compte de l'histoire de la Schaubühne, signalons *50 Jahre Schaubühne*, éd. par Jürgen Schittelm, Theater der Zeit, 2012. Voir aussi *Théâtre/Public*, n° 209, 2013: «La Schaubühne, Berlin-Ouest, 1970-1981», dossier coordonné par Jean-Louis Besson et Gaëlle Maidon.

2– Ostermeier a été le directeur artistique de la Baracke de 1996 à 1999. Durant cette période, il a mis en scène essentiellement des pièces contemporaines irlandaises et britanniques, parmi lesquelles *Fat Men in Skirts*, de Nicky Silver (1996), *Des couteaux dans les poules*, de David Harrower (1997), *Shopping and Fucking*, de Mark Ravenhill (1998), et *Disco Pigs*, d'Enda Walsh (1998). Il a également mis en scène *Homme pour homme*, de Bertolt Brecht (1997).

Thomas Ostermeier. © Brigitte Lacombe.

et aussi de l'agit-prop politiquement très provocatrice.
Dès le départ, leur théâtre avait bénéficié d'un soutien très positif des journalistes de Berlin-Ouest. Notamment, le critique le plus influent de l'époque, Friedrich Luft, suivait de près la jeune compagnie et avait compris qu'ils cherchaient à créer l'identité d'une troupe[5], même s'ils n'avaient pas les moyens financiers d'établir une troupe permanente. Ils engageaient des acteurs au fil des productions, un peu comme les systèmes français ou britannique de nos jours. Ils recrutaient les acteurs, mais en fait, c'était toujours les mêmes acteurs. Par conséquent, le programme de pièces d'un réalisme social très conscient politiquement était joué sur scène par un groupe d'acteurs très militants politiquement.
La politique fait partie intégrante du nom même de Schaubühne. Il existe deux raisons pour lesquelles le théâtre a reçu ce nom. L'une est le célèbre texte radicalement politique de l'auteur dramatique allemand Friedrich von Schiller, *Die Schaubühne als eine moralische Anstalt betrachtet* (*Le Théâtre considéré comme une institution morale,* 1784), qui pose la question de savoir quelle morale un bon théâtre pourrait produire. L'autre raison est un magazine intitulé *Schaubühne,* qui était publié dans les années 1920, dans lequel écrivaient des intellectuels allemands et autrichiens très progressistes, comme le satiriste, journaliste et dramaturge Karl Kraus.
Ensuite, Peter Stein est arrivé. En 1969, Stein fut mis à la porte du Schauspielhaus de Zurich où il était directeur artistique depuis seulement un an, parce qu'il avait récolté des fonds à l'issue de spectacles pour soutenir les Viêt Cong, qui combattaient les États-Unis et le gouvernement sud-vietnamien pendant la guerre du Vietnam. La bourgeoisie de Zurich avait clairement fait savoir que cela n'était tout simplement pas

3– Traduit en français (1968) par Baudrillard sous le titre : *Discours sur la genèse et le déroulement de la très longue guerre de libération du Vietnam : illustrant la nécessité de la lutte armée des opprimés contre leurs oppresseurs ainsi que la volonté des États-Unis d'Amérique d'anéantir les fondements de la révolution* (NdT).
4– « Kitchen sink' dramas » : courant artistique et culturel britannique développé dans les années 1950 et 1960, qui consiste à représenter la vie quotidienne des classes populaires de façon réaliste. On parle de réalisme social (NdT).
5– Le terme original est « ensemble », que nous avons traduit par « troupe » (NdT).

possible. Cependant, juste avant de travailler au Schauspielhaus de Zurich, Stein avait mis en scène au Kammerspiele de Munich ce qui est considéré comme une production de référence, *Sauvés,* d'Edward Bond. Il était alors l'assistant du metteur en scène Fritz Kortner, l'un des plus importants metteurs en scène allemands de l'après-guerre qui, tout comme Max Reinhardt, était un vrai directeur d'acteurs qui inspira toute une génération de metteurs en scène allemands de l'après-1968. Mais Stein s'est débrouillé pour se fâcher avec lui aussi, une fois de plus en raison de son radicalisme politique.
Il créa ensuite ce qui devint une production célèbre du *Torquato Tasso* de Goethe au Théâtre de Brême, avec les acteurs désormais légendaires Bruno Ganz, Edith Clever et Jutte Lampe. Grâce à ces deux éminentes productions, Stein fut invité à diriger la Schaubühne en 1970. La Ville de Berlin fut suffisamment intelligente pour inviter Stein et son équipe prometteuse à s'installer à la Schaubühne.
Il est important de se souvenir que cet épisode connu de l'histoire de la Schaubühne, resté célèbre aujourd'hui, était marqué par son engagement en faveur de la démocratie et de la participation. Stein introduisit un système de rémunération égalitaire, équivalent à celui que nous avions au début de mon mandat (je reviendrai là-dessus), et un *Spielplan* (ou programme) très engagé politiquement, qui débuta avec *La Mère,* de Brecht, en 1970. C'est là un élément important: Stein choisit l'actrice Therese Giehse pour le rôle de la Mère, ce qui était très significatif. Giehse était une actrice juive bavaroise qui avait travaillé avec Brecht, et elle était donc en possession de deux identités artistiques claires et différentes: elle était une actrice extrêmement engagée politiquement, elle avait joué pour Brecht, et elle était en même temps une *Volksschauspieler,* issue du théâtre populaire des classes ouvrières, qui jouait dans son dialecte régional. Il était par conséquent très symbolique que Stein place ses jeunes acteurs émergents en constellation autour de cette icône du théâtre politique brechtien. Tout comme Jürgen Schitthelm, qui s'était formé en regardant des répétitions au Berliner Ensemble, Stein a apporté aussi l'héritage de Brecht à la Schaubühne. Brecht et une admiration pour Brecht sont enracinés dans l'identité de la Schaubühne.
Stein introduisit des leçons hebdomadaires sur le marxisme et le léninisme pour toute la troupe d'acteurs, ce qui entraîna en 1972 le refus du parti conservateur au pouvoir à Berlin de subventionner le théâtre, arguant qu'ils ne sauraient soutenir un théâtre qui faisait la promotion du communisme. Ainsi, pendant toute une année, ils ne reçurent aucune subvention de la ville, et se trouvèrent par conséquent en situation de dette. Stein et la troupe de la Schaubühne ont également monté d'autres pièces hautement politiques, comme *La Tragédie optimiste,* de Vsevolod Vishnevsky (1972), une pièce qui traite de la révolution russe. Et, pour illustrer l'importance du travail de troupe, ils ont produit une version de *Peer Gynt* (1971), d'Henrik Ibsen, dans laquelle le rôle principal était tenu par plusieurs acteurs.
Toutefois, il est également important de remarquer qu'il existait différentes «factions» au sein de la troupe. Alors qu'il était metteur en scène associé au théâtre depuis un an, Claus Peymann décida de monter *Der Ritt über den Bodensee* (*La Chevauchée sur le lac de Constance,* 1971) de Peter Handke, ce qui provoqua des tensions entre les membres modérés de la troupe et les éléments gauchistes radicaux, principalement représentés par l'acteur Michael König, qui était maoïste et croyait que le théâtre de Handke n'était pas assez politique pour être joué à la Schaubühne, ou même que Handke était un réactionnaire. Deux ans après l'arrivée de Stein, ses acteurs et lui-même abandonnèrent l'égalité de salaire, ce qui signifia que les acteurs qui étaient alors devenus des vedettes; Bruno Ganz, Corinna Kirchhoff, Edith Clever, Jutte Lampe et Otto Sander,

Ce qui a donné forme à la Schaubühne, c'est la géographie et l'histoire dans lesquelles elle se trouvait

notamment, étaient payés davantage que les autres (entre parenthèses, à l'exception de Ganz, ils étaient devenus des stars justement parce qu'ils jouaient à la Schaubühne, et pas parce qu'il faisaient carrière à la télévision ou au cinéma). Ainsi, le déclin commença, peu de temps seulement après l'introduction du système démocratique.

Il est très important de se souvenir que cette époque était très différente et de comprendre la Schaubühne dans son contexte concret. Ce n'est pas seulement le talent et l'éclat de son directeur et de ses acteurs qui ont donné forme à la Schaubühne, c'est également la géographie et l'histoire dans lesquelles elle se trouvait. La Schaubühne s'efforçait de trouver son identité juste à côté du rideau de fer. Berlin-Ouest était une vitrine au cœur de l'Allemagne de l'Est communiste, et se sentait obligée de faire la promotion de ses idées de liberté et de démocratie. En même temps, Berlin-Ouest subissait une fuite de cerveaux dramatique. Tous les jeunes gens talentueux quittaient Berlin-Ouest, géographiquement coupée du reste de l'Allemagne de l'Ouest, pour faire carrière ailleurs. Cela concernait les grandes compagnies et industries, par exemple Siemens et BMW, et cela concernait également la culture. En fait, c'est pour cette raison que la ville a demandé à Peter Stein, le metteur en scène le plus talentueux et le plus politiquement radical de sa génération, de venir à Berlin. La ville a fait un pari qui a marché, car la Schaubühne est devenu un théâtre mondialement connu. C'est également la raison pour laquelle le célèbre festival de théâtre Theatertreffen a été créé dans cette ville, de façon à ramener chaque année les plus beaux exemples de culture ouest-allemande à Berlin, et à les exhiber. Et c'est, entre parenthèses, la raison pour laquelle j'ai soulevé la question de savoir si nous avons réellement encore besoin du Theatertreffen. Mais c'est une autre histoire.

Le théâtre est devenu de plus en plus célèbre, servant de modèle à tous les autres théâtres allemands, car il représentait et promouvait l'idée que les acteurs doivent non seulement apprendre leur texte et exceller sur scène, mais également connaître toute l'histoire de la pièce, son analyse conceptuelle et sa dramaturgie. À la Schaubühne, les périodes de répétition étaient extrêmement longues (six mois, voire un an), et une grande partie du temps était passée autour de la table, à laquelle des experts, comme des spécialistes ou des scientifiques, étaient invités à expliquer les problématiques principales de la pièce. Pour la préparation de *Wie es euch gefällt* (*Comme il vous plaira*, 1977), Stein engagea une recherche de plus de deux ans, qu'il intitula « la mémoire de Shakespeare ». Lui et sa troupe menèrent des recherches sur l'histoire élisabéthaine, la science élisabéthaine, le Théâtre du Globe, et d'autres aspects de la vie au début de l'époque moderne. Il appliquait par conséquent un processus de recherche à l'événement théâtral. Cette préparation intense a favorisé l'émergence d'un genre de réalisme très nuancé dans lequel Stein et les acteurs portaient une attention particulière au contexte historique. Les productions jouées pendant les dix premières années de la direction de Stein étaient novatrices, et on peut dire que toute l'Allemagne de l'Ouest, et par la suite le monde entier, admirait et respectait la préparation intense et intellectuelle qui se déroulait pendant les répétitions de la Schaubühne.

À la fin des années 1970, la compagnie s'est installée dans le bâtiment où nous nous trouvons à présent. Ils avaient auparavant été logés dans un tout petit théâtre (désormais connu sous le nom d'Hebbel am Ufer 2), pas beaucoup plus grand que la Baracke où j'ai commencé ma carrière, et puis la Ville de Berlin a décidé que la Schaubühne devenait de plus en plus célèbre et qu'elle avait besoin d'une nouvelle maison. Ainsi, l'Universum, un vieux cinéma construit en 1928, a été transformé pour devenir la nouvelle Schaubühne, avec trois studios dans un espace de 90 mètres sur 40. Comme je l'ai déjà dit, Berlin-Ouest était l'endroit où l'Allemagne de l'Ouest pouvait exhiber ses marchandises à l'Est. Par conséquent, le gouvernement a investi 80 millions de Deutschemarks dans la rénovation, ce qui était une somme énorme pour l'époque. Stein a inauguré ce nouvel espace avec une version de huit heures de l'*Orestie* (1980) d'Eschyle, qui fut un immense succès, et il a enchaîné avec une série très célèbre d'interprétations des œuvres de Tchekhov, incluant *Les Trois Sœurs* (1984) et *La Cerisaie* (1991). À ce moment-là, quand j'ai commencé à aller aux représentations de la Schaubühne, les productions avaient considérablement changé par rapport à celles des années 1970, quand le récit était extrêmement nuancé et détaillé. À la fin des années 1980, la Schaubühne était devenu le temple du théâtre ouest-allemand, présentant les plus

Façade la la Schaübuhne.
© Gianmarco Bresadola.

grandes stars, adoptant ce qu'on pourrait décrire comme un jeu d'acteur maniéré. Les voyelles paraissaient beaucoup plus longues et la façon de jouer n'était plus naturaliste, même si la scénographie était extrêmement détaillée et réaliste. On pourrait considérer cette époque comme l'âge d'or du théâtre, mais en lisant les critiques, il apparaît clairement que les spectacles ont très vite été attaqués. Les critiques disaient que les acteurs étaient étouffés par leur propre expérimentation esthétique, que les décors étaient certes beaux mais exagérés, et que Stein se contentait de répéter une formule à succès avec de moins en moins de pertinence politique, et devenait, ce faisant, son propre musée.

Quand j'ai pris la direction de la Schaubühne, Stein était parti depuis quinze ans. Je ne suis donc pas son successeur. Il s'est retiré de la direction artistique en 1985, bien qu'il ait encore monté une ou deux productions à la Schaubühne jusqu'en 1989. Il fut suivi de Luc Bondy, Jürgen Gosch et ensuite d'Andrea Breth qui reprit l'héritage des dernières productions de Stein, en travaillant de façon très naturaliste avec ses acteurs, en portant une attention aiguë aux détails historiques, et en montant des pièces dans des décors et costumes d'époque.

C.F. : Aujourd'hui, nous vivons dans un monde très différent des années 1960 et 1970, en particulier depuis la chute du mur de Berlin. L'une de vos dernières productions, *Retour à Reims* (2017), l'adaptation théâtrale de l'essai du même titre signé par l'auteur et philosophe Didier Eribon, évoque cela de façon très succincte en montrant comment ceux qui votaient communiste autrefois et s'engageaient au nom d'un idéal communautaire et internationaliste choisissent désormais de rejoindre un populisme individualiste et isolationniste. Qu'en est-il aujourd'hui de l'héritage historique de la Schaubühne, de l'esprit de la Schaubühne que vous venez de décrire ? De sa politique radicale, de son engagement pour la démocratie et des salaires égalitaires, de son attachement à la recherche et aux répétitions, ou bien de son potentiel à devenir un musée du patrimoine ? De quoi avez-vous hérité en tant que directeur artistique ?

T.O. : Quand j'ai commencé en tant que directeur artistique, j'ai établi le *Mitbestimmung Modell,* ce qui signifiait que chaque semaine, tous les acteurs devaient assister à une assemblée générale. Ils étaient tous obligés de lire toutes les pièces qui seraient éventuellement montées et de prendre part aux débats pour savoir si elles seraient montées ou pas. Les acteurs étaient également présents à toutes les réunions administratives. Par exemple, deux acteurs siégeaient comme représentants délégués à nos réunions budgétaires hebdomadaires, ainsi qu'à nos réunions dramaturgiques où les nouvelles pièces et productions étaient discutées, et ils étaient ensuite chargés d'en rendre compte à tous les autres acteurs pendant le week-end. De ce fait, quand nous avions notre assemblée générale chaque lundi, chacun des acteurs était informé et prêt à débattre du programme prévisionnel des pièces et des metteurs en scène qui les monteraient.

Les acteurs avaient tous un contrat qui spécifiait qu'ils n'étaient pas autorisés à faire du cinéma, de la télévision ou de la radio : ils devaient se consacrer entièrement au projet de la Schaubühne. Mais au bout de deux ans, une majorité des deux tiers a voté l'abandon de cette règle, afin de pouvoir travailler à la télé, dans des films ou à la radio. C'était absurde, en réalité, parce que seulement 10 % d'entre eux ont fait ou font une carrière dans ces autres industries. Les acteurs ont été assez stupides pour abandonner nos contrats originaux – ce n'était pas mon idée. À mon arrivée, j'ai également réintroduit un contrat qui stipulait l'égalité de salaire entre tous les acteurs. Il est important de noter que, comme pendant la direction de Stein, cela ne concernait que les acteurs. Une égalité de salaire entre tous les employés aurait été une bonne chose, mais cela aurait doublé, c'est-à-dire explosé, le budget. Chaque acteur recevait un salaire mensuel de 6000 Deutschmarks (3000 euros actuels). Étant donné que les impôts s'élèvent à peu près à 50 % en Allemagne, ils rapportaient à la maison autour de 3000 DM net.

Les assemblées générales hebdomadaires ont finalement été abandonnées, ainsi que l'égalité de salaire. Ce système représentait beaucoup de travail pour les acteurs qui devaient non seulement assister aux réunions, mais aussi en rendre compte à leurs collègues et lire toutes les pièces. Ils devaient être extrêmement organisés et professionnels en termes de ponctualité et de communication. Au fil des mois et des années, le système que j'avais mis en œuvre a porté un coup considérable à l'esprit de la compagnie et au bout d'un certain temps, j'en ai eu assez. Je me suis dit : « Qu'est-ce que c'est que ça ? » Les acteurs font tous partie d'un processus démocratique. Cela signifie qu'ils ont plus de responsabilités, et donc plus de travail. On ne peut pas bénéficier de tous les avantages d'un système démocratique sans s'investir dans le travail et accepter d'avoir de moins en moins de temps libre, moins de temps à consacrer à sa famille, à ses amis. Tout cela fait partie de la réalité politique. J'ai dû accepter le fait que nous avions essayé d'incorporer ce système de démocratie à une époque entièrement différente de celle durant laquelle Stein avait essayé. Dans les années 1970, la troupe était portée par la croyance en un changement en Allemagne de l'Ouest. Quand j'ai pris la direction en 1999, l'esprit était très différent. Le début des années 2000 était marqué par le triomphe du consumérisme, de l'individualisme, de la mode, c'était la période des start-up. Nous étions donc comme une sorte de vieux monastère au beau milieu d'un monde dont les principes avaient complètement changé. La décision d'abandonner l'égalité de salaire a été prise démocratiquement, par un vote à la majorité des deux tiers de la compagnie. Personnellement, je considère cela comme le plus grand échec de ma vie. Quant aux assemblées générales hebdomadaires, elles ont connu une hémorragie d'acteurs. Les acteurs ont simplement fui. Par conséquent, après un certain temps, en tant que directeur artistique, j'ai dit que si cela suscitait si peu d'intérêt, peut-être devrions-nous tenir des assemblées mensuelles plutôt qu'hebdomadaires. Il n'y a pas eu de protestation. J'ai dit ensuite qu'une assemblée par mois était peut-être trop, et que nous devrions

Nous étions comme une sorte de vieux monastère au beau milieu d'un monde dont les principes avaient complètement changé

Nina Hoss, Bush Mourkarzel et Ali Gadema dans *Retour à Reims*, mise en scène Thomas Ostermeier, 2017. © Arno Declair.

y avoir recours si et quand nous en avions besoin. Encore une fois, il n'y a eu pas de protestation. L'un des plus gros problèmes avec l'assemblée générale, c'est que j'en avais moi-même introduit l'idée. Donc c'était en réalité une démocratie forcée. Je ne peux même pas dire qu'elles ont été abandonnées à la suite d'un vote démocratique, parce que ceux qui sont venus voter n'étaient même pas assez nombreux pour que le vote soit démocratique !

Même aujourd'hui, je crois qu'un grand nombre d'acteurs de ma compagnie ne comprend pas pourquoi l'idée d'assemblée générale était si fondamentale pour moi. Quand même, en 2016, un groupe d'acteurs a initié de lui-même une nouvelle assemblée générale, en réponse aux mutations rapides de notre époque, à la montée du populisme de droite, etc. Donc maintenant il y a vraiment un nouvel esprit de démocratie à la Schaubühne.

C.F. : J'ai commencé cet entretien en mentionnant la Volksbühne. Au cours de l'année 2016, il y a eu une controverse autour du fait que Frank Castorf a été poussé vers la sortie et remplacé par Chris Dercon, qui n'est pas du tout un metteur en scène de théâtre : c'est l'ancien directeur de la Tate Modern, un directeur couronné de succès. Cela a entraîné la rédaction d'une lettre ouverte publiée dans la presse allemande, adressée au maire de Berlin Michael Müller et au secrétaire aux Affaires culturelles Tim Renner, par environ cent quatre-vingts employés de la Volksbühne. Le corporatisme et le globalisme néolibéral de la Tate Modern sont considérés comme l'antithèse de l'éthos de la Volksbühne. Quel est votre point de vue sur la commercialisation du théâtre ? Quelles sont les luttes que vous devez mener pour vivre et travailler dans un paysage économique néolibéral ?

T.O. : Castorf m'a dit : « Thomas, après vingt-cinq ans, c'est bon. C'est le moment pour moi de partir. » Frank Castorf avait l'âge de la retraite et tout le monde à Berlin, à la Volksbühne en particulier, aurait été content si l'un de ses proches collaborateurs avec pris sa suite. L'auteur dramatique René Pollesch ou le comédien et metteur en scène Herbert Fritsch, par exemple, auraient été parfaits.

Chris Dercon est un homme très respecté dans le milieu des arts visuels. J'aurais été l'un des premiers à saluer la décision de la Ville de Berlin et à lui souhaiter la bienvenue s'il avait pris la tête du Hamburger Bahnhof, ou de la Nationalgalerie, ou du

Martin-Gropius-Bau, ou d'une autre des institutions artistiques majeures de Berlin. Mais le placer à la tête de la Volksbühne a été une erreur catastrophique de la politique culturelle berlinoise, commise par l'un des secrétaires aux Affaires culturelles, Tim Renner, qui n'est même pas vraiment expert en matière de culture: il travaillait précédemment comme producteur chez Universal. Renner voulait promouvoir sa propre carrière et garantir sa réélection en amenant à Berlin un acteur mondial, en la personne de Dercon. Comme Chris Dercon avait dirigé la Tate Modern avec succès, on a supposé qu'il pourrait diriger un théâtre avec succès. Dans le monde des arts visuels, personne ne dirait «Thomas a dirigé la Schaubühne avec succès pendant vingt ans, confions-lui la Philharmonie de Londres». C'est tellement stupide. Il y a tant d'artistes très talentueux à la Volksbühne qui auraient pu prolonger l'héritage du théâtre. Ce n'est pas la faute de Dercon; la seule chose q'on pourrait lui reprocher, c'est d'avoir accepté le poste. Il aurait pu refuser en disant: «Ceci est un théâtre, j'ai dirigé des centres d'art pendant trente ans. Pourquoi devrais-je diriger un théâtre?»

Ça ressemble à une attaque dirigée contre la profession. Dercon est quelqu'un qui ne connaît tout simplement pas le théâtre. Mais c'est de notre propre faute. Nous avons un problème en tant qu'artistes de théâtre, en tant que communauté d'artistes de théâtre, parce que nous n'avons pas défendu l'idée de théâtre en tant qu'art et culture. Donc les politiciens pensent qu'on n'en a simplement rien à faire. Nous n'avons pas fait comprendre aux politiciens qu'être à la tête d'un théâtre est une position aussi importante que celle de Daniel Barenboïm à la tête de l'orchestre Staatskapelle de Berlin.

Les politiciens sont trop stupides pour comprendre que Frank et moi sommes les deux metteurs en scène allemands qui font les tournées internationales les plus importantes. Ni Frank ni moi ne cherchons à promouvoir l'Allemagne ou à représenter l'Allemagne à travers le monde, parce que nous ne sommes pas à l'aise avec ce que l'Allemagne représente. Mais nous apportons tous les deux le théâtre de Berlin dans les villes du monde entier. Nous promouvons l'identité de Berlin à travers le monde. Ce n'est pas comparable à Chris Dercon. Certes, il a une renommée internationale, il connaît tout le monde dans l'univers de l'art, et probablement aussi dans la danse et le théâtre. Mais c'est une folie que la Volksbühne renonce à être un lieu de création, qui produit des théâtres incroyables comme celui de Frank ou de ceux qui ont travaillé avec lui à la Volksbühne, un théâtre qui a sa propre identité, un théâtre qui est apprécié de l'Amérique du Sud à l'Asie et dans toute l'Europe, pour devenir en échange un lieu d'accueil de spectacles génériques qu'on peut voir dans n'importe quel festival international. C'est simplement stupide de ne pas comprendre qu'il y a une différence majeure entre un théâtre qui exporte des spectacles partout dans le monde et un théâtre qui invite des spectacles du monde entier mais qui n'en produit aucun.

Quand je décris la nomination de Dercon à la Volksbühne comme une attaque, je veux dire aussi qu'il s'agit d'une attaque de l'économie néolibérale contre la culture de façon plus générale. Les théories issues de l'école de Chicago dans les années 1970 ont été mises en œuvre par Ronald Reagan aux États-Unis et par Margaret Thatcher au Royaume-Uni, et, comme le montre mon dernier spectacle *Retour à Reims,* cela se poursuit. Même si nous avons un gouvernement social-démocrate, comme c'est le cas pour la ville de Berlin, la politique de centre-gauche est entièrement infiltrée par les économistes néolibéraux. Si cela continue ainsi, la vérité brutale à laquelle nous devrons faire face, c'est que le théâtre et les arts ne seront plus subventionnés du tout. Dercon est un exemple d'un modèle de politique culturelle qui en fin de compte implique d'avoir

> Nous avons un problème en tant qu'artistes de théâtre, parce que nous n'avons pas défendu l'idée de théâtre en tant qu'art et culture

des dîners et d'attirer autant de sponsors privés que possible. Tout le monde pense qu'en Allemagne les subventions coulent à flot et que c'est formidable de travailler dans le théâtre allemand. La vérité est que 0,7 % du budget de Berlin est consacré au théâtre. Si c'était 2, 5, 7 ou 10 %, on pourrait penser que l'Allemagne soutient réellement la culture. Bien entendu, ça reste davantage qu'au Royaume-Uni par exemple, mais ce n'est pas énorme.

Ce qui est nouveau à Berlin, si l'on compare avec ce qui se faisait au moment où j'ai pris la tête de la Schaubühne, c'est que de nos jours, le Parlement dit: «Quelle somme d'argent donne-t-on à Thomas?», puis ils la divisent par le nombre de mes spectateurs. Ils obtiennent alors une formule pour calculer à quelle hauteur ils vont financer chaque siège, puis pour comparer avec les années précédentes et avec d'autres théâtres. Donc ce n'est qu'une question d'argent. Il n'est pas question de qualité, de générer de nouveaux publics, de créer des publics en direction de l'avenir, de travailler avec les étudiants ou les écoliers, d'éduquer la population à réfléchir aux idéaux ou aux conflits, ou sur le fait d'être humain ou de vivre dans ce monde. Non. C'est une question d'argent. Ils penseront à la valeur réelle du théâtre quand il sera trop tard. J'ai été tellement choqué quand l'ancien Premier ministre français Jean-Marc Ayrault, après les attentats de Paris en 2015, m'a dit: «Thomas, nous devons faire quelque chose pour les jeunes des banlieues. Nous devons leur apporter de la culture. Nous voulons leur parler. Sais-tu comment nous pouvons résoudre ce problème? Sais-tu comment le théâtre peut aider?» Mais nous autres artistes avions parlé de l'importance de la culture depuis toujours, et maintenant il était trop tard. C'est tellement stupide. La société abandonne complètement ce sujet. À part le financement, il n'y a aucun autre soutien. Elle ne prend conscience de la valeur humaniste de la culture qu'au moment où il est trop tard.

C.F.: En dépit du fait que le monde se dirige de plus en plus vers des modèles d'individualisme plutôt que vers un esprit de communauté, et du fait que votre idéal d'assemblée générale pour la Schaubühne a échoué, vous avez tout de même maintenu l'héritage de la Schaubühne et l'éthos de sa troupe. Tout comme Stein, qui a travaillé intensément et durant de nombreuses années avec Ganz, Lampe, Clever et d'autres, vous avez développé un groupe d'acteurs avec lesquels vous travaillez en étroite collaboration. En effet, votre troupe n'est pas uniquement constituée d'acteurs, il y a également le scénographe Jann Pappelbaum avec qui vous collaborez depuis le temps où vous étiez directeur de la Baracke, les costumières Nina Wetzel et Florence von Gerka, le vidéaste Sebastian Dupouey, le dramaturge Florian Borchmeyer, le dramaturge et auteur dramatique Marius von Mayenburg, et Tobias Veit, le directeur général de la Schaubühne. Nombre de ces collaborateurs font partie de votre équipe depuis au moins une décennie, sinon deux.

T.O.: Je défendrai toujours l'idée d'une troupe, surtout au regard de la situation des théâtres au Royaume-Uni et en France. Je défendrai la troupe car, pour moi, il est fondamental d'avoir continuellement la possibilité de mener une recherche sur le théâtre et sur les méthodes d'acteurs, et cela n'est possible qu'avec une troupe permanente. Pour donner un exemple, le dernier spectacle que nous avons créé à la Schaubühne, *Professor Bernhardi* (2016), d'Arthur Schnitzler, n'aurait jamais été possible si nous avions dit: «Recrutons simplement seize acteurs et voyons comment ça se passe.» Pour que seize acteurs travaillent si bien sur scène, ils ont besoin d'avoir l'expérience de travailler ensemble. Il y a beaucoup de nouveaux venus dans le spectacle, mais il y a toujours un noyau dur d'acteurs qui se connaissent très bien, qui sont au courant du fonctionnement

> La société ne prend conscience de la valeur humaniste de la culture qu'au moment où il est trop tard

Robert Beyer, Veronika Bachfischer, Lukas Turtur, Eva Meckbach, Thomas Bading, Jörg Hartmann, Sebastian Schwarz, David Ruland et Konrad Singer dans *Professor Bernhardi*, mise en scène Thomas Ostermeier, 2016. © Arno Declair.

de chacun, qui se soutiennent les uns les autres sur scène, qui savent que quoi qu'ils fassent ils seront toujours portés par les autres des acteurs qui se font entièrement confiance. Ainsi, c'est un peu comme si les acteurs avaient répété ensemble pour cette production depuis quinze ans. Je crois profondément que les périodes les plus importantes dans l'histoire du théâtre et les metteurs en scène les plus importants sont toujours liés à une troupe. Stein et Frank Castorf sont des exemples contemporains, mais je pense également à Stanislavski avec le Théâtre d'art de Moscou, ou Brecht avec le Berliner Ensemble. Afin de se développer, un metteur en scène a besoin d'un travail continu avec une troupe d'acteurs.

C.F. : Vous êtes à la fois directeur artistique et metteur en scène. Voyez-vous ces exigences concurrentes comme l'extension logique l'une de l'autre, ou les percevez-vous parfois comme étant en conflit l'une avec l'autre ?

T.O. : Je ne vois pas de conflit entre les deux emplois. Je les vois comme existant de façon parallèle. Avant tout, c'est parce que je suis entouré d'une excellente équipe. Nous avons deux cent vingt employés permanents. Ils me soutiennent admirablement, et ainsi je sais que le théâtre est entre de bonnes mains pendant que je suis en répétitions. De temps à autre, quand les choses deviennent trop politiques, j'interviens, parce qu'il est beaucoup plus difficile pour les politiciens de me dire « non » à moi plutôt qu'à eux, étant donné que les politiciens me connaissent et connaissent ma réputation. Grâce à la reconnaissance dont je jouis, je peux me battre au nom du théâtre. Je suis préparé à lutter avec acharnement pour mon art, pour ma troupe, pour l'ensemble de l'édifice. Nous avons obtenu une grande victoire cette année, car nous avons reçu beaucoup d'argent pour nos techniciens et notre équipe administrative. C'est la conséquence directe du succès de l'art que nous produisons.
Un grand nombre de théâtres en Allemagne et en Autriche – par exemple, le Thalia Theater à Hambourg, les Kammerspiele de Munich ou le Burgtheater de Vienne – ont un directeur administratif plutôt qu'un directeur artistique. Dans la majorité des cas, cela gâche l'esprit de la compagnie. En étant à la fois metteur en scène et directeur artistique, j'ai pu développer une troupe d'acteurs qui attire des metteurs en scène du calibre de Simon McBurney, Romeo Castellucci, Milo Rau et Katie Mitchell. Ivo van Hove est aussi venu plusieurs fois, et Falk Richter a travaillé avec nous pendant

Katharina Ziemke dans *Professor Bernhardi*, mise en scène Thomas Ostermeier, 2016. © Arno Declair.

des années. Un grand nombre d'acteurs ne pensent qu'à se promouvoir eux-mêmes ou au moyen de devenir célèbres. Ceux-là ne pensent pas à travailler ensemble. Seul un directeur artistique qui est aussi metteur en scène, et qui peut diriger des acteurs non seulement dans leur jeu mais également dans l'éthique des répétitions, est capable de développer une troupe de qualité telle que la nôtre, avec laquelle tant de metteurs en scène souhaitent travailler.

C.F. : Qu'en est-il de la diversité et de l'inclusion au sein de la troupe de la Schaubühne ? En 2017, l'Arts Council England (la source de financement pour la culture en Angleterre) a annoncé sa dernière ligne budgétaire : il coupe les subventions à des théâtres comme le Hampstead Theatre, qui programme majoritairement des dramaturges et metteurs en scène qui sont des hommes blancs, et il a augmenté les subventions pour des théâtres comme le Bush Theatre, dont le directeur artistique Madani Younis a développé une programmation très diversifiée, qui inclut des auteurs dramatiques, metteurs en scène et comédiens d'une grande variété d'ethnies et d'origines. L'idée de diversifier votre troupe vous apparaît-elle comme prioritaire ? On pourrait considérer qu'une troupe permanente entrave la diversification…

T.O. : C'est une question essentielle. Mais je ne suis pas d'accord avec l'idée que les troupes permanentes sont un obstacle à la diversité. Je peux imaginer une troupe qui soit diversifiée.
D'abord concernant la troupe. Bien avant que le Gorki Theater ou le Ballhaus Naunystrasse

ne se rendent au théâtre des communautés turques à Kreuzberg, le quartier turc de Berlin, j'ai travaillé avec des icônes du théâtre turc de l'époque, comme Metin Tekin, le parrain du théâtre turc à Berlin. L'un de mes projets les plus importants à la Baracke était une pièce de l'auteur russe Alexeï Schipenko, dont toute la distribution était turque, y compris Metin Tekin, Chenzo Tanungarn, Aykud Kayatchick et Rid Donmetz. Ils faisaient tous partie intégrante de la Baracke, et certains d'entre eux ont rejoint la troupe de la Schaubühne quand je m'y suis installé. Un membre de la distribution, Adnan Maral, a poursuivi pour devenir probablement l'acteur turc le plus célèbre, grâce à une série télé, *Türkisch für Anfänger.* C'est désormais une vedette majeure et par conséquent il n'a pas besoin de la troupe de la Schaubühne.

Nous sommes très attentifs à la question de la diversité ethnique, mais je ne proposerai jamais un contrat à un acteur simplement parce qu'il est issu de l'immigration. Cela ne lui rendrait aucunement service parce qu'il se demanderait: «Suis-je ici parce que Thomas admire mon jeu d'acteur ou parce qu'il a besoin de promouvoir son théâtre dans les médias?»

Pendant la période où la danseuse et chorégraphe Sacha Waltz était codirectrice artistique de la Schaubühne, nous avions une troupe mixte d'acteurs et de danseurs qui était extrêmement diversifiée du point de vue ethnique. Et si l'on pense à la troupe aujourd'hui, nous avons un acteur qui vient du Brésil, Renato Schuch, et un acteur bosniaque très prometteur, Damir Avdic, qui nous a récemment rejoints. Dans les représentations de *Retour à Reims* qui se sont déroulées à Manchester, les deux acteurs locaux qui ont été distribués sont d'origine arabe. Bush Mourkarzel, qui jouait le réalisateur d'un documentaire radiophonique basé sur l'essai de Didier *Retour à Reims,* lu par l'actrice allemande Nina Hoss, est d'origine libanaise, et Ali Gadema, qui jouait l'ingénieur du son producteur et qui a contribué aussi à un rap, est d'origine libyenne.

Néanmoins, la troupe de la Schaubühne n'est pas aussi ethniquement diversifiée que la société allemande autour de nous. Mais depuis 2005 j'enseigne la *Regie,* la mise en scène, à l'Académie des arts dramatiques Ernst-Busch, et cela me passionne de trouver des talents parmi des étudiants issus de l'immigration ou des classes populaires. La promotion d'étudiants retenus pour la formation en mise en scène de l'année prochaine est exclusivement féminine, non pas que je veuille promouvoir l'idée d'une profession entièrement féminine, mais parce qu'elles étaient simplement les meilleures candidates. La seule façon de diversifier les acteurs sur scène et les metteurs en scène, c'est de commencer par diversifier les étudiants dans les écoles de théâtre.

C.F.: C'est vrai qu'il est difficile de penser à une ou plusieurs femmes metteuses en scène allemandes célèbres en dehors d'Allemagne, alors que vous avez déjà mentionné grand nombre d'hommes metteurs en scène: vous, Castorf, Pollesch, Richter...

T.O.: Nous avons décidé que dans notre programmation de metteurs en scène émergents à la Schaubühne, nous n'allions présenter que des femmes metteuses en scène. Nous projetons de travailler avec Lilja Rupprecht, une jeune metteuse en scène allemande, et Sanja Mitrovic, une excellente metteuse en scène serbe, dont nous avons déjà présenté des spectacles dans notre festival FIND.

C.F.: Il était évident, étant donné son accent, qu'Ali Gadema, dans *Retour à Reims,* était de Manchester. Vu que la culture a tendance à être très «londrocentrique» et que les accents du sud sont dominants au théâtre, c'était un excellent choix qu'Ali soit très clairement de Manchester, du Nord.

T.O.: Le sujet même de *Retour à Reims* indique que je suis profondément impliqué et engagé dans les questions relatives aux marginaux. Je m'intéresse également beaucoup aux questions de supposée «haute» et «basse» culture, et combien la «haute» culture est snob et élitiste. C'est pourquoi il m'importait d'inclure un habitant de Manchester d'origine arabe dans un spectacle présenté au Festival international de Manchester (MIF).

Il y a une raison spécifique pour laquelle j'ai décidé de choisir Ali, le rappeur, pour le spectacle. Je me suis rendu à Manchester en amont des répétitions car je voulais avoir des séquences vidéo tournées dans la ville. John McGrath, le directeur du MIF, m'a présenté Ali qui m'a fait visiter le quartier ouvrier de Manchester. À l'issue de la journée de tournage, Ali, qui venait à peine de terminer sa

formation en école d'acteurs, m'a dit qu'il y avait un important problème avec les conservatoires au Royaume-Uni, parce que tous les étudiants sont issus de la classe moyenne ou de la classe supérieure, ou d'un milieu bourgeois. Il a dit qu'il n'y a pas de personnes issues de la classe ouvrière dans les écoles d'acteurs. Donc la diversité ne se résume pas uniquement à la question d'inclure des personnes issues d'un milieu ethnique différent, cela concerne aussi la classe sociale. Il n'est simplement plus possible financièrement pour les étudiants de milieux plus modestes de faire une école d'acteurs, en particulier aux États-Unis et au Royaume-Uni. J'ai eu des diplômés de la Tisch School of the Arts, à la New York University, qui ont travaillé avec moi pendant le festival Find Plus à la Schaubühne. Quand ils accomplissent leurs quatre ans de formation, ils ont une dette de 300000 dollars. En tant qu'acteurs, ils n'ont aucun espoir de rembourser cela, ce qui signifie qu'ils ont besoin d'une famille bien aisée qui soit en mesure de les accompagner. Comme je viens de le dire, il faut diversifier les écoles de théâtre afin de pouvoir diversifier la scène.
Cela nous amène à l'essai de Didier Éribon *Retour à Reims* et à son constat que les classes ouvrières sont exclues de la société non seulement à l'école, mais également dans le cadre de la culture subventionnée, où le public issu des classes ouvrières n'existe simplement plus. Le milieu social est extrêmement important pour moi. Il a toujours joué un rôle essentiel dans mes prises de décision quand il s'agit d'engager des acteurs dans ma compagnie. Comme de nombreux acteurs de ma troupe travaillent avec moi depuis longtemps, ils viennent d'une époque où il était encore possible pour les jeunes issus de milieux ouvriers ou petits-bourgeois d'entrer dans des écoles de théâtre. Nombre de mes acteurs sont également issus de l'ancienne Allemagne de l'Est, qui avait une histoire et un tissu social complètement différents.

C.F.: Un des moments notables de *Retour à Reims* est quand Didier Eribon entre à l'Opéra Garnier, à Paris, l'un des établissements artistiques les plus sélects et bourgeois d'Europe, et décrit comment la culture vous donne un sentiment de valeur personnelle et de supériorité. Vous avez parlé d'initiatives pour diversifier votre troupe. Qu'en est-il de la diversification de vos publics ?

T.O.: Ma priorité, quand j'ai pris la Schaubühne, était d'être un théâtre international. L'idée d'un théâtre national est très importante en Allemagne. J'ai dit: «Je ne veux pas que la Schaubühne soit un théâtre national, je veux que ce soit un théâtre international.» Je veux dire «internationaliste», au sens communiste de l'Internationale. L'internationalisme a d'abord été conceptualisé par les communistes, bien avant que le terme même de globalisation ne voie le jour. Nous avons beaucoup de chance à la Schaubühne, car nous faisons des tournées internationales, nous sommes internationalement connectés et nous avons une perspective internationaliste. C'est ainsi qu'un public nombreux vient à la Schaubühne parce qu'il a vu nos spectacles à l'étranger et qu'il veut voir le «berceau», si l'on peut dire, du théâtre. Ajoutez à cela que Berlin compte d'importantes communautés de gens venus de Grèce, d'Italie et d'Espagne, qui ont été contraints de quitter leur pays à cause de la crise financière. Il y a même des gens de France, du Royaume-Uni et des États-Unis, qui se sont trouvés dans cette situation. Ils viennent à Berlin parce que les loyers y sont aujourd'hui encore plus bas que dans les autres villes phares du monde, et que l'on peut encore, plus ou moins, se permettre d'y faire carrière dans les arts. Ces gens fournissent à la Schaubühne un public très international. Nous nous assurons aussi qu'environ quinze spectacles par mois sont surtitrés dans diverses langues, comprenant l'anglais, le français, et de temps en temps le russe, car

> La diversité ne se résume pas à la question d'inclure des personnes issues d'un milieu ethnique différent, cela concerne aussi la classe sociale

il y a une communauté russe de deux cent mille personnes à Berlin. Nous étions le seul théâtre à proposer cela à Berlin, mais maintenant tous les gros théâtres berlinois font le surtitrage. Nous nous assurons que dans notre théâtre ce travail est exécuté de façon hautement professionnelle car nos surtitres apparaissent au centre du décor et non sur le côté, où personne ne les voit. Nous amenons la version anglaise de *Retour à Reims*, que nous avons créée à Manchester, à la Schaubühne à Berlin. Ainsi, sans vraiment mettre en place un programme spécifique, nous avons automatiquement un public très diversifié et international.

Je pense aussi que les publics savent que les causes qui les intéressent seront traitées à la Schaubühne. Ils savent que beaucoup de sujets qui les occupent, par exemple la mondialisation, la marginalisation, la Nouvelle Droite, les droits des LGBTQ, etc. seront traités. Je ne suis donc pas un grand promoteur de l'idée selon laquelle il faut organiser une campagne spéciale ou concevoir un programme spécifique pour attirer un public diversifié, parce que je dis toujours que les pièces et les productions devraient parler d'elles-mêmes. Nous n'avons jamais élaboré de programme pour toucher un public plus jeune ou des publics plus diversifiés. Cela s'est simplement produit, parce qu'en tant qu'équipe artistique nous sommes nous-mêmes diversifiés et les sujets qui nous intéressent sont socialement engagés, donc les publics peuvent se reconnaître dans notre travail.

C.F. : Vous avez mentionné votre condamnation d'une « haute culture » qui exclut les publics plus populaires. Il y a des éléments de culture populaire dans vos productions, par exemple la musique pop, l'utilisation de l'audiovisuel, etc. Dans le chapitre de *La Dialectique de la raison* (1944) intitulé « L'industrie culturelle », Theodor Adorno et Max Horkheimer expliquent que les cultures populaires, comme les marchandises industrielles, favorisent le plaisir facile et la consommation passive. Le penseur allemand d'origine néo-zélandaise Christopher Balme traite dans *The Theatrical Public Sphere* (2014) de la façon dont les publics, dans les théâtres contemporains, qu'ils soient privés ou subventionnés, sont devenus des consommateurs, et comment les théâtres ont été transformés, passant d'une « assemblée chahuteuse, potentiellement explosive », par exemple du temps de Shakespeare, à un auditorium destiné au simple divertissement, ce qui signifie que la dimension publique, communautaire, politique du théâtre a été remplacée par une expérience privée. Quel équilibre trouvez-vous entre l'attrait populaire de votre art et la résistance à devenir un produit de consommation ?

T.O. : Tout d'abord, je me considère comme un artisan du théâtre[6], pas comme un artiste. Je ne suis pas un artiste dans le sens d'auteur d'une œuvre d'art. Je suis un artisan du théâtre dans le sens où j'interprète des textes, qui sont eux-mêmes des œuvres d'art créées par un auteur.

C.F. : Mais les metteurs en scène de théâtre ne sont-ils pas eux aussi considérés comme des artistes ou des « auteurs » ? En France, on parle d'« écriture de plateau », ce qui indique qu'un metteur en scène, comme un auteur ou un artiste, crée du texte et des images pour la scène.

T.O. : Je ne m'identifie pas à cela. Je me sens tout à fait heureux en tant qu'artisan du théâtre, et je connais la différence entre ma profession et celle d'un artiste. Je défendrais toujours la distinction entre un artisan du théâtre et un artiste. Par exemple, dans la musique, il y a une différence majeure entre le compositeur et l'instrumentiste. Il est vrai que dans la musique contemporaine l'instrumentiste devient beaucoup plus important créativement parlant, mais c'est un autre sujet. Pour ma part, j'ai fait beaucoup de peinture entre l'âge 16 et 20 ans, et quelques expositions. C'est une façon complètement différente de travailler. Je me sens tout à fait à l'aise avec le fait d'être artisan du théâtre, et si je veux être un artiste je retournerai à la peinture, ou je me mettrai à l'écriture. Je ne suis pas un auteur, dans le sens de Urheber — quelqu'un en qui des idées prennent naissance. Je trouve toujours assez ridicule que des acteurs, dans des interviews, parlent de leur vie comme de celle d'un « artiste », alors qu'en fait ils font carrière dans l'industrie de la culture. Il n'y a qu'une poignée d'acteurs que je considérerais comme de véritables artistes. Et encore, ils ont besoin d'un bon script. Ils ont besoin d'un bon auteur — d'un artiste — derrière eux ou avec eux.

Mais revenons à l'idée de faire un théâtre qui soit populaire sans toutefois devenir un

6– Le terme original est « theater-maker » (NdT).

Richard III, mise en scène Thomas Ostermeier, 2015. © Arno Declair.

produit de consommation. La raison pour laquelle de temps à autre je fais l'objet de sévères attaques des revues allemandes est que je fais du théâtre pour moi-même. Ce que je veux dire, c'est que je fais du théâtre pour le milieu social dont je suis issu. Je m'ennuyais vraiment beaucoup quand j'allais au théâtre quand j'étais tout jeune, et que je ne comprenais pas les références qui étaient faites. Je me sentais bête. Je me sentais exclu. Je sais que si mes camarades de classe allaient à un spectacle auquel ils ne comprenaient pas un mot, s'ils ne pouvaient pas suivre l'histoire, ils partiraient au bout de vingt minutes. Comme le dit Éribon dans son livre *Retour à Reims,* c'est complètement élitiste. Donc, je fais du théâtre populaire dans les deux sens du mot. Tout d'abord, vous pouvez suivre l'histoire. Raconter des histoires n'est pas très bien vu dans le théâtre allemand. La narration est considérée comme démodée, conservatrice, simpliste. Le cinéma n'a pas ce discours, le théâtre, si. Seule une toute petite minorité des œuvres de cinéma est « post-dramatique », c'est-à-dire avec un récit non linéaire et fragmenté : les films proposent en général une histoire que l'on peut suivre. Je suis un artisan de théâtre populaire parce que je veux entrer dans une histoire en profondeur. Par exemple avec une pièce de Shakespeare, je veux comprendre chacune des répliques de l'histoire. Je veux saisir toutes les différentes couches de narration. Et je veux rendre ces couches visibles, observables, compréhensibles pour un public. Si je considère les retours que j'ai eus après *Woyzeck* (2003) et *Richard III* (2015) par exemple, le plaisir ressenti en regardant l'un de mes spectacles trouve son origine dans le récit. Les gens viennent me voir et me disent que c'est la première fois qu'ils ont compris de quoi parlait la pièce, et qu'ils ont vu beaucoup plus de couches que dans d'autres productions.

Le second sens du mot « populaire » implique d'intégrer la culture populaire dans mes spectacles. Je souhaite passionnément détruire cette binarité entre ce qui est perçu comme « basse » et « haute » culture. Je n'ai aucun problème avec le fait d'incorporer de la musique pop, ou encore des scènes de combat qui incluent des arts martiaux ou de l'escrime, ou encore de la vidéo. Par exemple, dans *Retour à Reims,* nous avons du rap au milieu du spectacle. Pour moi, le théâtre est l'art du divertissement et tous mes sens ont besoin d'être stimulés. Cela ne veut pas dire faire une comédie musicale, où il ne s'agit que de divertissement. Je soutiens l'idée de Brecht selon laquelle penser peut être du divertissement. Suivre un débat philosophique ou socio-politique peut être très divertissant. Et on peut juxtaposer à ce discours des scènes musicales ou comiques, ou du théâtre physique. Donc mon théâtre se situe à l'endroit où le théâtre populaire rencontre le grand art. Je rêve d'un vrai mélange, d'un flux dans lequel toutes les différentes formes se rassemblent pour créer quelque chose d'entièrement nouveau. Chaque perspective sur le monde est pertinente et ne devrait pas être exclue. Je me vois dans la tradition de quelqu'un comme Andy Warhol et le pop art, où la poudre à laver Brillo et la soupe de tomates Campbell finissent dans une galerie d'art. Cela, c'est la même tradition que le théâtre élisabéthain, où les clowneries stupides et la pensée philosophique hautement développée étaient côte à côte sur scène.

C.F. : Le fait de combiner ce qui est perçu comme « haute » et « basse » culture influence-t-il les décisions que vous prenez quant au choix des metteurs en scène que vous invitez à travailler avec votre troupe ? Simon McBurney mélange « haute » et « basse » culture de la manière que vous décrivez. Romeo Castellucci, pas vraiment.

T.O. : Notre *Spielplan* à la Schaubühne tente de prendre en compte ce mélange, non seulement dans chaque spectacle, mais à travers la programmation. Donc, par exemple, au cours de la même saison, je proposerai un récit simple à l'ancienne avec *Professor Bernhardi,* d'Arthur Schnitzler, qui est une pièce de chambre dans laquelle la narration et l'étude psychologique dominent, tandis que Castellucci donnera son *Œdipe,* qui est complètement différent et beaucoup plus « post-dramatique » et expérimental dans la forme. Je tiens beaucoup à avoir des metteurs en scène d'avant-garde comme lui ou comme l'Espagnole Angélica Liddell, qui contrebalancent l'approche plus directe que j'adopte personnellement dans la mise en scène.

C.F. : L'un des derniers numéros de *Théâtre/Public* questionnait la notion de « répertoire » et le fait qu'il valorise souvent les classiques, en d'autres termes des pièces écrites par des auteurs dramatiques mâles européens. Vous avez quatre lieux et environ cinq cents spectacles par saison. Quels types de principes guident votre idée de répertoire ou de ce que vous appelez Spielplan ? En Allemagne, vous avez bien sûr des pièces qui restent au répertoire année après année. Votre production de *Manque,* pièce écrite par la dramaturge britannique Sarah Kane, est à votre répertoire depuis 2000, par exemple. Comment choisissez-vous vos saisons et comment décidez-vous de ce que vous gardez au répertoire et de ce qui en sort ?

T.O. : Nous développons depuis de nombreuses années notre idée d'un répertoire. Si vous regardez notre saison 2017-2018, nous programmons un nouveau projet du metteur en scène Herbert Fritsch intitulé *Zeppelin,* basé sur les textes d'Ödön von Horváth ; ma production de *Retour à Reims* ; le spectacle du metteur en scène suisse Milo Rau *1917,* sur la révolution soviétique, et également son projet intitulé *General Assembly,* qui implique de créer un « parlement du monde » en rassemblant quelques-uns des penseurs de la mondialisation les plus importants pour un événement de trois jours, en partie conférence, en partie performance. Ainsi nous complétons les classiques de notre répertoire — les Shakespeare, Ibsen et Molière, qui sont presque des succès garantis et qui portent nos saisons— avec des auteurs et des œuvres moins connus qui peuvent réagir à notre contexte politique immédiat, comme *Retour à Reims,* à titre d'exemple. En ce moment précis, nous avons trente-cinq pièces au répertoire de la Schaubühne, mais en même

> Je suis un artisan de théâtre populaire parce que je veux entrer dans une histoire en profondeur

temps il est vital pour nous de nous lancer constamment des défis et de ne pas répéter les succès que nous avons pu avoir dans le passé.

C.F. : Vous avez mentionné le festival de la Schaubühne qui s'intitule Find (Festival for International New Drama). Au Royaume-Uni, en ce moment, on met en scène davantage de nouvelles écritures que de classiques. Quel est votre engagement pour les nouvelles écritures pour le théâtre ?

T.O. : J'ai commencé ma carrière comme directeur d'un minuscule théâtre, la Baracke, où nous avons monté les Angry Young Playwrights (jeunes auteurs dramatiques en colère) britanniques comme Sarah Kane et Mark Ravenhill. Quand je suis venu à la Schaubühne, nous avons poursuivi ce projet, en montant toutes les pièces de Sarah Kane, deux pièces de Mark Ravenhill (*Product* et *The Cut*) et *The City*, de Martin Crimp. Et nous avons monté les pièces de Falk Richter depuis le début de sa carrière, car nous ne sommes pas toujours à la recherche du prochain jeune, brillant talent, mais nous essayons de mettre en place une relation constante et loyale avec nos auteurs. C'est le cas non seulement avec Falk Richter, mais également avec un autre auteur dramatique allemand, qui a aussi travaillé comme dramaturge à la Schaubühne, Marius von Mayenburg, avec le dramaturge suédois Lars Nøren et aussi avec Martin Crimp. De temps à autre, nous regardons de nouveaux auteurs moins connus dans le paysage allemand, par exemple le Norvégien Jon Fosse, avec qui nous avons collaboré pendant plusieurs années. Je considère également Retour à Reims comme une production d'écriture contemporaine, même si Didier Eribon est romancier et philosophe. Donc, oui, les nouvelles écritures sont très bien placées dans notre cahier des charges.

C.F. : La Schaubühne engage des auteurs et des metteurs en scène internationaux tels que Martin Crimp, Alice Birch, Romeo Castellucci, Angélica Liddell ou Milo Rau. Je voudrais vous poser une question sur l'internationalisme dans un climat de mondialisme. *Retour à Reims* est un texte français écrit par Didier Eribon, qui a été admirablement traduit en anglo-américain par Michael Lacey, et l'adaptation du texte a été mise en scène par un metteur en scène allemand : vous, avec une distribution internationale incluant l'actrice allemande de premier plan Nina Hoss, et les deux acteurs libano-britannique et libyo-britannique que vous avez mentionnés. De plus, l'équipe de création comprend le vidéaste français Sébastien Dupouey. D'un côté, la manière dont votre mode de travail, internationaliste, transculturel, traverse les frontières, a une signification politique, étant donné que le Royaume-Uni est sur le point de quitter l'Union européenne. D'un autre côté, en réfléchissant de façon plus cynique, on pourrait avancer que vous vous garantissez un circuit global de tournées, et que donc vous utilisez des liens internationaux pour accroître votre succès commercial. Vos spectacles tournent dans le monde entier, de Calcutta et Chennai (Madras) à Lausanne et Lisbonne.

T.O. : Il y a certainement beaucoup à dire à ce sujet. Tout d'abord, au sujet du Royaume-Uni qui quitte l'Europe, vous ne pouvez pas « quitter » l'Europe : vous ne pouvez pas déplacer les îles Britanniques. Ce n'est pas simplement parce que vous quittez l'UE que vous quittez l'Europe. Le Royaume-Uni est victime d'un vote, par lequel la majorité a voté pour quelque chose, mais sans vraiment savoir pourquoi. Mais vraiment, de mon point de vue, une raison de quitter l'UE est la nature de l'UE elle-même. Pour moi, tout le problème avec l'UE est qu'elle a été fondée sur la base de valeurs économiques.

C.F. : C'est vrai, mais les artistes de théâtre ont également bénéficié d'une liberté de mouvement, ce qui a permis l'échange culturel à travers l'Europe.

T.O. : Je ne crois pas à cela. Les artistes ont toujours voyagé. Ibsen a écrit ses pièces les plus importantes, comme Brand, en Italie ; Strinberg est allé à Paris. Shakespeare a apporté ses pièces au continent européen. On dit même qu'il a joué à Helsingør, ou Elseneur, au Danemark, et c'est pourquoi il a écrit Hamlet. Plus tôt encore, pendant la Renaissance italienne, Pétrarque écrivait ses sonnets dans le sud de la France. Les artistes européens ont toujours voyagé. Les artistes et les gens de théâtre européens ont toujours été nomades. Donc je ne suis pas vraiment certain qu'il faille remercier l'UE pour l'échange culturel. C'est si facile d'idéaliser l'UE. Je crois fermement que nous continuerons à

Florian Anderer, Ruth Rosenfeld, Bastian Reiber, Jule Böwe, Carol Schuler, Axel Wandtke, Alina Stiegler dans *Zeppelin*, mise en scène Herbert Fritsch, 2018. © Thomas Aurin.

voyager et à collaborer. Je ne suis même pas sûr que nous puissions remercier l'UE pour près de sept décennies de paix. On peut probablement remercier l'Otan et les États-Unis qui ont protégé l'Europe de l'Union soviétique grâce à leur vaste arsenal d'armes nucléaires pendant la guerre froide. L'UE est essentiellement une union économique. Des années avant que le Royaume-Uni ne vote en faveur de la sortie de l'UE en 2016, ou même avant la crise financière grecque de 2010, j'étais critique à l'égard de l'UE et je pensais que des réformes fondamentales étaient nécessaires. Il n'y a aucun article qui concerne la culture dans la constitution de l'UE. Il n'y a aucun article qui concerne les droits sociaux dans la constitution de l'UE. Tout ce que l'UE a promu, c'est la libre circulation des marchandises et des travailleurs dans cette très petite partie du monde. La seule raison pour laquelle des pays comme la Bulgarie, la République tchèque, la Pologne ou la Roumanie voulaient rejoindre l'UE était qu'ils pouvaient profiter de la monnaie commune et de la libre circulation des marchandises. Le résultat est que leurs plus brillants esprits et leurs plus jeunes talents quittent leur pays pour devenir serveurs à Londres. L'unique raison de la chute du mur de Berlin est que les gens de l'Est voulaient être aussi riches que les gens de l'Ouest. L'UE n'a jamais été axée sur le partage d'une identité commune, ou de croyances humanistes, ou des Lumières, comme on aimerait le croire.

C.F. : Est-ce que ce sont ces valeurs-là que vous tentez de promouvoir avec la mission internationaliste à la Schaubühne ?

T.O. : Je viens juste de lire *Les Damnés de la terre,* de Franz Fanon. Si vous lisez ce texte, vous cessez de penser à l'Europe. Avant de le lire, j'aurais répondu : « Oui, l'Europe représente l'humanisme. L'Europe représente les Lumières. » Mais l'Europe est le continent de l'impérialisme, de la colonisation, de l'esclavage, du génocide, de l'Holocauste. L'Europe a apporté aux quatre coins de la planète les aspects les plus terribles de l'humanité. C'est pourquoi je ne peux promouvoir aucune croyance ni aucune valeur européennes. Désolé.

C.F. : On pourrait, d'un côté, considérer que votre programmation est éclectique.

De l'autre, seriez-vous d'accord pour dire qu'il y a, dans les pièces montées récemment par la Schaubühne, la répétition de ces thèmes que vous venez de soulever, notamment la dominance du néolibéralisme, ainsi que la banqueroute de la gauche politique ? Je pense non seulement à *Retour à Reims* mais aussi à la production d'*Un ennemi du peuple,* d'Ibsen (2012), qui incluait « L'insurrection qui vient » (2007), texte écrit par des anarchistes de gauche qui annonce l'écroulement imminente de la culture capitaliste. Et je pense au fait que votre brochure de la saison printemps 2014 incluait un entretien entre vous-même et le philosophe politique et sociologue marxiste italien Antonio Negri.

T.O. : En tant que personne privée et en tant que citoyen, je suis très engagé politiquement, et je me considère comme un activiste. Cependant, en tant qu'artisan de théâtre et en tant que directeur artistique, je n'ai pas de projet politique pour la Schaubühne. Si vous avez une certaine idéologie ou un certain programme, vous rendez plus étroite votre vision du monde. Mais, bien sûr, mes idées politiques se retrouvent dans les thèmes et les œuvres que je traite. On peut voir mon observation de la réalité sociale en Allemagne, du monde dans lequel nous vivons, de ce à quoi nous faisons face. C'est cela que j'essaie de rendre au théâtre. À la fois en tant qu'artisan de théâtre et en tant que programmateur de théâtre, je me vois comme une membrane : une peau très fine vers le monde extérieur, une peau qui est extrêmement sensible à ce qui se passe.

C.F. : Vous dites que vous n'avez pas de projet politique pour la Schaubühne. Néanmoins, vous vous êtes prononcé sur la politique de la forme. Dans votre texte « La Mission », que vous avez publié avec votre codirectrice artistique Sasha Waltz en 2000, peu après avoir repris la Schaubühne en 1999, vous mettiez en avant l'importance du réalisme du point de vue politique : non seulement le réalisme qui imite le monde, mais aussi le réalisme qui essaie de transformer le monde. On lit dans « La Mission » : « Le réalisme n'est pas la simple description du monde tel qu'il est. C'est une vision sur le monde avec une attitude qui réclame le changement. » Dans le théâtre contemporain, le réalisme est remis en question par la notion de performance post-dramatique, qui semble considérer que le réalisme est trompeur, qu'il nous donne l'impression d'être les témoins d'une image « convaincante » ou « fiable » de la vie telle qu'on la voit sur la scène, mais en fait cela est factice, comme tout art. Etant donné que nous vivons maintenant dans la très réelle ère des *fake news,* y a-t-il quelque chose dans votre « Mission » d'origine que vous changeriez ? Pensez-vous toujours que le réalisme est un style important, à adopter ?

T.O. : Pour clarifier la notion de « réalisme », je raconte toujours une belle histoire que Brecht avait l'habitude de raconter. Quand vous regardez une photo des aciéries de Krupp vues de l'extérieur, c'est du naturalisme. Quand vous regardez les conditions des ouvriers de l'usine et les hiérarchies de pouvoir à l'intérieur de l'usine, qui exploite qui, ce que sont les mécanismes de pouvoir, c'est du réalisme. C'est là une distinction très importante parce que quand les gens entendent le mot « réalisme », ils le confondent avec « naturalisme ». Cela n'a rien à voir avec la photo de l'extérieur du bâtiment.
Donc dans ce sens je défends toujours le réalisme, près de deux décennies après avoir écrit « La Mission », parce que je suis toujours intéressé par les dynamiques du pouvoir : les mécanismes par lesquels les gens tentent d'avoir un travail, les mécanismes d'exclusion, comment le capitalisme est lié à la marginalisation de certains groupes,

Pour parler des nuances de la société, présenter ce « réalisme » opposé au « naturalisme », vous avez besoin de méthodes narratives complexes

à l'ostracisation de certaines parties de la société, parce que s'il n'y a pas de classe populaire, la bourgeoisie ne pourra plus continuer son jeu de pouvoir. S'il n'y a pas de mouton noir à pointer du doigt, s'il n'y a pas de bouc émissaire autour duquel créer la peur, et en ce moment ce sont les migrants qui «prennent notre travail», alors les hiérarchies actuelles s'effondrent. Et le tiers de la société qui est dans cette catégorie des marginalisés vit constamment dans la crainte de ne pas tomber plus bas dans l'échelle sociale.
Examiner ces dynamiques constitue ce que j'appelle le «réalisme»; ces dynamiques de pouvoir sont précisément les sujets dont je veux discuter au théâtre. Et pour présenter ce «réalisme» comme étant opposé au «naturalisme», pour parler de toutes les nuances de la société, vous avez besoin de méthodes narratives complexes; vous avez besoin d'une écriture complexe et de pièces complexes, et les metteurs en scène et les acteurs ont besoin d'avoir le talent de raconter des histoires à différents niveaux.

C.F.: Vous avez publié «La Mission» en 2000, et cela va bientôt faire vingt ans que vous êtes directeur de la Schaubühne. Vous avez accompli beaucoup depuis que vous y êtes. Vos productions ont tourné dans le monde entier, et vous avez attiré des metteurs en scène internationalement connus qui viennent travailler avec votre troupe. Castorf a dit que vingt-cinq ans à la Volksbühne, c'était assez. Quand est-ce que ce sera assez pour vous à la Schaubühne?

T.O.: Je ne sais pas quand ce sera assez. Je viens juste de refuser une proposition pour diriger le Burgtheater de Vienne. Je l'ai considérée très sérieusement. J'ai eu beaucoup de propositions.

C.F.: Donc vous auriez pu aller n'importe où, mais vous avez toujours choisi de rester à la Schaubühne?

T.O.: J'aurais pu prendre la direction de la Comédie-Française, de la Royal Shakespeare Company et de beaucoup d'autres théâtres en Europe. Mais je connais la politique foireuse du secteur de la culture, où vous êtes le candidat qu'on s'arrache si vous êtes à la tête d'une institution majeure qui fonctionne bien. J'en connais qui sont tout aussi capables et talentueux que moi pour gérer un théâtre, mais ils ne gèrent pas un théâtre en ce moment, donc ils sont moins attrayants. C'est surtout une question de vanité parce que si une ville ou un théâtre parvient à séduire un directeur à succès, cela alimente leur fierté. C'est la raison pour laquelle j'ai été sceptique face à beaucoup de ces propositions. J'ai été sincèrement tenté par le travail à Vienne parce que le ministre responsable du rendez-vous observe mon travail depuis quinze ans et le connaît réellement. Il sait ce que je défends. Il a vu ce que j'ai fait au Burgtheater quand j'étais directeur invité là-bas, et il a vu ce que j'ai fait avec ma propre compagnie au festival de musique et théâtre, les Salzburger Festspiele. C'est ce genre de connaissance et d'investissement qui peuvent me séduire.
J'ai l'impression qu'avec la troupe, à la Schaubühne, nous avons fait de grands progrès depuis ces quatre dernières années à peu près. La troupe a déjà gagné en qualité. Nous avons un groupe d'acteurs incroyablement doués, un mélange de certains qui ont grandi et évolué avec nous au fil des ans et ont atteint la cinquantaine, et de nouveaux jeunes acteurs qui sont, je peux le dire sans risque, les plus doués de leur génération. Nous attirons les tout meilleurs jeunes acteurs car ils ont conscience que s'ils rejoignent notre compagnie, ils seront capables de faire croître leurs talents et développer leur potentiel.
Le projet d'avenir est de poursuivre le développement de la troupe pour la rendre encore plus solide, et de défendre la façon de travailler et de jouer ensemble. J'ai eu récemment une conversation avec l'auteur dramatique et dramaturge Marius von Mayenburg, avec qui je travaille souvent, sur la question de savoir si je devrais ou pas me retirer, et il m'a dit que ce que j'ai réussi à faire à la Schaubühne ces dernières années, c'est non seulement faire un théâtre qui rencontre le succès, mais également créer une certaine manière de jouer. Ainsi, le succès du théâtre est allé de pair avec le développement de la troupe, ce qui est absolument au centre de ma philosophie, à la fois comme directeur artistique et comme directeur de théâtre.

LA VERSION FRANÇAISE DE *RETOUR À REIMS* SERA CRÉÉE À PARIS, AU THÉÂTRE DE LA VILLE–ESPACE CARDIN, DU 11 JANVIER AU 16 FÉVRIER 2019.

Enseigner la mise en scène
Ouverture

JEAN-LOUIS BESSON ET KATHARINA STALDER

Depuis l'an 2000, les formations à la mise en scène se sont développées dans les écoles de théâtre et les universités francophones, rompant avec une tradition selon laquelle l'art du metteur en scène ne pourrait s'enseigner que sur le tas, pour des raisons à la fois pratiques, techniques et esthétiques. L'objet de ce dossier est d'interroger ces nouvelles formations pour en comprendre les enjeux et en dégager les spécificités, tout en faisant référence, en regard, à certaines formations étrangères.
Ce dossier ne prétend pas donner le fin mot sur la question de l'enseignement de la mise en scène, ni même prendre parti dans le débat pour ou contre. Il s'agit avant tout de confronter les points de vue dans un bilan prospectif afin de donner une information précise sur les orientations de formation qu'offrent aujourd'hui les principales grandes écoles et universités publiques.
Nous avons interrogé directement tous les acteurs et actrices des formations mentionnées dans ce dossier. Qu'ils et elles soient remercié(e)s pour leur collaboration généreuse et amicale.

1

De la transmission à l'enseignement

Frise chronologique

Per aspera ad astra Évolution des formations à la mise en scène dans l'Europe francophone

JEAN-LOUIS BESSON

Il est parfois des débats qui prennent en France des proportions surprenantes, alors que vus de l'étranger ils paraissent futiles. La question de l'enseignement de la mise en scène est sans doute de ceux-là : si le Huron de Voltaire avait suivi nos polémiques sur le sujet[1], il aurait pu nous faire remarquer : vous enseignez le jeu, la lumière, le son, la scénographie, le maquillage, l'histoire et l'esthétique du théâtre, vous enseignez par ailleurs la danse, la peinture, la sculpture, le dessin, le design, le cinéma (y compris la réalisation), la musique, la direction d'orchestre, et j'en passe... alors pourquoi pas la mise en scène ? Avez-vous des arguments pour m'expliquer cette absence, des arguments qui pourraient me convaincre ?

LES RÉTICENCES

Nous pourrions répondre à notre Huron que, depuis une vingtaine d'années en France, et plus longtemps encore en Belgique, un enseignement de la mise en scène a été mis en place, et que globalement il fonctionne plutôt bien. Pourtant, il a été long à voir le jour et les réticences ont été vives. Les arguments les plus souvent avancés contre un enseignement « officiel » dans les établissements de formation ont été multiples. On a fait valoir, en premier lieu, que la mise en scène est née pour ainsi dire spontanément de la pratique théâtrale, à la fin du XIXe siècle, qu'elle s'est développée, depuis, à l'intérieur de cette pratique et que c'est sur le tas que les metteurs en scène ont toujours appris leur métier. C'est l'idée, largement répandue, selon laquelle, dans la tradition du théâtre, le metteur en scène est un acteur descendu de la scène pour devenir le regard extérieur de ses petits camarades — tout comme, dans la Grèce antique, le coryphée est sorti du chœur du dithyrambe pour donner naissance à l'acteur. Que les premiers metteurs en scène soient sortis directement de la sphère théâtrale est incontestable d'un point de vue historique. Et c'est toujours vrai aujourd'hui pour bon nombre d'entre eux. À quoi certains détracteurs de la formation ont cru bon d'ajouter que, pour être un bon metteur en scène, il faut nécessairement être un (bon ?) acteur. Affirmation péremptoire qui, elle, n'est absolument pas corroborée par l'examen des faits. Car si de grands acteurs ont été aussi de grands metteurs en scène — Constantin Stanislavski, Vsevolod Meyerhold, Louis Jouvet, Max Reinhardt, Patrice Chéreau, parmi les plus prestigieux —, ils sont aussi pléthore à n'avoir jamais mis les pieds sur une scène comme interprète, ou alors de manière ponctuelle, épisodique, le plus souvent au début de leur carrière, si bien qu'on ne peut pas dire que c'est en tant qu'acteurs qu'ils ont pris la responsabilité de l'ensemble d'un spectacle. Il suffit d'en citer quelques-uns, et non des moindres : Bertolt Brecht, Peter Brook, Ariane Mnouchkine, Peter Stein, Jean Jourdheuil, Klaus Michael Grüber, Georges Lavaudant, Bernard Sobel... Constatons toutefois, que, dans la jeune génération, avec le développement des collectifs et des écritures de plateau, les metteurs en scène, quand il y en a, sont généralement issus directement du sérail à l'issue d'une formation de comédien.

Un autre argument opposé à la mise en place d'une formation à la mise en scène dans les écoles est le manque de moyens dont celles-ci disposent pour cet enseignement. Et il faut reconnaître qu'on ne peut pas l'écarter d'un revers de la main. Dans l'absolu, un élève metteur en scène devrait pouvoir trouver dans sa formation des conditions de travail qui le préparent à celles qu'il rencontrera plus tard : il devrait disposer d'un accès à une salle — et de la possibilité de jouer ailleurs que dans cette salle, s'il le souhaite —, d'une troupe d'acteurs — et de la possibilité de recruter des acteurs hors de cette troupe, s'il le souhaite —, de moyens techniques, y compris vidéo et nouvelles technologies, sans parler des décors et des costumes... Dans cette optique, c'est incontestablement à l'école du TNS que le futur metteur en scène trouvera en France les conditions les plus favorables, l'école

1– Voir Voltaire, *L'Ingénu*, roman philosophique paru en 1767.

s'appuyant, on le sait, sur un théâtre en fonctionnement avec lequel des passerelles sont possibles et existent réellement. Mais, même là, les moyens sont nécessairement limités. Stéphane Braunschweig rappelait que, lorsqu'il a créé la première formation à la mise en scène à l'école du Théâtre national de Strasbourg (TNS) en 2000, ce fut à moyens constants. Reste le système D, qui est, paraît-il, lui aussi, une spécialité bien française, laquelle peut être par ailleurs stimulante. Mais, face à la pénurie de moyens, la question essentielle est celle des objectifs de la formation. Pourquoi enseigner, et pour quel théâtre ? Quels contenus donner à l'enseignement ? Si on ne peut pas offrir à l'étudiant des conditions de travail proches de celles qu'il rencontrera plus tard — contrairement à ce qui se passe dans d'autres pays, l'Allemagne notamment, et contrairement à ce qui se passe à l'École nationale supérieure des métiers de l'image et du son (Fémis) pour le cinéma —, qu'allons-nous lui apprendre, ou qu'allons-nous lui permettre de découvrir pour son futur métier ?

Un troisième argument souvent avancé est l'absence de débouchés qu'offre cet enseignement. Il est clair qu'une formation doit tenir compte non seulement de la spécificité des métiers auxquels elle prépare, mais aussi — et cela a été trop souvent négligé dans de nombreux domaines — des perspectives de travail qu'elle offre à ceux qui la suivent. Or, s'agissant de la mise en scène, ces perspectives sont faibles ; qui plus est, la possession d'un diplôme ne garantit aucune priorité d'embauche. Ces faits sont indéniables. Il n'en reste pas moins que les écoles et les universités qui forment à la mise en scène permettent aux élèves et aux étudiants de s'initier à la large palette des métiers de la scène et de se familiariser avec l'histoire et l'esthétique du théâtre, voire avec la recherche, autant d'aspects qui font défaut dans les autres formations et sont pourtant profitables à tous ceux qui veulent pratiquer le théâtre, qu'ils envisagent ou non d'être metteurs en scène. En ce sens, la formation à la mise en scène n'est pas réservée aux seuls spécialistes. S'ajoute à cela le fait que le suivi d'un enseignement permettra à l'élève de faire des rencontres, à l'intérieur et à l'extérieur des murs de l'école, qui pourront lui être utiles par la suite, dans la recherche d'un emploi ou dans la constitution d'un collectif de travail.

À ces trois arguments anti-enseignement s'en ajoute un quatrième, qui n'est pas spécifique à la mise en scène, dans la mesure où il ne concerne pas seulement l'enseignement de cette dernière mais touche à la nature même de l'école. Il s'agit en effet de savoir si un metteur en scène qui a fréquenté une institution scolaire n'aura pas été formaté, brisé dans son élan créatif, initié à des techniques qui sont par nature éphémères et seront déjà dépassées quand il aura fini son apprentissage. Bref, l'école ferait rentrer l'élève dans le moule de l'existant au lieu d'ouvrir son imaginaire. En fait, l'argument vaut pour toutes les écoles et toutes les formations, notamment artistiques, où la part de créativité personnelle est importante. Il n'empêche qu'il est souvent mentionné non seulement par les détracteurs mais par les formateurs eux-mêmes, qui tentent d'y apporter une réponse.

Mentionnons enfin, *last but not least*, que les grands metteurs en scène de langue française dans la seconde moitié du XXe siècle n'ont pas montré un intérêt particulier pour l'enseignement de la mise en scène, quand ils n'y ont pas été fondamentalement hostiles[2]. Caractéristique à cet égard est le fait que ni Antoine Vitez ni Patrice Chéreau n'ont inscrit de cursus « Mise en scène » dans les formations qu'ils ont créées, pas plus que Jean-Pierre Vincent lorsqu'il prit la direction du TNS[3].

LES DÉBUTS

Il est certain que, mis bout à bout, ces éléments ont freiné le développement de l'enseignement de la mise en scène dans les pays de la francophonie européenne. D'autres n'ont pas eu les mêmes réticences. Dès 1918, Vsevolod Meyerhold soulignait l'intérêt qu'il y a à former de jeunes metteurs en scène, ne serait-ce que pour les initier aux profonds bouleversements esthétiques qui s'annoncent en Russie et dont il est un des principaux acteurs. Il prévoit alors l'ouverture d'un enseignement et trace les grandes lignes de ses objectifs et de ses contenus[4].

Dix ans plus tard, en 1928, Max Reinhardt crée à Vienne, dans le théâtre du château impérial de Schönbrunn, un « séminaire d'interprétation et de mise en scène » *(Schauspiel und Regieseminar)*, dans lequel les cours de mise en scène et de dramaturgie sont dispensés notamment par lui-même et par Otto Preminger qui, comme on sait, fera carrière ensuite comme réalisateur aux États-Unis. Parallèlement, l'université allemande reconnaît, dès cette époque, l'intérêt d'un cursus spécifiquement théâtral, prenant en compte les enjeux pratiques, esthétiques et techniques de la représentation, et le premier Institut d'études théâtrales européen est ouvert en 1923 à l'université de Berlin[5]. Certes, on n'y enseigne pas

---

2– Voir le témoignage de Georges Banu, p. 37.

3– Malgré son scepticisme, Antoine Vitez avait quand même accepté deux élèves pour une formation à la mise en scène, Stéphane Braunschweig et François Rodinson. Toutefois, ils devaient tous deux suivre la même formation que les élèves comédiens et étaient simplement chargés de diriger certaines scènes préparées par leurs camarades.

4– Voir p. 34 et le texte de Béatrice Picon-Vallin, p. 36.

5– Il deviendra un institut indépendant deux ans plus tard. La direction est assurée alternativement par Max Hermann et Julius Petersen. Un premier pas avait été fait en 1909 par Arthur Kutscher, dramaturge, ami et futur biographe de Frank Wedekind, qui avait créé à l'université de Munich un séminaire en études théâtrales, destiné à mettre l'accent sur la spécificité du théâtre

À l'Insas. © Michel Boermans.

la pratique de la mise en scène, mais on ouvre l'enseignement du théâtre à autre chose que le jeu, à la réflexion et à la recherche.

Après la Deuxième Guerre mondiale, les écoles de théâtre dotées d'une formation à la mise en scène se multiplient dans les pays de l'Est[6], à commencer par la future Ernst Busch Schule. Fondée par Reinhardt en 1905, comme école d'acteurs associée au Deutsches Theater, elle est fermée sous le nazisme et se réinstalle à Berlin-Est en 1951, sous le nom de Haute école d'art dramatique *(Hochschule fur Schauspielkunst)*. Dans les pays du bloc soviétique, certaines écoles ont un caractère expérimental, et elles permettent parfois de travailler sur des esthétiques ou de mettre en scène des textes qui n'auraient pas passé la censure s'ils avaient été destinés à un large public. Ces écoles deviennent ainsi, pour quelques-unes, comme l'Institut des arts théâtraux et cinématographiques de Bucarest, un espace de découverte et de liberté artistique[7].

Dans la francophonie européenne, la première école de théâtre à avoir mis la mise en scène à son programme est l'Institut national supérieur des arts du spectacle et des techniques de diffusion (Insas) à Bruxelles. Fondé en 1963, celui-ci comportait deux cursus: «Interprétation dramatique» et «Théâtre/Animation culturelle - Techniques de diffusion et Techniques de communication sociale», ce dernier reprenant notamment les missions du département Mise en scène de La Cambre, école des arts visuels, fondée en 1927 par Henry Van de Velde, dans l'esprit du Bauhaus[8].

par rapport aux lettres. Certains de ses étudiants deviendront des figures de proue de la dramaturgie allemande, notamment Erwin Piscator, Ernst Toller et Bertolt Brecht.

6– *Cf.* La formation des comédiens en Europe centrale et orientale, *UBU Scènes d'Europe/European Stages*, n°s 35-36, Bobigny, Ubu-Api, juillet 2005. La revue signale l'existence de formations à la mise en scène dans vingt des vingt-deux pays étudiés à l'époque.

7– Voir le témoignage de Radu Penciulescu, p. 38, à propos de l'Institut de Bucarest.

8– L'école de La Cambre existe toujours, elle est aujourd'hui une des principales écoles d'art et de design en Belgique. On peut imaginer que l'enseignement de la mise en scène qui y était dispensé relevait d'un travail expérimental, peut-être à l'instar de ce qu'a fait Oskar Schlemmer au Bauhaus. Ce point mériterait une recherche spécifique.

Seul celui qui jamais ne connut la peur, d'après *Siegfried*, de Wagner. Direction du travail Ingrid Von Wantoch Rekowski, Insas-Théâtre national, Bruxelles, 2008. © Michel Boermans.

L'originalité de l'Insas est qu'il ne propose pas de formation fléchée à la mise en scène alors qu'il ouvre ses portes à des élèves qui se destinent à ce métier. La raison en est que la mise en scène n'y est pas conçue comme une discipline en soi, mais comme une « synthèse des possibles éléments accumulés dans un cursus » [9]. Un cursus très large, puisque, outre les cours orientés « théâtre », il existe des formations en radio-télévision, photo, prise de son, cinéma, écriture du script..., qui présentent une grande porosité entre elles. En fin de compte, l'école ne fournit pas à l'étudiant un parcours-type qui le conduirait au métier de metteur en scène, mais elle l'invite à choisir ce qui, dans l'offre existante, lui paraît le mieux convenir à ce qu'il considère lui-même comme nécessaire à sa future activité artistique, la spécialisation n'intervenant qu'en fin de cursus [10]. Néanmoins, l'accent est mis sur le jeu, avec la conviction qu'il faut faire l'expérience du jeu pour faire jouer, même si on n'est pas soi-même acteur. L'Insas souligne enfin que « la plupart des cours trouvent leur point d'appui dans le texte de théâtre sous ses différentes formes (répertoire classique, moderne et contemporain) » [11], ce qui semble écarter de la formation certains courants actuels pour lesquels le texte n'est qu'un élément de la représentation parmi d'autres.

Il n'en reste pas moins que le parcours est riche et intéressant, surtout dans une perspective contemporaine où l'on assiste à un décloisonnement entre les arts. Mais ce parcours original trahit peut-être aussi une certaine réticence, sensible dès les années 1960, à dispenser une formation spécifique à la mise en scène, non parce qu'il s'agirait d'un sujet tabou, mais parce que la mise en scène touchant à des techniques et des esthétiques très diversifiées, son apprentissage ne peut pas s'inscrire dans un cursus rigide et contraignant.

ORGANISER LA TRANSMISSION

L'idée d'un enseignement de la mise en scène dans une école se heurtant aux résistances que nous avons vues, les rares personnes convaincues de l'intérêt de permettre à des futurs metteurs en scène d'élargir leur imaginaire dans le cadre d'une formation vont trouver un détour

9– Voir le témoignage de Michel Boermans, p. 48.
10– Voir, ici encore, le témoignage de Michel Boermans, p. 48.
11– http://insas.be/wp-content/uploads/RPE-2012-2013-.pdf.

pour donner aux élèves l'accès à un apprentissage, sans que soit pour autant mis en place un cursus au sein d'une école. Et il faut saluer ici le travail de deux femmes : Josyane Horville et Michelle Kokosowski.

Josyane Horville est à l'origine de la création de l'Institut nomade de mise en scène. Nommée au Jeune théâtre national (JTN) en 1993, elle souhaite en élargir les missions en accompagnant les projets des élèves sortis du Conservatoire national supérieur d'art dramatique (CNSAD) et de l'école de TNS. L'idée est non pas de dispenser une formation spécifique, mais de permettre une transmission, un dialogue maître-élève, ouvert dans son contenu et prenant appui sur l'expérience, à l'instar des compagnonnages d'autrefois. Josyane Horville fait alors appel à des « metteurs en scène-passeurs » qui travaillaient avec les jeunes metteurs en scène, ceux-ci ayant de leur côté préalablement répété leur projet. Le premier de ces passeurs a été Claude Régy, qui est intervenu à plusieurs reprises, rejoint par Lev Dodine, Matthias Langhoff, Krystian Lupa et quelques autres [12].

En 2001, l'Institut nomade est devenu l'Unité nomade de mise en scène au CNSAD, permettant ainsi à la mise en scène d'entrer dans cette école d'art dramatique [13]. En 2015, enfin, est créé le cursus « Jouer et mettre en scène », porté par le regroupement d'universités Paris Sciences et Lettres (PSL) et le Conservatoire. Les jeunes metteurs en scène venus du CNSAD sont aidés, comme ceux du TNS, par le JTN, celui-ci prenant en charge une partie des salaires pour leurs premières mises en scène [14].

Dans le même esprit de transmission, Michelle Kokosowski offre, dans le cadre de l'Académie expérimentale des théâtres (créée en 1990), la possibilité à de jeunes metteurs en scène de suivre pendant plusieurs semaines le travail d'un créateur. Participent à ce projet, notamment, Jerzy Grotowski, Antoine Vitez, Tadeusz Kantor, Heiner Müller, Luca Ronconi... La condition est que les candidats aient déjà plusieurs mises en scène à leur actif. Il s'agit donc là aussi d'un approfondissement et non à proprement parler d'un apprentissage. Par rapport à ce que proposait l'Institut nomade, le chemin est en quelque sorte inversé : ce n'est plus le maître qui vient poser son regard sur le travail de l'élève, mais l'élève qui, sur une longue durée, suit le travail du maître : assistant muet aux répétitions, il s'imprègne de son savoir-faire pour questionner et enrichir sa propre pratique. Nombreux sont les metteurs en scène aujourd'hui reconnus qui sont passés par l'une ou l'autre de ces deux formations [15].

OSER UN ENSEIGNEMENT SPÉCIFIQUE

Le pas vers une formation à la mise en scène dans le cadre des écoles d'art est franchi en France en 2000, lorsque Stéphane Braunschweig, qui vient d'être nommé à la tête du TNS, décide d'ouvrir à l'école quelques places de formation à la mise en scène et à la dramaturgie. Rétrospectivement, il paraît logique que ce soit l'école du TNS qui s'engage la première dans cette voie. Outre le fait, déjà relevé, qu'elle est associée à un théâtre, elle propose depuis sa création une formation de décorateur et de technicien à côté de l'enseignement du jeu de l'acteur. Cela induit un intérêt pour la mise en scène à l'école, même si celle-ci n'y est pas encore enseignée en tant que telle. Il y a là un creuset important, et ce n'est pas un hasard si le TNS a formé des élèves qui sont devenus des metteurs en scène : Robert Gironès, Jean-Louis Hourdin, François Chattot et bien d'autres. Les élèves metteurs en scène et dramaturges, à partir de 2000, vont donc trouver dans cette école un cadre particulièrement favorable à leur formation, ne serait-ce que parce qu'il leur est possible de travailler de façon transversale avec les élèves des autres sections [16]. S'appuyant sur cet héritage, Stéphane Braunschweig met en place une formation qui implique que les élèves metteurs en scène participent aux différents ateliers offerts par l'école dans un tronc commun de formation. Il écrit à ce propos : « L'instauration d'une formation à la mise en scène devait [...] rendre effective l'idée que dans une telle école les élèves ne se forment pas qu'à leur spécialité, mais qu'ils réfléchissent tous ensemble à l'art du théâtre, qu'ils se demandent tous les jours à quoi ça sert : comment le faire, pourquoi et pour qui le faire. » [17]

Quatre ans après le TNS, l'École nationale supérieure des arts et techniques du théâtre (Ensatt), située à Lyon, décide de créer un département « Mise en scène » en 2004 [18]. L'école reprend d'abord l'idée d'une formation par un maître (se distinguant ainsi du TNS) en faisant appel à Anatoli Vassiliev, qui y enseigne pendant trois ans. Devant les difficultés soulevées par cette expérience, le département prend sa forme actuelle en 2009, sous l'impulsion d'Alain Françon et de Christian Schiaretti. Aujourd'hui, il est copiloté par Guillaume Lévêque et Christian Schiaretti.

Contrairement à ce qui se passe au TNS, l'Ensatt n'est pas intégrée dans un théâtre, mais elle est étroitement associée au TNP depuis 2009. L'accent est mis sur la pratique effective de la mise en scène et de la direction d'acteurs.

12– Voir le témoignage de Josyane Horville, p. 39.
13– L'Unité nomade fermera ses portes un an plus tard, à l'issue d'une deuxième promotion 2001-2002.
14– Voir le témoignage de Marc Sussi, p. 41.
15– Stanislas Nordey parle avec enthousiasme de ce qu'il a appris dans ce cadre (*cf.* entretien, p. 65).
16– Voir le témoignage d'Anne-Françoise Benhamou, p. 42.
17– Stéphane Braunschweig, texte sans titre, *OutreScène*, nos 7-8, « L'École du TNS, 1954-2006. Une école dans un théâtre », Strasbourg, TNS, 2006, p. 188.
18– L'école elle-même avait été créée en 1941 à Paris.

La Manufacture. Tableau regroupant les informations permanentes de l'école. © Robert Cantarella.

La Manufacture. La salle dite « 120 » – du nombre de places pour les spectateurs. © Robert Cantarella.

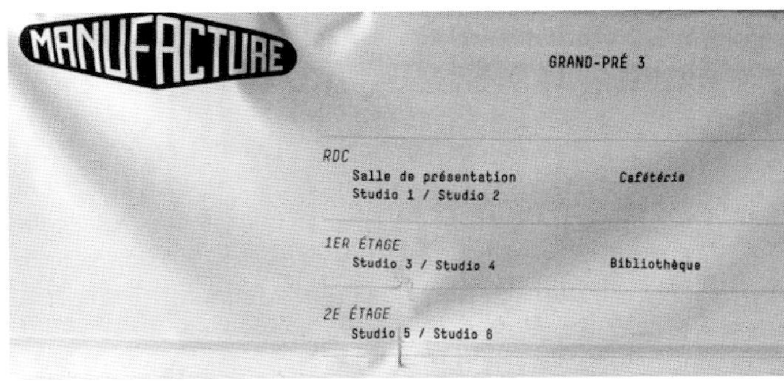

La Manufacture occupe tous les interstices, espaces et embranchements de l'architecture de cette ancienne usine de taille de diamants. © Robert Cantarella.

Toutes les disciplines du théâtre sont enseignées, y compris l'écriture, ce qui, comme au TNS, facilite la transversalité et l'apprentissage des aspects techniques du théâtre. La formation propose également une approche plus «théorique», associant réflexion dramaturgique, connaissance de l'histoire, de l'esthétique de la poétique du théâtre, et enfin recherche, ce qui a été facilité par la création d'un poste de professeur d'université à l'intérieur de l'école, poste actuellement occupé par Mireille Losco-Lena.

Une troisième formation a vu le jour à La Manufacture, à Lausanne, avec l'ouverture de la section Mise en scène en 2012 — l'école elle-même ayant été créée en 2003[19]. Il s'agit d'un master en deux années, six candidats étant retenus pour chaque promotion. L'école n'étant pas rattachée, elle non plus, directement à un théâtre, elle engage quatre acteurs à l'année pour intervenir dans les travaux des étudiants à côté des élèves comédiens, à raison de cinq ateliers par an. La formation se décline en trois modules[20]: le premier, dit Toolbox, est consacré essentiellement à l'acquisition de savoirs techniques et méthodologiques; le deuxième, dit Workshop, propose des ateliers encadrés par des artistes, permet la réalisation de projets artistiques et le suivi de stages; le troisième mêle recherche et création, profitant du fait que La Manufacture dispose en son sein d'un département de recherche en art, ce qui est possible dans la mesure où le système suisse ne sépare pas recherche et formation pratique, contrairement à ce qui se passe en France, où la première est confiée aux universités et la seconde aux écoles d'art.

Ce rapide aperçu, qui sera complété et précisé dans la suite de notre dossier, permet d'ores et déjà de constater que, dans ces trois écoles (TNS. Ensatt et Manufacture), un schéma s'est mis en place, dans lequel sont associées approches esthétique, philosophique, historique et politique, découverte des métiers du théâtre et pratique effective de la mise en scène, sous forme d'ateliers et de réalisation en fin d'année. Selon les écoles, les dosages ne sont pas les mêmes, les possibilités sont différentes en fonction de l'environnement. Mais l'orientation profonde est similaire.

LA MISE EN SCÈNE À L'UNIVERSITÉ

On retrouve d'ailleurs cette orientation dans le master «Mise en scène et dramaturgie» de l'université Paris-Nanterre. Il faut dire que, bien que dispensée à l'université, cette formation a un mode de fonctionnement plus proche de celui d'une école que d'un cursus universitaire. Si les étudiants suivent le matin des séminaires en commun avec le master recherche, ils ont l'après-midi des ateliers pratiques avec des professionnels, soit dans des théâtres, soit dans les locaux de l'université, qui dispose de salles spécifiques et d'un théâtre[21]. Les étudiants recrutés sur dossier et après audition doivent avoir au moins trois ans de pratique théâtrale et prouver une maîtrise du jeu, même s'ils ne sont pas eux-mêmes acteurs. Cette condition permet de recruter aussi des intermittents du spectacle qui peuvent suivre la formation pendant un an sans perdre leurs droits et tout en continuant à percevoir leurs indemnités. C'est là une particularité de ce master, une autre étant le recrutement de nombreux étudiants étrangers, beaucoup d'Européens mais aussi des Sud-Américains et des Asiatiques, le croisement de pratiques différentes, voire divergentes, étant l'un des objectifs pédagogiques de la formation. D'ailleurs, depuis 2017, ce master participe à la formation européenne Comparative Dramaturgy and Performance Research, initiée par Nikolaus Müller-Schöll, professeur à l'Institut du théâtre, du cinéma et des médias à l'université Goethe de Francfort, en partenariat avec l'Université libre de Bruxelles (ULB) et l'University of the Arts London, l'objectif étant de permettre une grande mobilité entre les étudiants en dramaturgie de ces quatre universités. On le voit, cette formation est ouverte à la transversalité, aux échanges internationaux, et elle propose un enseignement majoritairement pratique, malgré son ancrage dans un établissement universitaire.

Récemment, de nouveaux masters orientés vers la mise en scène ont vu ou sont en train de voir le jour dans les universités françaises. C'est le cas du master «Création spectacle vivant», mis en place en 2016 à l'université Paul-Valéry à Montpellier, qui propose une formation théorique et pratique, cette dernière étant dispensée par des professionnels du spectacle, en lien avec des institutions régionales[22]. À l'automne 2018, un master «Mise en scène et dramaturgie en Europe» sera lancé à l'université de Lorraine, à Metz, en partenariat avec le Nest (centre dramatique national de Thionville). L'enseignement vise non seulement la mise en scène et la dramaturgie, mais aussi la pédagogie théâtrale. Sa particularité est de s'appuyer sur un réseau transfrontalier (France, Luxembourg, Belgique, Allemagne) pour «former des dramaturges et des metteurs en scène aptes à travailler dans plusieurs langues et à s'inscrire dans un contexte de création scénique européen»[23].

Enfin, il faut signaler la création en 2018 d'un mooc (cours en ligne) consacré à la mise en scène. Dispensé

19– Elle est le résultat de la fusion de deux écoles: l'Esad (École supérieure d'art dramatique) de Genève et la Spad (Section professionnelle d'art dramatique du Conservatoire de Lausanne). Les deux institutions ont été créées dans cette forme respectivement en 1965 et 1969, mais existaient dans la tradition classique des conservatoires comme «écoles de déclamation» dès la fin du XIXe siècle.

20– Voir le témoignage de Robert Cantarella, p. 52.

21– Voir mon témoignage, p. 50.

22– Voir le témoignage de Laurent Berger, p. 57.

23– Texte de présentation du master, voir p. 58.

par l'école Charles-Dullin, il s'adresse aux débutants et aux amateurs. La formation se déroule sur huit semaines, à raison d'une heure et demie par semaine. De nombreux professionnels font part de leur expérience en ligne et des exercices pratiques sont proposés.

UNE FORMATION CONJOINTE ÉCOLE-UNIVERSITÉ

En 2015, une nouvelle formation à la mise en scène, intitulée «Jouer et mettre en scène», a vu le jour, portée par l'université Paris Sciences et Lettres (PSL), en partenariat avec le CNSAD. L'accès est ouvert aux seuls élèves du Conservatoire, en fin de deuxième année; ils sont recrutés par le biais d'un contrôle continu et de trois entretiens. L'enseignement se déroule sur deux ans. Pendant la première année, essentiellement consacrée à la technique (son et lumière) et à la sécurité, les élèves sélectionnés suivent la formation en même temps que leur troisième année de Conservatoire en tant que comédiens. La deuxième année est organisée essentiellement sous forme de stages. Le cursus comprend également un volet plus spécifiquement universitaire, au niveau du deuxième cycle, sous forme de participation au laboratoire SACRe (voir infra), d'ateliers d'écriture, de séminaires et de rencontres; s'y ajoute la rédaction d'un mémoire en fin d'études, l'ensemble étant placé sous la direction de Jean-Loup Rivière[24]. Les travaux artistiques réalisés sont présentés en fin d'études.

C'est également au sein de l'université PSL qu'a été créé, en 2012, un doctorat d'art et de création, fruit d'un partenariat — appelé SACRe (Sciences, Art, Création et Recherche) — avec l'École normale supérieure, le CNSAD et quatre autres écoles d'art[25]. Ouvert sur concours au niveau du master, ce doctorat permet aux étudiants sélectionnés (un seul par an en théâtre) de mener de front recherche et création personnelle. Il consiste en la création d'une œuvre personnelle originale (une mise en scène, par exemple) associée à une démarche réflexive, les étudiants étant tenus de suivre par ailleurs différents séminaires de recherche.

Le master «Jouer et mettre en scène» et le programme doctoral SACRe n'auraient jamais pu voir le jour sans une étroite collaboration, jusqu'ici inédite, entre écoles d'art dramatique et université. Ils contribuent à surmonter le handicap causé par un cloisonnement trop strict entre ces deux institutions, ce qui les met au niveau de formations étrangères, à Montréal ou à Barcelone, par exemple[26], qui favorisent depuis longtemps le croisement entre création et recherche.

On peut se féliciter de la multiplication des formations qui, depuis une vingtaine d'années, offrent un choix relativement diversifié. Les jeunes et les moins jeunes qui le souhaitent peuvent trouver aujourd'hui des moyens non seulement de se former, mais aussi de croiser des expériences, de découvrir des pratiques et des esthétiques, voire de constituer des équipes au sein d'une école. Il faut cependant rester vigilant: les possibilités d'exercer la mise en scène restent toujours limitées, même si on y adjoint les métiers afférents — assistant, dramaturge, voire chargé de relations publiques ou critique dramatique. Jusqu'ici, les statistiques ont montré que le taux d'insertion des élèves sortis des cursus Mise en scène les plus anciens est plutôt bon, écoles et universités réunies. Mais il ne faudrait pas que, après la pénurie, l'inflation des formations conduise les élèves sur des voies de garage. Tout dépendra finalement de la pertinence des contenus de chaque formation face aux besoins et à l'évolution du théâtre, et donc aussi de l'accueil que chacune recevra dans la profession.

24– Voir son témoignage p. 55.
25– Le Conservatoire national supérieur de musique et de danse de Paris, l'École nationale supérieure des arts décoratifs, l'École nationale supérieure des beaux-arts et l'École nationale supérieure des métiers de l'image et du son.
26– Voir les dossiers consacrés à ces deux écoles, p. 76 et 81.

Programme des cours de maîtrise de mise en scène

(27 août 1918)[1]

VSEVOLOD MEYERHOLD

Vsevolod Meyerhold. © DR.

1. On pose ce principe à la base de l'activité des cours : le théâtre est un art autonome, il exige la soumission de tout ce qui existe dans son domaine à des lois théâtrales uniques. L'art et la technique, engagés au théâtre, sont perçus d'un point de vue théâtral.

2. *Le but* des cours est d'enseigner la maîtrise de la mise en scène et de former des spécialistes-maîtres de la mise en scène : des metteurs en scène et des décorateurs.
Remarque : est *maître des mises en scène l'auteur* des mises en scène : le metteur en scène et le décorateur (qui composent le plan de mise en scène, des jeux de scène, des décors, costumes, maquillages, accessoires, appareillages techniques, etc.).

3. Les cours se proposent les tâches suivantes : 1) Propager des connaissances spécifiques sur le théâtre. 2) Former les cadres d'instructeurs-dirigeants des organisations théâtrales. 3) Faire participer à la maîtrise créative de nouvelles forces venues des larges masses démocratiques.

4. *L'enseignement* de la maîtrise de la mise en scène (mise en scène, décor, etc.) doit être conduit pour toutes les branches au sein d'une école unique, par l'étude du théâtre et de ses lois, à travers les conférences croisées de maîtres de différentes disciplines (en relation directe avec le travail créatif collectif des maîtres de différentes disciplines sur le plateau) et en abordant ces disciplines d'un point de vue théâtral.

Le travail est réparti en cinq trimestres avec un mois de travaux pratiques et de repos (travail intensif pendant les trimestres) entre chaque trimestre. En tout, dix-neuf mois.

1. PREMIER TRIMESTRE (GÉNÉRALITÉS)

Science de la scène.
Mise en scène.
Peinture théâtrale.
Costume de théâtre (vêtement, maquillage) et objet théâtral.
Musique au théâtre.
Histoire du théâtre.
Le style.

Technique de la mise en scène.
Technique de la peinture au théâtre.
Technique de la scène.
Technique de l'éclairage de théâtre.
Technique de la préparation des costumes.
Technique du maquillage.
Technique de l'accessoire.

1– Le programme des Kurmatsep qui suit est publié dans *Vremennik TEO*, n° 1, Petrograd, 1918, p. 17 et suiv. Il figure dans Vsevolod Meyerhold, *Écrits sur le théâtre*, vol. II, traduction, présentation et notes de Béatrice Picon-Vallin, nouvelle édition revue et augmentée, Lausanne, L'Âge d'homme, 2009.

2. TRIMESTRES DE SPÉCIALISATION (2E ET 3E)

Spécialisation mise en scène

Histoire des représentations théâtrales.
Dramaturgie.
Histoire du costume et du maquillage.
Architecture.
Musique.
Mise en scène (méthode, technique).
Les objets théâtraux.
Maquette.

Aménagements de la scène.
Éclairage.

Préparation du costume.

Travail de l'acteur:
- Le mot sur scène, diction, respiration, discours scénique.
- Le mouvement, gymnastique, escrime, mouvement scénique.

Spécialisation décor

Histoire de la peinture.
Histoire de la peinture au théâtre.
Histoire du costume et du maquillage.
Architecture.
Musique.
Mise en scène (cours élémentaires).
Les objets théâtraux.
La peinture au théâtre.
Esquisses, maquettes, peinture, décor.
Aménagements de la scène.
Éclairage.
Accessoires.
Maquillage.
Préparation du costume.
Teinte des tissus.

Mouvement scénique.
Dessin d'après nature, costume, objet.
Perspective scénique.

---

3. TRIMESTRES COMPLÉMENTAIRES (4E ET 5E)

Perfectionnement sur une scène expérimentale, dans des ateliers, sous la direction de maîtres et travail indépendant de mise en scène.

[Suit la liste des professeurs]

Travaux proposés

Classe de mise en scène
1) Plan des 4 premiers tableaux de l'opéra *Boris Godounov,* de Moussorgski.
2) Plan des 25 tableaux de *Boris Godounov,* de Pouchkine.
3) Mise au point des instructions du metteur en scène de la pièce de O. Wilde, *Un mari idéal,* pour l'acteur qui joue le vicomte Arthur Goring: indications des techniques de jeu, en s'appuyant sur le rapport au dandysme analysé par Barbey d'Aurevilly dans son livre *Le Dandysme.* Pour le décorateur, dessin du costume et maquillage de l'interprète du rôle de Goring.
4) Travail sur une pièce de son choix.
5) Travail sur *Les Aubes,* de Verhaeren.

Classe de décor
Étude sur le thème «le motif théâtral».

Sorties. Au Musée théâtral, au Théâtre Mariinski, au Théâtre Alexandrinski et aux représentations des théâtres communaux.

Projet d'enseignement de la dramaturgie aux cours de maîtrise de mise en scène (22 novembre 1918)[2]

Partant de l'idée de base des cours qui érige le théâtre en art autonome, exigeant la soumission de tout ce qui existe dans son domaine à des lois théâtrales uniques, S. Radlov juge nécessaire d'enseigner systématiquement aux dramaturges les manifestations de ces lois. Le Nouveau Théâtre ne peut pas s'appuyer sur des auteurs qui auraient une pratique et des modes de travail vieillis. D'autre part, il faut reconstituer l'union initiale de l'acteur et du poète, qui renaît dans toutes les grandes époques théâtrales. Si bien des gens semblent douter de la possibilité même d'un enseignement de la dramaturgie, qu'ils songent que c'est la première fois que les metteurs en scène, eux aussi, reçoivent ici un enseignement systématique.

2– Nous ne donnons ici que la présentation générale de cet enseignement à la dramaturgie, pour les contenus, nous renvoyons le lecteur à l'ouvrage référencé plus haut, p. 35-37.

La première école de mise en scène

BÉATRICE PICON-VALLIN

« De même que pour obtenir une nouvelle plante il faut semer une nouvelle graine, de même un nouveau théâtre naîtra de chaque école nouvelle », écrivait Vsevolod Meyerhold dès 1907 [1]. Le souci pédagogique est constant chez ce metteur en scène-inventeur. Pédagogie pour les acteurs d'abord, dans différentes écoles qu'il nommera studios puis ateliers ou laboratoires, pédagogie pour les metteurs en scène ensuite, à partir de 1918-1919, car il y a urgence à former des instructeurs pour les groupes qui naissent alors comme des champignons, dans les usines ou à l'armée. Il organise, aux cours de maîtrise de mise en scène (juin 1918-mars 1919), un enseignement qui, s'il est transmission de ses propres découvertes dans ce métier si neuf de metteur en scène, est de plus expérimental et orienté vers des fins très pratiques et immédiates. De juin 1918 à mars 1919, il y met toute son énergie, dans le climat politique tendu par la guerre civile et dans des conditions matérielles difficiles. Le recrutement se veut démocratique.

L'originalité de la formation est d'être dispensée à la fois à de futurs metteurs en scène et à des décorateurs et techniciens : il s'agit de fournir à tous un tronc commun à partir duquel ils seront capables, chacun dans sa spécialité, de penser le théâtre non comme un conglomérat de diverses disciplines artistiques, mais comme « un art indépendant ». Les cours de Meyerhold sont complétés par des cours techniques, tous donnés par de grands spécialistes — peinture scénique, dessin (K. Pétrov-Vodkine), musique, etc. L'histoire du théâtre et l'analyse de spectacles font partie de la formation. Le but est de transformer ces cours en Institut supérieur scientifique de l'art du théâtre.

Au départ, une règle d'or : « La soumission de tout ce qui se fait au théâtre à des lois théâtrales. [...] Maintenant les théâtres doivent eux-mêmes créer leurs cadres. » Chaque metteur en scène est donc aussi décorateur, chaque décorateur est aussi metteur en scène.

Pour être condensé sur quelques trimestres, cet enseignement n'est pas bradé. Meyerhold veut former des cadres capables de réaliser des « mises en scène simplifiées », non seulement par nécessité économique, mais parce que cette simplification coïncide avec les lois d'un « théâtre théâtral » mises à jour par ses recherches des années 1910. Mais il propose de travailler sur *Boris Godounov,* de Pouchkine, pièce réputée injouable.

Pour désigner la matière de ses cours, Meyerhold lance le terme nouveau de *scenovedenie,* ou science de la scène, par essence comparatiste et interdisciplinaire. Pédagogie et recherche sont intimement mêlées : ainsi, Meyerhold s'intéresse à une théorie de la création théâtrale et incite ses élèves à élaborer des graphiques commentés de la production d'une mise en scène et de son fonctionnement avec le public, dans des « Schémas pour l'étude du spectacle » [2] qui répertorient les différents membres de « l'union des partenaires » et définissent leurs interactions, le public créant le spectacle avec les autres créateurs. L'enseignement-recherche meyerholdien vise à former un metteur en scène complet et cultivé pour s'adresser au nouveau public populaire.

1– Vsevolod Meyerhold, *Écrits sur le théâtre*, trad., préface et notes Béatrice Picon-Vallin, vol. I, nouvelle édition revue et augmentée, Lausanne, L'Âge d'homme, 2001, p. 107.
2– Les travaux des étudiants des Kurmastsep sur cette question seront publiés sous ce titre en 1919.

Le jeu comme préalable à la mise en scène

GEORGES BANU

Antoine Vitez en 1981. © Marc Enguerand.

Dix ans auprès d'Antoine Vitez — dix ans de formation, c'est ainsi que je définirais l'intimité de travail que nous avons connue grâce à son invitation à m'associer à lui, de Venise 1977 à Paris 1988. Antoine monologuait mais en même temps il disposait de ce talent particulier qui consistait à vous rendre intelligent dans sa présence. Il n'était pas vraiment un maître socratique, ni un maître à penser. Je l'écoutais avec attention, et ses paroles engendraient en moi des réponses, des réflexions, des idées. Vitez pensait et il fécondait l'intelligence de l'autre, ami ou collaborateur. Rien n'a perturbé cette relation non pas de servitude mais d'écoute, à l'exception d'un échange assez vif lors d'un débat de fortune dans la salle de Chaillot avec les élèves d'une classe option théâtre. Le sujet portait sur la mise en scène, et Antoine se déclarait partisan de cette vieille rengaine selon laquelle le meilleur acteur s'est dissocié de la communauté de ses partenaires de jeu pour s'imposer comme leader et assumer la réalisation du spectacle. Cela le menait à la conclusion que j'ai contestée: le metteur en scène doit être acteur. Il fut surpris par mon intervention car, alors, excédé, j'ai rappelé publiquement les noms de grands metteurs en scène qui n'avaient jamais joué et qui pourtant se sont imposés comme directeurs d'acteur hors pair. Peter Brook qui, une seule fois, en Afrique, est intervenu pour une brève prestation, Ariane Mnouchkine qui dirige mieux que quiconque ses comédiens et qui, pourtant, ne s'est jamais aventurée en tant que comédienne sur un plateau, Jerzy Grotowski ou Eugenio Barba, Klaus Michael Grüber, Peter Stein, Luc Bondy, et j'en passe. Ces metteurs en scène parviennent à diriger en raison non pas d'une quelconque expérience préalable de jeu, mais d'une vocation immédiate, concrète, d'un don différent de celui propre à l'incarnation ! S'ils sont « comédiens », ils le deviennent brièvement, dans le processus des répétitions, de manière fugitive, comme un éclair, pour indiquer aux acteurs un geste, pour désigner un état, pour « montrer » en... jouant ! Cette manière d'intervenir tient d'une vocation personnelle et, parfois, pas toujours, d'un apprentissage spécifique ou d'une expérience du plateau. Certains, parmi les exemples évoqués, ont suivi des écoles, d'autres pas, mais aucun ne s'est assumé, ni à l'origine ni plus tard, comme acteur. Pour appuyer mon argumentation polémique, j'ajoutai: « Et d'ailleurs, les metteurs en scène qui jouent sont le plus souvent médiocres. On les reconnaît sur le plateau, tels des comédiens marqués par une autre pratique et par leur fonction de leader: ils interprètent comme s'ils respectaient des indications et appliquaient des consignes de jeu. Sans la moindre organicité et aptitude à imposer une identité de personnage. Giorgio Strehler reste l'exemple le plus flagrant. » Je n'ai pas osé dire alors que Vitez lui-même, par ses prestations scéniques, abondait dans le sens de mon intervention. Pour ce qui est de l'enseignement de la mise en scène, en ancien étudiant des grandes écoles de l'Est, je l'ai défendu en signalant lors de notre rencontre la pertinence de cette formation qui ne procure pas le talent, certes, mais fournit des repères particuliers, indique des responsabilités de plateau, aide à la constitution d'une équipe, favorise l'émergence d'une vocation spécifique, différente de l'autre, complémentaire, de l'acteur. Je parlais, j'étais éloquent, ce qui ne m'arrivait jamais en sa présence. Vitez resta silencieux, puis moi également; nous nous sommes tus car nous avions compris que nos positions étaient irréconciliables et, ensuite, nous n'avons plus jamais abordé ce motif de discorde passagère. Le seul, des années durant !

L'enseignement de la mise en scène à l'Académie de théâtre et de cinéma de Budapest

RADU PENCIULESCU

Notre enseignement s'est voulu d'emblée anti-technique et anti-schématique. Néanmoins, il adoptait le programme de Stanislavski avec toutes ses précisons concernant la réalisation d'un spectacle : l'objectif, le sur-objectif, etc.

Aujourd'hui, je ne me sens pas légitime pour donner mon opinion sur d'autres pratiques pédagogiques. Peut-être que tout a changé ou que... rien n'a changé, comme on le disait dans *Le Guépard* de Lampedusa (Visconti).

L'idée, souvent avancée, selon laquelle le meilleur acteur d'un groupe se détache et finit par s'imposer comme leader pour mettre en scène un spectacle, je ne l'ai jamais crue juste ni défendue. Mes meilleurs élèves en mise en scène étaient de très mauvais acteurs, mais si je les avais sélectionnés, c'était au nom de leurs visions des spectacles et non de leurs aptitudes d'interprétation. Dans notre Institut, la section de mise en scène et celle du jeu étaient séparées, mais des passerelles existaient entre les deux filières au terme des deux premières années.

Un principe que j'ai adopté : pour le plateau, il ne suffit pas de formuler en paroles une solution, bien au contraire, elle doit surgir de l'action scénique et participer concrètement au travail théâtral. Le concret doit se trouver au poste de commande. Mais, il est vrai, l'enseignement pêche souvent par abus de théorisation et cela a des conséquences sur les élèves.

Je crois qu'un metteur en scène se définit aussi par ses aptitudes à mobiliser un groupe de comédiens. Les meilleurs n'avaient jamais de problème, les autres, si. Le talent est contagieux et les collègues, les acteurs, le sentent et ils répondent, suivent, respectent le metteur en scène à même de susciter leur dévotion à un projet.

Nous avons suivi une progression dans les choix des textes, des petites nouvelles aux textes classiques, en particulier Shakespeare, des débuts jusqu'à la dramaturgie contemporaine que j'ai pu faire découvrir aux élèves dans la Roumanie des années 1970 en leur apportant les textes les plus récents et en les lisant ensemble. Ainsi, ils ont découvert Pinter, Camus, Ionesco... Chacun a choisi des fragments d'une pièce qui, alors, ne pouvait pas être montée sur une scène publique. Cela a suscité une fièvre toute particulière.

L'enseignement de la mise en scène, en raison de la méfiance des responsables officiels, a pu se développer et s'imposer en Roumanie grâce à une personnalité qui nous a défendus : George Dem Loghin ; il avait abandonné la mise en scène pour se consacrer entièrement à son enseignement. Son rôle fut essentiel.

À un moment donné, après quelques années d'enseignement en Suède, j'ai préféré me consacrer à l'enseignement du jeu. J'ai dit aux élèves : « J'en ai assez d'enseigner comment prendre le pouvoir. » La mise en scène reste une pratique foncièrement liée au pouvoir et à son exercice.

Ce qui compte toujours, c'est l'apprentissage concret, matériel, artisanal.

Naissance d'une idée

JOSYANE HORVILLE

À mon arrivée au Jeune théâtre national, en 1993, j'ai souhaité élargir ses missions. Les artistes issus des deux écoles (Conservatoire national supérieur d'art dramatique, Paris, et école du Théâtre national de Strasbourg) présents au JTN étaient porteurs de projets et j'ai cherché à accompagner ces propositions très intéressantes que nous avons nommées « maquettes ». Il était évident que ces jeunes metteurs en scène avaient le souhait de progresser dans leur pratique. C'est alors que je mis sur pied un projet appelé « Institut nomade de mise en scène ».

Un institut. Car il ne s'agit pas d'une école établie, mais d'une structure légère, mobile, une instance propice à la recherche et à la conduite de travaux où s'explorent des voies diverses du répertoire, où les questions se multiplient et où se choisit la proposition poétique de chaque œuvre.

Nomade. En raison de l'organisation éclatée de l'enseignement qui excède l'idée du simple déplacement et déborde la notion du voyage avec lequel le théâtre a toujours partie liée. Voyage cependant, puisque à l'étranger les jeunes metteurs en scène de l'Institut sont confrontés à des expériences différentes à partir desquelles ils interrogent et enrichissent leur propre pratique et participent individuellement à la création de spectacles de metteurs en scène étrangers.

Je consultais beaucoup, des maîtres, des jeunes metteurs en scène, des jeunes acteurs. Certes, il y avait quelques réticences. Je suis allée visiter plusieurs écoles : l'école Ernst-Busch à Berlin, Lev Dodine à Saint-Pétersbourg, Krystian Lupa à Cracovie. J'ai donc été convaincue que l'on pouvait organiser non pas un enseignement, mais une transmission.

La transmission. Parce que la transmission empirique et artisanale d'un savoir est primordiale. Elle est du ressort des maîtres et non des professeurs. En effet, plutôt qu'un savoir monolithique dispensé d'en haut, nous souhaitions instaurer un véritable dialogue maître-élève à partir d'exercices concrets et prenant appui sur l'expérience. Les metteurs en scène-passeurs étaient entièrement libres de leur mode d'intervention.

Cet institut avait pour mission d'offrir à de jeunes artistes déterminés à se consacrer à la mise en scène une formation pratique, technique et théorique, dont le contenu irait nourrir leur réflexion et les confronter, dès le début de leur parcours, à la demande de metteurs en scène majeurs, tant en France qu'à l'étranger.

Le premier acte se concrétisa avec Claude Régy, premier passeur. Quatre jeunes metteurs en scène ont pu, dans un travail sur des textes de Maeterlinck, confronter leurs interrogations à la parole du metteur en scène Régy. La règle du jeu était des plus simples ; hormis le choix de l'auteur, liberté totale était laissée aux quatre participants : choix du texte (théâtral ou non), des acteurs, du lieu et de la méthode de travail. Le but n'était pas d'aboutir à une représentation mais à une recherche sur l'écriture du poète ; six jours de travail avec Régy intervenaient après quatre ou cinq semaines de répétitions avec les acteurs. Ces travaux se sont déroulés dans l'isolement le plus parfait, la condition sine qua non étant l'absence totale d'un « œil extérieur » pendant toute la durée du stage. Seule Maryse Gautier, éclairagiste travaillant régulièrement avec Régy, s'est mise à la disposition des stagiaires au cours des semaines de répétitions.

Commentaire de Claude Régy : « Puisque actuellement on réfléchit tant au problème de la jeunesse, on doit considérer ce problème en perspective et non pas dans la recherche de solutions immédiates et à court terme. En effet, le but n'est pas de gonfler régulièrement de jeunes talents, d'en faire des chiens savants qui seront aussitôt consommés puis rejetés au bout de quelques années pour être remplacés par une nouvelle génération, mais bien plus de les aider à croître et à durer. Il faut pour cela leur donner de vraies bases de travail et les moyens de chercher plus avant, de développer leur réflexion. Il est surprenant et touchant de constater que de jeunes metteurs en scène dont le premier travail a été bien accueilli, et qui ont, de fait, des ouvertures pour aller de l'avant (tous les quatre travaillent régulièrement), se retrouvent pris dans une machine pour laquelle ils ne se sentent pas équipés et, ressentant un danger, éprouvent un besoin de formation, de réflexion. Il faudrait dans un premier temps étudier ensemble le texte, ce qui l'entoure, et se concentrer sur le choix des acteurs. Une telle concertation est indispensable pour éviter l'acharnement à travailler avec certains acteurs, ce qui a été quelquefois le cas car ils n'étaient pas prêts à faire un tel travail et à se confronter à l'œuvre de Maeterlinck.

Il faut ensuite prévoir deux ou trois interventions pendant la période de travail du stagiaire avec les acteurs et, enfin, un temps de travail en commun de plus d'une semaine. Tout cela exige une grande disponibilité de l'intervenant, des stagiaires et des acteurs. L'absence de moyens entraîne des résultats boiteux.»

Il me paraissait important que la deuxième expérience ait lieu à l'étranger, dans un théâtre accueillant une école. Lev Dodine accepta de recevoir les stagiaires pendant un mois et demi. Le stage se composait de deux étapes: assister aux cours chez les différents professeurs de l'école et aux répétitions de *Tchevengour,* le spectacle de Dodine, et participer à des réunions avec Dodine, son décorateur et tout son staff technique.

Commentaire de Lev Dodine: «Je dois avouer qu'initialement l'idée de ce stage me rendait méfiant parce que je savais à quel point chaque homme de théâtre veut être partie prenante dans un spectacle, d'autant plus que chacun de ces jeunes gens avait déjà lui-même fait des mises en scène. J'avais donc des doutes quant à leur patience et à leur intérêt à être seulement observateurs, sans en être agacés et en comprenant le travail qui se déroulait devant eux. Il m'a semblé, à leur façon d'être présents, à leurs questions, aux entretiens que nous avons eus, qu'il n'en a rien été. Nous nous rencontrions en effet chaque semaine pour marquer les étapes de leur «perplexité» sur ce travail. Le plus important semble avoir été le fait qu'ils ont été confrontés à un type et à une méthode de travail qu'ils ignoraient totalement jusque-là. Il s'agit là de l'essentiel car nous n'apprenons que ce que nous ignorons. C'est seulement à cette occasion que nous découvrons que notre connaissance est limitée et que nous percevons le besoin de quelque chose de plus. Car s'il existe une méthode de travail différente, il peut en exister des dizaines. Ce sont là les prémices d'un perfectionnement ultérieur parce que nous ne pouvons jamais rien apprendre à quelqu'un. Nous ne pouvons qu'essayer d'apprendre à lui apprendre, initier l'envie même d'apprendre à apprendre. C'est de ce point de vue que le stage a eu un sens.»

Parallèlement à cela, les stagiaires participaient à un stage technique et artistique au TNS. La scénographie, la lumière et le son ne sont plus considérés, on le sait bien, comme de simples accessoires de la représentation. L'évolution des regards, des techniques et des conceptions créatrices en fait des arts autonomes qui participent de la dramaturgie. Approfondir la scénographie à partir de la notion vitezienne de l'abri et de l'édifice, se familiariser avec les différents outils et sources que le progrès met aujourd'hui au service du son et de la lumière, était le but d'un stage qui se devait d'avoir lieu au TNS, endroit idéal pour une leçon d'art appliqué.

LES PASSEURS

1997 Claude Régy, Paris
1998-1999 Lev Dodine, Maly Drama Theatre, Saint-Pétersbourg
1999 Théâtre national de Strasbourg, stage technique et artistique
1999-2000 Matthias Langhoff, Ouagadougou
2000 Théâtre national de Strasbourg, stage technique et artistique
2000 Claude Régy, Paris
2000 Manfred Karge, École Ernst-Busch, Berlin
2001 Krystian Lupa, École nationale supérieure d'art dramatique et Stary Teatr, Cracovie
2001 Théâtre national de Strasbourg, stage technique et artistique
2001 Jacques Lassalle, Paris
2002 Piotr Fomenko, Théâtre-Atelier Piotr Fomenko, Moscou
2002 Théâtre national de Strasbourg, stage technique et artistique
2002 Jean-Pierre Vincent et Bernard Chartreux, Paris

LES STAGIAIRES

Jean Boillot (stage Lev Dodine, 1998-1999, stage TNS, 2000)
Julie Brochen (stage Claude Régy, 1997)
Clyde Chabot (stage Matthias Langhoff, 1999-2000, stage TNS, 2000)
Thierry Collet (stage TNS, 1999)
Emmanuelle Cordoliani (stage TNS, 2000)
Guillaume Delaveau (stage Matthias Langhoff, 1999-2000)
Cécile Garcia-Fogel (stage Lev Dodine, 1998-1999)
Victor Gauthier-Martin (stage TNS, 1999)
Philippe Macaigne (stage TNS, 2000)
Christophe Maltot (stage Matthias Langhoff, 1999-2000, stage TNS, 2000, stage Claude Régy, 2000)
Jacques Osinski (stage Lev Dodine, 1999-2000, stage TNS, 2000, stage Claude Régy, 2000)
Gloria Paris (stage Claude Régy, 1997, stage TNS, 1998-1999)
Christophe Rauck (stage Lev Dodine, 1999-2000, stage TNS, 2000)
Isabelle Ronayette (stage Lev Dodine, 1998-1999, stage TNS, 1999)
Jean-Yves Ruf (stage Claude Régy, 2000)
Jean-Baptiste Sastre (stage Claude Régy, 1999, stage TNS, 1999)
Olivier Werner (stage Claude Régy, 1997, stage Lev Dodine, 1998-1999, stage TNS, 1999)

Le Jeune théâtre national

MARC SUSSI

Le développement du réseau culturel français, qui s'est accompagné d'un accroissement conséquent du nombre de compagnies ces trente dernières années, a eu pour corollaire la création de treize écoles supérieures d'art dramatique. Pierre angulaire de la politique culturelle, ces écoles sont aujourd'hui un lieu de passage difficilement contournable pour qui veut exercer les métiers de la scène. C'est dans ce contexte que ces écoles ont commencé à proposer des formations à la mise en scène, formation initiale à l'Ensatt et à l'école du TNS, sous forme d'une quatrième année d'études pour les acteurs du CNSAD.

Si la force de ces écoles est d'enseigner avec des moyens et des outils conséquents l'art du théâtre, elles créent aussi des complicités durables entre les élèves. Les metteurs en scène sortant de l'école réalisent souvent leurs premiers spectacles avec des artistes issus de leur promotion. Le Jeune théâtre national peut alors les aider (pour ceux qui sortent du CNSAD et de l'école du TNS) à produire leurs spectacles en prenant en charge une partie de leur salaire. Mathilde Delahaye a ainsi présenté *L'Espace furieux*, de Valère Novarina, au Théâtre de la Cité internationale en mars 2018. Ce spectacle, produit par l'Espace des arts-Scène nationale de Chalon-sur-Saône, n'aurait probablement pas pu se réaliser sans le soutien du JTN. En règle générale, l'assurance pour ces jeunes metteurs en scène, formés dans une école supérieure, de pouvoir bénéficier d'un soutien inconditionnel du JTN leur permet de s'inscrire très vite dans le réseau national. Les exemples sont nombreux, pour ne citer que quelques noms: Guillaume Vincent, Mathieu Roy, Rémi Barché, Émilie Rousset, Pauline Ringeade, Caroline Guiela Nguyen, Maëlle Dequied... Tous ont pu faire très vite leurs premiers spectacles grâce à la conjugaison de l'excellence de leur formation et de l'aide du JTN.

Parallèlement à l'enseignement de la mise en scène, des écoles ont ouvert une formation à l'écriture dramatique et/ou à la dramaturgie. De jeunes metteurs en scène peuvent ainsi, dans le cadre de l'école, rencontrer et travailler avec de jeunes auteurs et contribuer à enrichir le répertoire contemporain. La question du répertoire reste d'ailleurs l'un des enjeux majeurs de la jeune création européenne. Malgré les échanges internationaux développés par les écoles, les projets européens sont encore trop rares. Peu de jeunes metteurs en scène, français et étrangers, conçoivent des spectacles avec des artistes rencontrés au cours de ces échanges.
Des écritures nouvelles mêlant différentes langues, interprétées par des artistes venus d'horizons différents, permettraient d'ouvrir un champ artistique qui pourrait contribuer à asseoir l'Europe culturelle.

Longtemps les écoles d'acteurs ont formé des metteurs en scène, et il existe encore aujourd'hui des artistes issus des sections jeu qui mènent, heureusement, de brillantes carrières de metteur en scène. L'ouverture des écoles à la formation à la mise en scène a permis à des artistes qui n'avaient pas vocation à devenir acteurs d'être intégrés. Ils y apprennent à diriger les acteurs, à concevoir scénographies, costumes, lumières, son... Polyvalentes, ces écoles sont des écoles d'excellence pour la formation à la mise en scène. Par le travail en commun, chaque élève-artiste profite de la formation de l'autre. Et les metteurs en scène s'inscrivent en général dans le paysage théâtral plus facilement et plus rapidement que les artistes n'ayant pas reçu une formation dans ces écoles.

L'ouverture de la section Mise en scène de l'école du Théâtre national de Strasbourg

ANNE-FRANÇOISE BENHAMOU

Même si l'école du TNS avait de fait formé de nombreux metteurs en scène, la section Dramaturgie-Mise en scène n'y existait pas lorsque Stéphane Braunschweig fut nommé en 2000 à sa direction, jointe à celle du théâtre. Ouvrir cette formation figurait dans le projet qu'il avait remis au ministère de la Culture. L'argumentaire était simple : dans une école qui comporte une section jeu, une section scénographie et une section régie, la formation à la mise en scène et à la dramaturgie s'inscrira facilement, bénéficiant à la fois d'une transversalité (participation aux trois formations existantes) et d'enseignements spécifiques à créer, notamment en dramaturgie et en direction d'acteurs. Les fondamentaux pédagogiques de l'école (formation par projets successifs impliquant toutes les sections) et son insertion dans un théâtre permettraient en outre aux élèves metteurs en scène d'aboutir à des réalisations avec leurs camarades (car c'est le problème principal de toutes les formations à la mise en scène : avec quels acteurs travailler ?).

Ce qui semble aujourd'hui tomber sous le sens était tout sauf une évidence. Un tel projet s'inscrivait alors dans un contexte polémique concernant la formation à la mise en scène, dont beaucoup, dans le milieu théâtral français, jugeaient qu'elle n'avait ni utilité ni légitimité, selon deux arguments ressassés : 1) puisque tous les grands metteurs en scène des années 1970 et 1980 étaient apparus sans avoir suivi de cursus spécifique, pourquoi en imaginer un ? 2) on ne peut devenir un bon metteur en scène qu'après avoir été formé comme acteur. Mais la preuve du pudding, c'est qu'on le mange... Stéphane Braunschweig avait pour lui d'avoir été lui-même admis comme élève metteur en scène à l'école de Chaillot (dont la réalité institutionnelle était presque « sauvage », mais qui fut un creuset artistique capital pour toute une génération). Il savait ce que cela lui avait apporté de suivre des cours de jeu, de scénographie, et de faire ses premières expériences avec de jeunes acteurs de talent. Pour ma part, j'avais déjà une dizaine d'années d'expérience pédagogique en études théâtrales à l'université Paris-III, où beaucoup de jeunes gens se destinaient à la mise en scène, et je savais combien les échanges artistiques et intellectuels avec eux étaient intéressants et fructueux. Nous avons donc, une fois Stéphane Braunschweig nommé, conçu ensemble, avec Dominique Lecoyer, un recrutement et une formation dont les principes ont été en gros maintenus par les directions suivantes : concours long et exigeant, recrutement en tout petit nombre (deux metteurs en scène et un dramaturge par promotion), deux projets personnels encadrés avec la promotion durant les trois années d'école — et pour notre part, nous nous étions donné, pour recruter des metteurs en scène, une règle de parité que nous avons tenue.

Quinze ans après la création de cette section, elle semble pérennisée (ce n'était pas gagné) et aujourd'hui il serait sans doute difficile de la supprimer. Pourtant, il est probable qu'elle sera amenée à évoluer : à l'unisson de l'époque et de notre propre génération artistique, nous postulions implicitement, en inventant sa forme et en lui conférant cette place dans l'école, le rôle central du metteur en scène dans la création théâtrale. À l'heure des collectifs et de la pluridisciplinarité artistique, ce socle apparaît bien plus questionnable. Il me semble en tout cas que, si je m'occupais aujourd'hui d'une telle formation, j'ouvrirais, plutôt qu'un enseignement de direction d'acteurs (que de fait nous n'avons jamais vraiment mis en place) un espace de réflexion sur la place respective de l'acteur et du metteur en scène dans la création. Car si je continue à penser que les spectacles les plus intéressants naissent à la fois d'une vision unifiée et d'un défi particulier lancé au jeu — qui le sorte de la convention —, l'expression « direction d'acteurs », qui ne nous posait aucun problème en 2001, me semble aujourd'hui datée, trop verticale... Mais quoi à la place ? C'est vraiment une question artistique, et ce serait donc un fertile terrain pédagogique pour une école de théâtre, si on la conçoit — héritage de Vitez, boussole inchangée en ce qui me concerne — comme un endroit de recherche et de surgissement.

2

Comment la mise en scène s'apprend-elle ? S'enseigne-t-elle ?

Enjeux et perspectives

La mise en scène : enjeux d'une formation

KATHARINA STALDER

Aujourd'hui, la question n'est plus de savoir si la mise en scène peut s'enseigner ou non. Cela fait maintenant un siècle qu'elle est enseignée en Europe[1], et depuis une vingtaine d'années les formations se sont multipliées, y compris dans les pays les plus réticents, comme la France. Le débat porte aujourd'hui sur le comment et le pourquoi, sur les méthodes et les objectifs.

Tout le monde s'accorde sur le fait qu'il y a des savoir-faire techniques qui peuvent et doivent être dispensés d'une manière ou d'une autre. À La Manufacture (la haute école de théâtre de Suisse romande), à Lausanne, ces enseignements s'appellent « modules toolbox », une boîte à outils que l'on équipe peu à peu pendant ses études pour l'emporter avec soi dans la vie professionnelle : technique de plateau (lumière, son, vidéo), production, dramaturgie et écriture... Au Théâtre national de Strasbourg et à l'École nationale supérieure des arts et techniques du théâtre, à Lyon, les étudiant(e)s peuvent et doivent rencontrer tous les corps de métier. Quant au master professionnel de l'université Paris-Nanterre, il organise des stages techniques dans des théâtres, et même à l'école du TNS, comme ce fut le cas en 2014-2015.

Un accord s'est fait également sur la nécessité de familiariser les étudiant(e)s avec l'histoire et l'esthétique du théâtre, voire avec la recherche. C'est le cas à Nanterre, où les élèves du master professionnel suivent les mêmes séminaires théoriques que celles et ceux du master recherche. À l'Ensatt, un poste de professeur a été créé au sein de l'école, et La Manufacture dispose d'un pôle de recherche en art. Au TNS, des enseignant(e)s du département Arts du spectacle de Paris-Nanterre interviennent ponctuellement pour des cours théoriques en relation avec le programme de l'école.

Plus discuté est le fait que la mise en scène puisse être enseignée en tant que domaine spécifique. C'est nécessairement le cas à l'université, laquelle ne possède pas de formation pratique en jeu, scénographie, lumière, son... à un niveau de professionnalisation suffisant pour croiser les enseignements à l'intérieur d'un cursus. Raison pour laquelle les étudiant(e)s du master professionnel de Nanterre ont des enseignements dans des théâtres, raison aussi pour laquelle ils et elles travaillent dans certains ateliers avec des actrices et acteurs professionnels, grâce à des accords passés avec l'Assurance formation des activités du spectacle (Afdas).

Il en va différemment dans les écoles, où des croisements sont possibles. L'Institut national supérieur des arts du spectacle et des techniques de diffusion, notamment, ne dispense aucune formation spécifique à la mise en scène, celle-ci ressortant, pour ainsi dire naturellement, de la diversité des domaines auxquels les étudiant(e)s ont accès au cours de leur formation. À l'Ensatt et au TNS, il existe une formation spécifique, mais les deux écoles insistent sur le fait que les élèves en mise en scène (et en dramaturgie) participent à de nombreuses activités au sein de l'école qui ne leur sont pas spécialement réservées.

La question la plus délicate est celle des modalités de formation. On a, un temps, privilégié la transmission, l'apprentissage de maître à disciple, destiné à des étudiant(e)s ayant déjà une solide expérience théâtrale qu'ils et elles peuvent compléter au contact de l'univers artistique et des méthodes de travail d'un(e) metteur(euse) en scène. L'avantage de cette approche est qu'elle ne nécessite pas l'encadrement dans une école — ce qui n'empêche qu'elle ait encore ses partisans dans le cadre scolaire[2].

Aujourd'hui, toutefois, c'est manifestement l'enseignement qui est privilégié dans les sections de mise en scène dans les écoles d'art : une pluralité de points de vue, des apprentissages réguliers de savoir-faire techniques et des stages ponctuels avec des personnalités issues de la mise en scène, mais aussi d'autres domaines artistiques doivent permettre à l'élève du trouver ses propres méthodes et son propre univers. Une formation où l'étudiant(e)

1– Voir le texte de Meyerhold et le commentaire de Béatrice Picon-Vallin, p. 34-36.

2– Ainsi, Stanislas Nordey souligne l'intérêt qu'il y a pour les élèves à se mettre « en immersion », à apprendre en regardant, sans intervenir eux-mêmes. Voir Entretien, p. 65.

© Sofi Martel.

est entouré(e) de personnes qui peuvent lui servir de «poteau indicateur», où il/elle est amené(e) à comparer pour faire ses propres choix, semble plus ouverte que la formation qui passe par un maître unique, détenteur de savoir. Heiner Goebbels, qui a dirigé jusqu'à mars 2018 l'Institut d'études théâtrales appliquées (Angewandte Theaterwissenschaft, ATW) à Giessen (Allemagne), utilise le terme d'«enseignant-apprenant (et vice versa)»[3]: l'enseignant n'est pas omniscient, il apprend autant au contact de l'élève, l'«apprenant-enseignant». Les deux sont dans une démarche de recherche artistique, l'enseignant a juste quelques années d'expérience, et d'errements, de plus.

CONTOURS ET CONTENUS

Comment délimiter la mise en scène dans le contexte d'une création artistique? Prosaïquement, on pourrait dire que c'est ce qui reste quand on a enlevé tous les autres corps de métier qui y participent. Car comment définir le champ d'activité du «métier» de mise en scène autrement que par la négative? Selon Robert Cantarella et Jean-Pierre Han, «le metteur en scène est le nom donné au fabricant du projet de scène»[4], tandis que pour Alain Françon la section mise en scène est le «département de ceux qui viennent se mêler de tout»[5]. Et, contrairement à la direction d'orchestre, métier auquel la mise en scène est parfois comparée, celle-ci n'est même plus visible pour le public une fois les représentations commencées. La mise en scène se définit en creux; comment apprendre ou enseigner quelque chose dont on peine à définir les contours et les contenus?

L'apprentissage de la mise en scène est celui de la complexité. Un ou une futur(e) metteur(euse) en scène peut aussi apprendre «sur le tas», en créant ses propres spectacles, ce n'est pas antinomique à une formation dans une école. Celle-là n'est pas un raccourci pour arriver au même résultat en moins de temps, mais un laboratoire de travail où, dans une interaction, organisée ou spontanée, avec d'autres sections, on peut mûrir à cette

3– *In Réinventer des lieux de création?* (traduction Cécile Schenck), *OutreScène*, revue de La Colline, n° 14, mai 2013, p. 89.
4– Robert Cantarella et Jean-Pierre Han, «Pour une formation à la mise en scène, manifeste», *Frictions*, hors-série n° 4, 2012 [éd. Entre/Vues, 1998], p. 26.
5– *Ibid.*, p. 68.

complexité ; à l'intersection entre un métier et un art, entre la production (financière) et la création (artistique). L'école permet de « penser le geste »[6], selon la belle formule de Cantarella et Han ; exercice sans cesse à recommencer. Il faut apprendre à lire, et pas seulement les textes : « Peut-on raisonnablement écrire sans avoir, au préalable, appris à lire ? C'est pourtant, en substance, ce que l'on exige du metteur en scène toujours non formé ; qu'il écrive sans connaître l'alphabet et encore moins la grammaire »[7], constataient encore Cantarella et Han. L'apprentissage de la mise en scène est aussi celui de la lecture des signes émis par les comédien(ne)s : il faut apprendre à distinguer et à choisir, à regarder et à écouter, en faisant des essais grandeur nature avec des (apprenti(e)s) comédien(ne)s.

FORMATION INITIALE OU CONTINUE ?

Dans la logique du « metteur en scène [qui] est un acteur qui sort du lot »[8], la formation a d'abord été pensée dans les pays francophones comme une formation continue. Le glissement, sur une vingtaine d'années, vers une formation initiale montre l'acception croissante de sa possibilité même. La première tentative en France, l'Institut nomade, a, en 1997, choisi la première option, avec plusieurs « maîtres » et des stages de quelques semaines, mais cette formule n'était visiblement pas soluble dans une école : quand, en 2001, il devient l'Unité nomade de la mise en scène, intégré au Conservatoire national supérieur d'art dramatique, il périclite et cesse d'exister après la dernière promotion de 2002. Il en va de même en 2004 à l'Ensatt : la direction du département Mise en scène avait initialement été confiée au metteur en scène russe Anatoli Vassiliev. Celui-ci a formé un groupe de dix-huit élèves qu'il a mené pendant quatre ans en quasi-autarcie, une nécessité, selon lui, pour éviter que l'élève ne se disperse[9]. Parmi les élèves, il y en a certainement qui ont tiré profit de cette expérience, mais pour l'institution, cela s'est terminé avec fracas. Quand, en 2009, Alain Françon et Christian Schiaretti en prennent la direction, il s'agit d'une création de section mise en scène plutôt qu'une reprise.

LES OBJECTIFS D'UNE FORMATION DE MISE EN SCÈNE

L'objectif premier, tel que le définissent les écoles elles-mêmes, est de former des artistes singuliers et autonomes dans leur processus créatif. Le terme « mise en scène » n'est par ailleurs pas toujours utilisé, l'Insas et l'ATW, par exemple, disent explicitement ne pas proposer directement ce type de formation. À l'ATW, la mise en scène n'est qu'une partie du spectre des activités proposées à l'artiste du spectacle vivant, le cursus ne se comprenant pas comme une formation mais comme un champ d'expérimentation à la fois pratique et théorique. À l'Insas, l'intitulé « Théâtre/Techniques de communication » est un cursus volontairement hybride, qui veut mener à un ensemble hétéroclite de finalités, davantage en lien avec la radio, le cinéma et la télévision qu'avec la danse ou la musique. Dans toutes les écoles, des cours réguliers, avec les professeurs de l'école, alternent avec des stages à l'extérieur ou avec des intervenants ponctuels. La formation doit se faire à la croisée de deux aspects : la pratique de la mise en scène (et de la direction d'acteurs) ainsi que des enseignements, théoriques et pratiques, pour une acquisition de connaissances et savoirs éthiques et esthétiques, historiques, critiques, techniques et une approche des réalités du métier. Dans ces cours, la dramaturgie prend une large place ; le travail de dramaturge est, avec celui de metteur en scène, fréquemment cité comme l'un des débouchés à l'issue de la formation. Le master à Paris-Nanterre s'intitule d'ailleurs explicitement « Mise en scène et dramaturgie »[10]. Dans les écoles, l'apprentissage de la mise en scène s'élabore en « hypothèses » — exercices et esquisses à l'école, à l'exclusion du public, avec les élèves acteurs et actrices de l'école ou les camarades metteurs et metteuses en scène — jusqu'à la synthèse, le mémoire pratique sous forme de spectacle préparé en autonomie (et sous tutorat des professeurs) et montré dans le cadre de festivals d'écoles ou même en tournée ou programmation professionnelle. Ces exercices sont centraux dans le cursus, mais ils ne seraient qu'un apprentissage sur le tas sans l'apport des matières théoriques et la boîte à outils.

Carles Batlle se demande si l'Institut du Théâtre (Institut del Teatre) à Barcelone « travaill[e] à préparer les professionnels des arts de la scène [ou s'il essaie] de fournir à [ses] étudiants les savoirs et les outils nécessaires pour permettre d'aller au-delà de la répétition des modèles établis »[11]. Loin de la transmission d'un modèle unique auprès d'un seul maître, comme l'était l'expérience avec Vassiliev à l'Ensatt, ou celle de l'Institut nomade, où des metteurs élaboraient des mises en scène sous le regard d'un « passeur », les écoles formant à la mise en scène aujourd'hui se revendiquent collégiales, pluridisciplinaires, hétéroclites, multiples et en dialogue.

UNIVERSITÉ OU ÉCOLE D'ART ?

La mise en scène s'enseigne désormais, et la formation est de plus en plus prisée. C'est un modèle pluriel d'enseignements variés, théoriques et pratiques, au sein d'une école qui sert de cadre pour les tâtonnements

6– *Ibid.*, p. 60.
7– *Ibid.*, p. 49-50.
8– *Ibid.*, p. 7.
9– https://www.theatre-video.net/video/Conference-de-presse-du-7-juillet-1233.
10– Tout comme le master de l'université de Lorraine, qui ouvrira à Metz en septembre 2018.
11– Voir p. 81.

et expérimentations des élèves, qui l'a emporté sur le modèle de transmission. Et ce n'est pas un hasard si le programme du master professionnel de Nanterre, par exemple, ressemble plus à celui de l'école du TNS que le fonctionnement de cette dernière à celui de l'Institut nomade[12]. Universités et écoles d'art proposent une formation initiale[13], mais dans les deux systèmes il est possible de faire le cursus comme formation continue ou réorientation professionnelle : Nanterre propose un master 2 en un an pour les professionnel(le)s du spectacle, et il y a actuellement un élève metteur en scène à La Manufacture qui a 49 ans et qui a été écrivain, traducteur et journaliste avant d'entamer cette formation[14]. Les formations pratiques dans les universités sont une réaction à une demande : beaucoup d'étudiant(e)s en arts du spectacle se dirigeraient de toute façon vers la pratique théâtrale — autant leur proposer une solide formation pratique en plus des matières théoriques (parfois en collaboration avec une école d'art dramatique, comme, à Montpellier, l'université Paul-Valéry avec l'École supérieure d'art dramatique pour le master « Création spectacle vivant »). Les écoles d'art, elles, sont incitées par la déclaration de Bologne de 1999 à se conformer au système « licence - master - doctorat » (LMD), pour assurer des équivalences entre les formations dans les pays européens, délivrant désormais des licences ou des masters. La recherche aussi fait son entrée dans les écoles d'art ; ainsi La Manufacture dispose d'un département spécifique de recherche en art, et l'Ensatt — la seule école d'art française à dépendre du ministère de l'Enseignement supérieur et de la Recherche et non pas de celui de la Culture — a sa propre unité de recherche, le Laboratoire arts et techniques du théâtre (LabATT). Et depuis peu a été mis en place un doctorat en recherche-création dans le cadre du programme Sciences, Arts, Créations, Recherches (SACRe) où sont associés l'université Paris Sciences et Lettres et le CNSAD. Les développements récents semblent donner raison aux formations ouvertes comme l'ATW : on forme des créateurs et créatrices qui sont à l'aise autant dans la pratique que dans la réflexion théorique. Mais si désormais les cursus de mise en scène ouvrent au sein des universités plutôt que dans le cadre d'une école d'art, c'est aussi pour des raisons de coût, et donc de choix politique : le nombre d'heures de cours et les salaires des professeurs et intervenant(e)s sont les mêmes pour deux élèves en école d'art ou pour douze à l'université.

Les concours d'entrée (dossier, audition, maquette de mise en scène), le système d'enseignement (une alternance de cours réguliers, théoriques et pratiques, et stages ponctuels qui peuvent interrompre les plannings habituels) et la sortie d'école (mémoire à la fois pratique : spectacle ou maquette de mise en scène, et écrit) se ressemblent de plus en plus entre écoles d'art et universités. La plus grande différence réside dans l'environnement dans lequel l'étudiant(e) est plongé(e) : là où une école d'art est en règle générale petite, où les étudiant(e)s côtoient leurs homologues en musique et danse, en scénographie, techniques de scène et interprétation, les étudiant(e)s dans une université forment un « îlot de pratique » dans un océan de théorie, entre humanités et sciences. Est-ce que les taux d'insertion sont plus hauts en école d'art qu'en université ? C'est possible, vu qu'il y a moins d'élèves par promotion en école d'art. En plus, les diplômé(e)s du TNS, de l'Ensatt et du CNSAD ont droit au Jeune théâtre national, ce qui n'est pas le cas des universités. La Manufacture, quant à elle, annonce 100 % pour les quatre premières promotions ; Nanterre, 70 % sur les quatre dernières années, sur un spectre professionnel plus large (pas uniquement en mise en scène). Il est possible, mais cela reste à prouver, qu'un cursus de mise en scène dans une université attire davantage les étudiant(e)s intéressé(e)s par le théâtre en général, avec un lien entre la théorie et la pratique, tandis qu'une école d'art attire celles et ceux qui visent (dans un premier temps) uniquement la pratique théâtrale, que ce soit en mise en scène ou dans un autre domaine.

FORMER, MAIS POUR QUEL THÉÂTRE ?

Le XXe était le siècle de la mise en scène — le XXIe sera-t-il celui des collectifs et des écritures du plateau ? La vision d'André Antoine, selon laquelle la mise en scène serait l'art de dresser sur les planches l'action et les personnages imaginés par l'auteur existe toujours, mais elle est désormais concurrencée par une conception élargie de la création scénique qui est le fait de compagnies qui, tout en gardant souvent dans leur travail de création un metteur en scène, responsable du rendu artistique, créent ensemble textes et scénarios, formes scéniques et hybridations artistiques. Et les écoles formant à la mise en scène sont de plus en plus contraintes de s'ouvrir à ces nouvelles pratiques — sans pour autant abandonner l'enseignement du répertoire, classique et contemporain, qui renferme tout un pan de l'histoire du théâtre. Sinon, on pourrait, avec raison, dire des formations de mise en scène qu'elles viennent trop tard. Car la question qui se pose actuellement dans la formation des comédiens et comédiennes — comment enseigner le théâtre à venir ? —, se pose de manière encore plus aiguë dans celle des metteurs et metteuses en scène, fonction dont on ne sait pas sous quelles formes elle continuera à exister.

12– Qui, à vrai dire, ne s'est jamais revendiqué école structurée.
13– Cela vaut aussi pour la section mise en scène de La Manufacture, qui correspond au master, tandis que la licence correspond à la formation d'interprètes.
14– http://www.manufacture.ch/fr/1747/Pierre-Lepori

INSAS, BRUXELLES Institut national supérieur des arts du spectacle et des techniques de diffusion

La mise en scène, une synthèse possible

MICHEL BOERMANS

L'Insas ne comporte pas de section « mise en scène ». Ni de section « scénographie », ou « écriture », ou « production ». L'institut comprend deux départements : « Cinéma - Radio - Télévision » et « Théâtre - Écriture ». Si, dès l'origine, « Cinéma - Radio - Télévision » a été conçu comme un ensemble de cursus calqués sur les métiers du cinéma et de la radio-télévision, il n'en a pas été de même pour le théâtre. En 1963, les métiers techniques du théâtre étaient balbutiants et la scénographie était perçue comme une branche des beaux-arts. Le département théâtre s'est articulé à la création de l'école autour de deux cursus : un cursus « Interprétation dramatique » et un cursus « Théâtre - Animation culturelle - Techniques de diffusion et techniques de communication sociales ».

Les fondateurs du département Théâtre de l'Insas étaient pour la plupart issus de cursus universitaires et pratiquaient le théâtre comme acteurs-metteurs en scène, ou travaillaient à la radio (producteurs, réalisateurs). La pensée de Michel Saint-Denis les a fortement guidés. Dès l'origine, ils ont instauré à l'école la pédagogie au projet, l'encadrement des élèves durant tout leur travail, la constance d'une formation physique et vocale tout au long du cursus, conçus comme des matières artistiques autant que techniques, la division de la journée de travail en matinées consacrées aux formations physiques et corporelles et après-midi consacrés aux séminaires artistiques. La conception d'un acteur capable de formuler des propositions de jeu, de se confronter à une vision singulière de l'œuvre travaillée dans son entier, et non plus par scènes, fut aussi inscrite dans les fondamentaux de cette formation.

Cette conception de la pédagogie et de l'acteur était alors en rupture radicale avec la formation délivrée dans les conservatoires royaux, lesquels assuraient jusque-là seuls le degré supérieur de ces cursus. Ces derniers associaient cette formation d'acteur à celle des musiciens, là où l'Insas l'associait à la formation au cinéma, à la radio et à la télévision. Les fondateurs de l'Institut étaient également fortement marqués par les idées de la Nouvelle Vague, celles d'un cinéma « documentaire » inspiré de Dziga Vertov comme d'Henri Storck et de Joris Ivens. Pour le théâtre, Brecht n'était jamais loin, la voix d'Artaud dérangeait régulièrement l'ordre dialectique, la décentralisation et l'animation culturelle faisaient presque consensus. Molière, Giraudoux, Cocteau restaient dehors, Shakespeare, Lenz, Büchner, Adamov, Beckett et Brecht occupaient les plateaux.

Cet ensemble d'idées, de points de vue, de sources s'est matérialisé dans deux cursus destinés à mener au théâtre mais aussi au cinéma, à la radio, à la télévision et à l'animation culturelle, par deux voies : celle d'un cursus d'interprète et celle d'un cursus hybride ramenant la formation à un ensemble hétéroclite de finalités. Une grande porosité entre les départements était assurée par la circulation de nombreux professeurs entre eux et par de fréquentes collaborations en dehors.

Et la question de la formation à la mise en scène dans tout ça ?

Au départ, par analogie avec les principes fondateurs de la section « réalisation » en cinéma, fortement marqués par l'idée du réalisateur-auteur porté par la Nouvelle Vague, l'idée était de former un auteur-réalisateur capable de décliner ses projets dans les champs du théâtre mais aussi ceux de l'audiovisuel (radio, télévision). D'où son appellation « Théâtre - Écriture ».

C'est de ce chaudron en perpétuelle ébullition, dans lequel se retrouvaient des ingrédients apparemment disparates, que s'est peu à peu dégagée par réduction, pour filer la métaphore culinaire, une organisation pédagogique originale qui paraît évidente à ceux qui ont suivi le processus et surprend celui qui l'appréhende sans contextualisation.

La mise en scène est conçue à l'Insas comme une des synthèses possibles des éléments accumulés dans un cursus de baccalauréat (correspondant à la licence en France ; bac + 3) commun, qui comprend pour tous la confrontation avec divers séminaires (dont plusieurs

Quartett de Heiner Müller. Travail de fin d'études de Sophia Geoffroy (mise en scène) et Amélie Géhin (éclairage). Insas-Rabelais, 2012. © Michel Boermans.

comme interprètes au côté des étudiants acteurs) et de dispositifs pédagogiques destinés à aider l'étudiant à découvrir son lieu de pertinence et de plaisir sur ou autour d'un plateau. Cette synthèse possible, à côté et à égalité avec d'autres synthèses (scénographie, lumière, environnement sonore, écriture, production, réalisation radio) se fait au terme du baccalauréat, dans le choix du master. Les masters diffèrent par la nature du travail artistique de fin d'études et, si l'étudiant le souhaite, par le choix du/des stages extérieurs et du sujet du travail écrit de fin d'études qu'il devra réaliser.

R.A.S.H., d'après *Les Exclus*, d'Elfriede Jelinek. Travail de fin d'études de Nelly Latour, Insas-Rabelais, 2017. © Michel Boermans.

UNIVERSITÉ PARIS-NANTERRE Master « Mise en scène et dramaturgie »

Un pari risqué

JEAN-LOUIS BESSON

Fondé en 2002, le master « Mise en scène et dramaturgie » n'avait pas été conçu à l'origine pour être dispensé uniquement à l'université. L'idée première était de créer un enseignement dont la partie pratique se déroulerait au Théâtre des Amandiers de Nanterre – dont Jean-Louis Martinelli venait de prendre la direction – et la partie plus théorique au département des Arts du spectacle de l'université Paris-X. Des contacts avaient été pris dans cet esprit avec le ministère de la Culture, lequel a finalement renoncé au projet, le trouvant sans doute hasardeux et en tout cas trop onéreux. La Direction régionale des affaires culturelles d'Île-de-France était toutefois disposée à contribuer au financement d'une formation à moindre coût, dispensée dans la seule université. Je n'étais pas sûr qu'il s'agissait d'une bonne idée, je me suis même demandé ce qu'elle pouvait cacher, mais j'ai malgré tout décidé de saisir la balle au bond et de tenter l'expérience, bientôt rejoint dans cette entreprise par Catherine Joannès. Agrégée de lettres, elle avait travaillé sur les formations artistiques aux ministères de l'Éducation nationale et de la Culture, et sa connaissance des questions relevant de l'enseignement du théâtre et de la politique culturelle a été une aide très précieuse. Mais la création de ce master, appelé à l'époque encore diplôme d'études supérieures spécialisées (DESS), posait des problèmes considérables, notamment parce que les départements Théâtre des universités françaises – qui sont des établissements d'enseignement et de recherche et non des écoles d'art – n'avaient encore jamais dispensé de formation pratique aussi poussée. La profession théâtrale réagit d'ailleurs majoritairement de manière négative à cette nouvelle formation, pensant – à juste titre, il faut bien le reconnaître – que l'université n'avait ni la vocation ni les moyens de former à une discipline aussi complexe que la mise en scène. Mais le département Théâtre de Nanterre pouvait faire valoir qu'enseignaient en son sein des praticiens de renom, qu'il disposait de deux salles réservées aux activités théâtrales et que venait d'être inauguré sur le campus un théâtre – qui, avec ses 500 places et son plateau de 300 m², est une construction mégalomane, aberrante pour une université [1] – qui pouvait ponctuellement abriter un travail pratique. Malgré ces quelques atouts, il fallait toutefois trouver des partenariats avec des théâtres et recruter, grâce aux fonds octroyés par la Drac [2], des metteurs en scène, scénographes, techniciens, vidéastes, auteurs dramatiques, administrateurs, comédiens qui interviendraient dans le cursus. Les premiers à se lancer dans cette aventure ont travaillé dans des conditions parfois difficiles, mais l'enthousiasme de la plupart et celui des étudiants ont été une motivation forte pour poursuivre l'expérience. Le soutien indéfectible de Théâtre Ouvert et du Théâtre de la Tempête a été alors fondamental, permettant de faire sortir les enseignements des murs de l'université et offrant à des étudiants la possibilité de montrer leur travail dans un cadre professionnel. Il fallait enfin convaincre les autorités universitaires que les étudiants sélectionnés seraient peu nombreux – une quinzaine, recrutés tous les deux ans –, qu'ils travailleraient trente-cinq heures par semaine et que cela ne ferait pas exploser le budget de la faculté ! Depuis, les difficultés ont été en grande partie surmontées, les étudiants ont profité et profitent encore de formations extrêmement variées, parfois très originales, notamment dans le cadre des ateliers-laboratoires, menés depuis 2012 par Sabine Quiriconi, avec le soutien financier, pédagogique et technique du programme de formation et de recherche innovant et pluridisciplinaire Idefi CréaTIC [3].

1– Sans compter que les règles de base de sécurité n'avaient pas été respectées par les architectes et que, de surcroît, il fallait encore totalement équiper le théâtre en lumière et en son, et prévoir une équipe technique.

2– Ces fonds ont été suspendus à la suite d'une réorientation des financements de la Culture sous le quinquennat de Nicolas Sarkozy. Les activités du master auraient cessé sans le soutien de théâtres qui apprécient notre travail et ont fait de leur mieux pour qu'il se poursuive.

3– Le programme Idefi CréaTIC est porté par l'université Paris-VIII. L'université Paris-Nanterre en est un des principaux partenaires. Les ateliers laboratoires Idefi CréaTIC ont préfiguré la structure pédagogique de l'école universitaire de recherche ArTeC (Arts, technologies, numérique, médiations humaines et création), qui ouvrira en septembre 2019 (ComUE université Paris-Lumière).

Atelier-Laboratoire Idefi CréaTIC, performance d'étudiants à partir de *Case Study Houses*, de Mathieu Bertholet, Centre national de la danse, 2018. © Didier Leglise.

Ces ateliers-laboratoires [4] ont permis de compléter le cursus théorico-pratique initial en donnant aux étudiants les moyens d'imaginer des dramaturgies plurielles, sollicitant les ressources de technologies de pointe, et de réaliser des formes expérimentales (installatives, performatives et/ou théâtrales) présentées publiquement dans divers lieux partenaires. Le but est aussi de créer des synergies entre différentes formations artistiques en accueillant, dans le processus de travail, des artistes, des élèves et des étudiants d'autres structures (TNS), CNSAD, université Paris-VIII...) et domaines (scénario, scénographie, philosophie, lettres, journalisme culturel, graphisme, régie...) [5]. Certains ateliers-laboratoires ont été délocalisés (notamment au Laboratoire des nouvelles technologies de l'image, du son et de la scène (Lantiss) de l'université de Laval, à Québec), afin de favoriser, là encore, et sur le plan international, des rencontres et des échanges.

Malgré (et sans doute aussi en raison de) son caractère atypique, entre école et université, ce master attire de nombreux candidats, et il n'est pas exagéré de dire qu'il jouit aujourd'hui d'une reconnaissance certaine dans la profession, même parmi ceux qui, au départ, étaient les plus sceptiques.

4– Les ateliers-laboratoires ont été à chaque fois encadrés par une équipe artistique généralement composée d'un(e) metteur(se) en scène, un(e) dramaturge et un(e) créateur(trice) son, vidéo ou lumière. Ils se sont ancrés sur divers questionnements : les représentations du terrorisme, la notion d'enfermement (Judith Depaule, compagnie Mabeloctobre, Tanguy Nédélec, Julien Fezans, Benjamin Crugneau, Confluences), le mythe de Prométhée à l'heure de la crise grecque (Mathieu Bauer, Thomas Pondevie, Daphné Hérétakis, Nouveau Théâtre de Montreuil), du tableau à sa mise en espace (Philippe Quesne, Théâtre Nanterre-Amandiers), corps, architecture et vidéo scénique, à partir de *Case Study Houses*, de Mathieu Bertholet (Ludovic Fouquet, Didier Léglise, CND de Pantin), la vidéo scénique (Robert Faguy, Ludovic Fouquet, Laboratoire Lantiss, université de Laval à Québec). Excepté lors de ce dernier atelier, Sabine Quiriconi assurait le suivi dramaturgique et pédagogique.

5– Les étudiants du master « Mise en scène et dramaturgie » qui le souhaitent ont aussi chaque année la possibilité de compléter leur initiation aux nouvelles technologies en suivant, hors formation, d'autres ateliers-laboratoires et modules proposés dans le cadre du programme par les établissements partenaires : « Théâtre et téléprésence », « Musées soniques » au CNSAD, « Anim@t », « Livre augmenté » à l'université Paris-VIII, hackathon « La scène augmentée » organisé par les universités Paris-VIII, Paris-Nanterre, Paris-XIII, « Comédie-Française 2.0 » à l'université Paris-Nanterre, pour ne donner que quelques exemples...

LA MANUFACTURE, LAUSANNE Master « Mise en scène »

Réactiver l'étonnement devant des langages différents

ROBERT CANTARELLA

Je parle de formation à la mise en scène depuis longtemps, en fait depuis que j'ai voulu devenir metteur en scène, en 1981. Ne pouvant recevoir aucune donnée au sujet d'une école en France, je pris l'habitude de noter des exercices pour m'apprendre, ou me faire comprendre, ce que pouvait être l'art de la mise en scène. La notation d'une formation absente a peut-être touché Antoine Vitez qui m'a proposé de rejoindre son école, précisant que si je voulais pratiquer *de* la mise en scène, je devais en passer *par* l'acteur, sans hiérarchie, jugement ou classification.
La mise en scène de théâtre n'avait pas de cursus établi ou de lieu d'entraînement. Un édifice politique et social choisissait de ne pas imaginer un moyen objectif d'y donner accès. Je m'en étonnais souvent, car pourquoi le cinéma ne pensait-il pas de même ? Pourquoi les arts plastiques imaginaient qu'un étudiant en art pouvait partager un parcours d'épreuves et d'exercices objectifs afin de déterminer une potentialité artistique ? Et par conséquent, pourquoi la mise en scène de théâtre tardait tant à réfléchir au sujet urticant, semblait-il, d'une transmission ?
Heureusement, les choses ont changé.

Je me permets cette courte introduction biographique avant de tenter une approche de ce que La Manufacture développe comme pensée d'une formation à la mise en scène. Définition provisoire, car sans cesse réactualisée au fil de son évolution et de sa création récente. Avant tout, la formation à la mise en scène est une mise en scène, donc une dramaturgie, une mise en rapport et en relation, une singularité, une politique, un montage.

LES AUTRES, LES ARTISTES, LES ESPACES

Le master « Mise en scène » de La Manufacture est situé dans un lieu de formation destiné à l'origine à l'acteur qui postule l'acteur créateur, c'est-à-dire capable de développer son art au même titre qu'un écrivain, qu'un plasticien, déterminant son style et sa forme d'art. La création du master pouvait être une antinomie à la liberté et l'indépendance de l'acteur. Une ancienne querelle se réactualisant sans cesse, qui est un des champs d'exploration et d'essai pendant le parcours de l'étudiante et de l'étudiant. Autrement dit, que faire de la direction d'acteurs, de cette terminologie à la fois désuète et appliquée dans de nombreux cas ?
La coexistence dans le même bâtiment des arts et métiers de l'acteur, du danseur, du technicien, du metteur en scène facilite la mise à l'épreuve quotidienne de ces échelles de responsabilité. La cuisine, la bibliothèque, les salles de jeu, l'étage de la recherche, les moments d'entraînement constituent le terrain de ces échanges qui, sans cesse, redistribuent les champs du pouvoir, du partage, et permettent d'expérimenter des configurations au fur et à mesure des études.
Une cohabitation des arts de la scène facilitant les reconfigurations et les agencements perpétuels.

LA SINGULARITÉ, LES EMBARRAS ET LA NÉCESSITÉ

Le master détermine la singularité du metteur en scène prenant en charge la distribution des regards, des attentions, des langages et des signes. Nous avons trois façons de classer les ateliers et rencontres : les outils, la pensée, les applications. Vivre des expériences de savoir à partir de rencontres avec des professionnels de telle façon que puisse se dégager la personnalité et tenter, à chaque fois, de faire l'expérience de son art de metteur en scène. Nous suivons le chemin de recherche en notant les découvertes, les empêchements, les incompréhensions avec des relevés de savoirs. Être artiste est une façon de revendiquer aussi une nécessité de créer des embarras. Le metteur en scène en fait l'expérience, ou plutôt se confronte à des attractions parfois contradictoires.
Faire l'épreuve de sa singularité en entretenant rencontres et confrontations avec des personnalités artistiques qui réfléchissent la scène par leur pratique et leur théorie.

© La Manufacture, hall du bâtiment consacré aux acteurs. Une des deux cafétérias, qui est aussi l'entrée de la salle principale de représentation. © Robert Cantarella.

LES LANGAGES

Le bonheur fou du metteur en scène, lorsqu'il comprend que tous savoirs ou expériences sont des matières premières potentielles pour sa recherche, est une énergie alimentée au cours du master. Ce qui suppose de traverser des esthétiques et des idées, mais aussi des langages, disparates. Le master est un lieu d'études comme un lieu de mise à l'épreuve de ce qu'un langage fait au corps, particulièrement au corps du metteur en scène. Nous essayons de réactiver l'étonnement devant les langages différents pendant le travail.
Les langages sont des configurations de signes, de sons et de sens, que le metteur en scène explore comme une mine de formes en gestation, dont il fait la cartographie intime et les traductions scéniques.

LA MATIÈRE

Pendant ses études, le metteur en scène expérimente les pratiques de l'art de la scène. À tour de rôle, il est: acteur, scénographe, éclairagiste, technicien de plateau, producteur. Il peut se feuilleter pour multiplier les essais et vérifier si ces rôles lui permettront d'inventer d'autres manières de faire. Les étudiantes et étudiants définissent les champs de leurs nécessités à partir d'une traversée des matières en jeu dans l'art de la mise en scène. Le prix d'une idée est une donnée essentielle, bien entendu, mais aussi le poids d'une idée. Autrement dit, la condition de l'application d'une idée est un savoir qui demande à être appris et entretenu.
Le metteur en scène est un traducteur de pensées en acte, la matière mise en œuvre pour ce trafic est une donnée primordiale que l'étudiant explore à coup d'évaluations et de mises en pratique.

ET LE RESTE

Quelques notes du moment passé avec la dernière promotion il y a trois jours.
Ironie: ne pas y céder / Le patron n'est plus le metteur mais la mesure entre les uns et les autres, un mouvement incessant / Éprouvons l'indispensable, chacun pour soi / Et si on créait une radio pour le prochain festival ? / Pourquoi le fait de ne pas répondre aux messages est le marqueur des fats ou des peureux ? / La gêne devant un spectacle est un souvenir en train de s'écrire dans l'attention du spectateur / Trop de présent sent le sapin / Ainsi de suite.

CNSAD, PARIS Conservatoire national supérieur d'art dramatique

Un enseignement personnalisé

PROPOS DE NICOLAS FLEURY, RECUEILLIS PAR JEAN-LOUIS BESSON

Atelier d'élèves. *Juliette, le commencement*, de Grégoire Aubin, mise en scène Marceau Deschamps-Ségura, CNSAD, 2017. © Christophe Raynaud de Lage.

Les élèves qui suivent la formation « Jouer et mettre en scène » sont choisis en fin de deuxième année parmi les trente élèves comédiens du Conservatoire. Leur première année de formation à la mise en scène se déroule donc en parallèle avec la troisième année de formation au jeu, ce qui fait qu'ils ont un emploi du temps très chargé. Les après-midi et les soirées étant consacrés aux ateliers de jeu, l'enseignement de la mise en scène est dispensé le matin et durant les vacances.

Les élèves suivent plusieurs stages sur les techniques et la sécurité du spectacle (lumières, scénographie, son, vidéo), des cours théoriques, un atelier d'écriture — sous forme de deux stages d'une semaine chacun — un atelier de création, ils conçoivent et organisent les « Rencontres du conservatoire » et ils sont invités à participer à un laboratoire de recherche, partagé avec les étudiants de la formation SACRe[1].

La deuxième année n'existe pas encore, elle débutera à l'automne 2018. Elle est constituée essentiellement de stages de deux ou trois mois, en France ou à l'étranger, dans un théâtre, mais aussi dans une école de théâtre (pour l'an prochain, nous avons par exemple un partenariat avec l'Insas). Il peut s'agir de stages d'assistanat à la mise en scène ou de stages techniques : les stagiaires peuvent aussi choisir de travailler dans les bureaux pour comprendre comment fonctionne une équipe ou comment s'organise la direction d'un lieu. Le stage peut être aussi pour eux l'occasion de développer des écritures, diriger des ateliers en milieu scolaire ou créer des formes légères.

Dans tous les cas, il est bien entendu que la structure d'accueil ne doit pas perdre de vue que les élèves sont en formation, et qu'il ne s'agit pas seulement pour eux d'effectuer des tâches mais aussi d'apprendre, de comprendre quelque chose.

En fait, les possibilités sont ouvertes. Les stages sont choisis en fonction des besoins des élèves. Car, plus encore qu'en première année, l'essentiel est ici d'arriver à construire avec eux un programme personnalisé. Certains travaillent déjà, d'autres ont encore à découvrir certains aspects de la direction d'acteurs, d'autres encore ont envie d'approfondir leurs connaissances techniques... Nommé responsable du suivi de cette formation en mars 2018, je voudrais imaginer une organisation qui laisse aux élèves de l'espace et du temps. J'aurai avec eux des rendez-vous réguliers pour que nous puissions ensemble réfléchir à des questions pratiques, faire le point sur le déroulement de leurs stages et sur leurs projets d'avenir. Je serai donc à leur écoute sur les questions les plus diverses qu'ils peuvent se poser et essaierai d'ouvrir leur réflexion sur la manière de développer leurs projets et leurs envies, non seulement pour la durée de leur formation, mais aussi par rapport à plus tard.

1– On trouvera le détail de ces stages et de ces ateliers p. 88.
Les ateliers d'écriture et de création dirigés par Jean-Loup Rivière sont présentés page suivante.

CNSAD, PARIS Conservatoire national supérieur d'art dramatique

Écrire, chercher

PROPOS DE JEAN-LOUP RIVIÈRE, RECUEILLIS PAR JEAN-LOUIS BESSON

Au Conservatoire national supérieur d'art dramatique, la directrice, Claire Lasne Darcueil, a créé un cursus spécial pour quelques élèves de troisième année intitulé « Jouer et mettre en scène ». Dans ce cadre-là, je dirige un atelier d'écriture et organise un « séminaire de recherche et de création » qui sont deux activités nouvelles au sein du Conservatoire. L'atelier d'écriture est né du constat que beaucoup d'élèves avaient un désir ou une activité d'écriture, et il importait de prendre ce mouvement au sérieux, de l'accompagner. Cela fait une quinzaine d'années que j'enseigne au Conservatoire et je n'avais encore jamais observé un tel désir d'écriture chez les élèves. D'autre part, écrire en vue du théâtre est, à mon sens, un moment essentiel dans la formation d'un metteur en scène, qu'il devienne écrivain dramatique ou non, qu'il en ait la vocation ou le talent, ou non. C'est un exercice fécond pour une raison qui peut paraître paradoxale : je pense que l'art de la mise en scène n'est fondamentalement pas un art de l'interprétation, contrairement à ce qu'on pourrait penser ou dire spontanément, mais plutôt un art de l'observation. Et cette distinction en recouvre une autre, qui est une opinion ou une thèse qu'on n'est pas obligé de partager : une mise en scène n'explique pas, elle éclaire ; elle n'interprète pas, au sens étroit du terme, mais elle illumine ; elle ne résout pas les problèmes, elle les pose. Ce point exigerait quelques explications plus détaillées... L'écriture est donc une excellente formation à cela. Écrire, c'est constater ce qui est venu au bout des doigts, puis le manipuler. Dans la mise en scène, il y a deux choses importantes qui découlent de « l'observation » : le répertoire et la distribution. Que joue-t-on et avec qui ? C'est un choix qui conditionne tous les autres. Pour le reste, la lumière, la direction d'acteurs, les espaces, les rythmes... il y faut beaucoup d'art mais ce n'est pas le plus risqué et le plus délicat. Le plus difficile, c'est le répertoire (quelle pièce jouer ?) et la distribution (quels corps pour ces personnages-là ?). Or la pratique de l'écriture est particulièrement appropriée pour sentir la relation entre un personnage et son corps possible.

Enfin, l'idée d'un atelier d'écriture est importante dans la mesure où on ne peut pas écrire sans lire, et beaucoup de metteurs en scène ont oublié d'être des lecteurs. Écrire est donc une formation à la lecture, premier geste essentiel de tout metteur en scène. Pour qui en doute, il suffit de regarder les écrits de Patrice Chéreau, sortis récemment chez Actes Sud.

La deuxième activité est un séminaire de recherche et de création qui vient de commencer cette année avec le nouveau cursus. Ce séminaire est l'ébauche d'une activité de recherche en construction au sein du Conservatoire. Il s'agit d'un séminaire « de création » dans la mesure où les exposés faits par les étudiants dans un séminaire universitaire classique sont remplacés par des actes artistiques qui appartiennent à toutes les techniques de l'art (littérature, peinture, musique, cinéma, théâtre...). Des artistes interviennent dans un premier temps, non pour parler de leur art mais pour le pratiquer devant les élèves, et parfois avec eux. Chaque séance est consacrée à un thème et elle dure une journée : le matin, un artiste fait quelque chose et l'après-midi, on parle avec lui. L'avant-dernier thème, par exemple, était « Le décousu et le déchiré » : comment on crée à partir d'une destruction ordonnée (découdre) ou d'une destruction désordonnée, sauvage (déchirer). Au cours de cette séance, notamment, le pianiste Laurent de Wilde a montré en acte comment il avait « décousu » Thelonious Monk, comment il l'avait transformé, et cela tout en jouant. Dans la dernière séance, dont le thème était « D'un art, l'autre », l'idée était de voir comment un art peut être fécondé, informé, bousculé par un autre art. J'ai donné aux élèves la transcription de deux scènes d'un documentaire de Frederick Wiseman sans leur dire le titre du film et sans qu'ils l'aient vu. Une élève metteuse en scène a répété pendant un mois à partir de ce document. Ensuite, nous avons projeté les extraits du film et il y a eu un échange entre l'élève metteuse en scène et Frederick Wiseman. Ce qui est important, c'est de croiser différents champs, car le théâtre n'est pas un « champ », c'est une traversée des champs. Meyerhold disait, je crois, que le metteur en scène doit être spécialiste en tout...

Ce séminaire est « de création » parce qu'il est composé d'actes artistiques, mais il est aussi « de recherche » car il joue de la juxtaposition, du frottement, du heurt des différents « actes » qui peuvent être une scène théâtrale, une pièce musicale, une séquence filmique, une installation, une improvisation littéraire ou philosophique, etc. C'est important dans la formation d'un metteur en scène, dans la mesure où la conception de l'hétérogénéité des éléments en jeu — cette hétérogénéité est constitutive du théâtre — détermine la singularité de son art. Le théâtre est fait d'éléments distincts et non miscibles (des corps, des matériaux, de la lumière, des sons, de la parole...), et la manière dont ils sont disposés — c'est un « montage harmonique » — est une pensée, la pensée spécifique à cet art. De la même manière qu'au cinéma c'est le montage de nature « mélodique », syntagmatique, qui est l'instance narrative, à la différence du roman. Ce sont les modalités d'organisation de l'hétérogénéité des éléments en jeu qui sont porteuses de la pensée spécifique au théâtre. Le séminaire est donc une sorte de formation à l'exercice de la pensée sensible...

Atelier d'élèves. *Juliette, le commencement*, de Grégoire Aubin, mise en scène Marceau Deschamps-Ségura, CNSAD, 2017. © Christophe Raynaud de Lage.

UNIVERSITÉ PAUL-VALÉRY, MONTPELLIER Master « Création spectacle vivant »

Ouvrir un espace d'expérimentation pédagogique et artistique

LAURENT BERGER

La formation à la mise en scène, dans la sphère francophone, a un retard historique, en particulier par rapport à l'Allemagne, retard qui n'a été que progressivement et timidement atténué, à partir d'initiatives le plus souvent isolées ; preuve que la prise de conscience de ce manque est loin d'être évidente dans le métier. La grande majorité des metteurs en scène français ont en effet été formés pour être acteurs, comme si la fonction du metteur en scène n'avait pas ses propres spécificités, ou comme si cet art si complexe ne pouvait (ne devait, diraient certains) pas s'enseigner. Ce manque de considération pour la formation à la mise en scène va de pair avec un clivage extrêmement marqué en France entre les écoles de théâtre et les universités, comme si celles-ci n'avaient rien à s'apporter les unes aux autres. Après avoir eu l'occasion, sur l'invitation de Frédéric Plazy, de diriger l'éclosion du master « Mise en scène » à La Manufacture de Lausanne, je souhaitais poursuivre cet engagement dans la formation théâtrale dans le cadre universitaire, où tant d'étudiants détenteurs d'une licence et se destinant à la création scénique ne trouvent pas assez de débouchés dans les quelques formations professionnelles pour pouvoir approfondir leur premier cycle. Parallèlement, nombre de jeunes professionnels formés au jeu souhaitent, après quelques années de métier, renforcer leur identité esthétique et leurs connaissances théoriques dans un contexte de réflexion et d'expérimentation loin de la pression de la production.

Le master théâtre « Création spectacle vivant », de l'université Paul-Valéry à Montpellier tâche d'ouvrir cet espace d'expérimentation pédagogique et artistique, en lien avec les institutions théâtrales de la région et d'ailleurs (en particulier le théâtre La Vignette et le CDN de Montpellier) et dans la dynamique de recherche propre à l'université. Avec des effectifs réduits et des conditions de travail privilégiées grâce à l'appui de nos partenaires, en lien aussi avec d'autres cursus de l'université, les étudiants artistes peuvent donc affirmer et consolider leur vocation dans les différentes disciplines de la création scénique (mise en scène, dramaturgie, scénographie, mais aussi jeu, écriture ou performance) et éventuellement poursuivre leur parcours dans des formations plus spécialisées (comme celle de La Manufacture à Lausanne pour la mise en scène, l'Ensatt à Lyon pour l'écriture ou des formations supérieures en interprétation). Le contexte de travail est marqué par la recherche et par une importance particulière accordée au travail collectif et à l'autonomie créatrice, les étudiants occupant, au cours du cursus, différentes fonctions dans la fabrication des spectacles. À travers des ateliers dirigés par des professionnels français et étrangers, des séminaires théoriques avec des chercheurs, des résidences et des stages dans des centres de création, les promotions du master « Création spectacle vivant » travaillent dans des situations proches de celles qui seront les leurs à la fin de la formation, tout en prenant les risques et le temps d'affirmer les lignes artistiques (du point de vue technique, esthétique et conceptuel) qui leur permettront de développer leurs projets, une fois diplômés.

Maureen Schoeffter lors d'un stage de théâtre d'objet avec Paulo Duarte, octobre 2017, Théâtre de La Vignette. © Nathan Roblot.

UNIVERSITÉ DE LORRAINE, METZ Master « Mise en scène et dramaturgie en Europe »

« S'inscrire dans un contexte de création scénique européen »

ROXANE MARTIN

Le master « Mise en scène et dramaturgie en Europe » propose une formation universitaire et professionnelle aux métiers de la mise en scène, de la dramaturgie et de la pédagogie théâtrale. Issu d'une collaboration étroite entre des partenaires universitaires (Lorraine, Sarrebruck, Luxembourg) et un réseau transfrontalier de théâtres (France, Luxembourg, Belgique, Allemagne), il a pour objectif de former des dramaturges et des metteurs en scène aptes à travailler dans plusieurs langues et à s'inscrire dans un contexte de création scénique européen.

Le programme de formation a été élaboré pour répondre aux besoins de mobilité des artistes de la scène d'aujourd'hui. C'est pourquoi il combine des modules centrés : 1) sur la connaissance théorique de l'histoire et de l'esthétique des arts de la scène en Europe ; 2) sur les politiques culturelles européennes et l'acquisition des savoirs utiles pour produire, financer et diffuser un spectacle en Europe ; 3) sur la pratique théâtrale en différentes langues (français, allemand, anglais...) ; 4) sur le développement, par la pratique et au contact d'artistes reconnus, d'un geste artistique singulier.

Ce master fait intervenir des professionnels issus de divers pays d'Europe et garantit l'accueil des étudiants en stage dans les théâtres partenaires de la formation.

La formation est accessible aux étudiants titulaires d'une licence en Arts du spectacle, ainsi qu'aux professionnels du spectacle, salariés ou demandeurs d'emploi, qui souhaitent enrichir leur pratique artistique et acquérir une mobilité transfrontalière.

ENSATT, LYON École nationale supérieure des arts et techniques du théâtre

« C'est la direction d'acteurs qui prime »

ENTRETIEN AVEC GUILLAUME LÉVÊQUE, RÉALISÉ PAR JEAN-LOUIS BESSON

JEAN-LOUIS BESSON : **Pour quelles raisons l'Ensatt a-t-elle décidé de créer une formation à la mise en scène en 2004, quelques années après l'école du Théâtre national de Strasbourg ?**

GUILLAUME LÉVÊQUE : L'Ensatt réunissant « tous les métiers du théâtre », je suppose que la décision de créer un département Mise en scène fut de l'ordre de l'évidence. Le premier mouvement fut impulsé par Patrick Bourgeois, alors directeur de l'école, lorsqu'il a demandé à Anatoli Vassiliev de prendre en charge cette formation. Vassiliev lui a donné une orientation particulière et rigoureusement cohérente, reposant, je crois, sur deux éléments constituants : l'enseignement d'une méthode très élaborée et le choix d'admettre une vingtaine d'élèves. La conséquence immédiate fut la complète autonomie du département ; la greffe sur l'école ne l'intéressait pas et n'avait effectivement pas lieu. Après quatre ans, l'expérience n'a pas été renouvelée, sans que j'en connaisse les raisons.
En 2008, Gérard Schembri a proposé à Alain Françon de créer à nouveau un département Mise en scène, lequel a fonctionné dès 2009. Françon s'est alors immédiatement et tout naturellement rapproché de Christian Schiaretti (qui avait déjà beaucoup travaillé à l'école), directeur du Théâtre national populaire, l'un des théâtres publics les plus importants en France, afin d'adosser le département à un lieu de création. Rappelons à ce propos que l'Ensatt, dépendant du ministère de l'Enseignement supérieur, de la Recherche et de l'Innovation, contrairement à certaines autres écoles d'art dramatique, n'est pas en lien direct avec un théâtre particulier. Or ce rapprochement était, pour Françon, de l'ordre d'une totale évidence, impliquant concrètement une certaine manière d'envisager les choses en affirmant que le travail dans une école contenait déjà fondamentalement le travail théâtral tout entier, avec ses histoires singulières, ses tensions, questions, errances, réussites, échecs, lois, et contraintes.
L'idée essentielle était qu'il n'y a d'école de la mise en scène qu'à travers une pratique la plus ressemblante possible avec celle d'un travail théâtral professionnel, pratique qui doit, à son tour, être le lieu même de la réflexion, de la recherche et même de la pédagogie... Les élèves se « devaient » d'être plongés immédiatement dans ce bain-là : un pied à l'école, l'autre dans un théâtre.
Le cœur de l'enseignement, aujourd'hui encore, contient donc deux éléments diamétralement différents de ceux de Vassiliev : d'une part est mise en avant l'idée d'une « organisation de la transmission » plutôt que l'enseignement d'un savoir constitué en méthode ; d'autre part le fait de n'avoir « que » trois élèves, ce qui implique, autant que faire se peut, une articulation essentielle et nécessaire avec les autres départements.
Pour des raisons privées, Françon est parti au bout d'un an. Lui, Schiaretti et Thierry Pariente m'ont proposé d'entrer dans le département, alors que je venais de diriger un atelier-spectacle. La tâche était de bâtir un véritable cursus et de tout réinventer sur le plan spéculatif et pratique. C'est ce que nous avons alors commencé (et continuons) de faire avec Christian Schiaretti.
Aujourd'hui, un cursus existe, très structuré, à la fois cohérent et fonctionnel, tout en se maintenant affirmativement dans un refus de se fixer. Il s'y loge la certitude, expérimentée jusque dans la construction du département lui-même, qu'en matière de pratique théâtrale on avance souvent à tâtons, en crabe et même en écrevisse. Avant toute chose, la transmission est donc celle-ci : « savoir » qu'il n'est pas un endroit de la pratique théâtrale où il ne faille beaucoup construire et réfléchir, développer un certain « sens de l'instant à saisir » pour que puissent percer l'inattendu et l'intuition. Et puis cela a permis d'inscrire au cœur de la formation l'idée que les élèves peuvent (et doivent) prendre part à sa construction, et surtout à sa responsabilisation. Cela donne lieu à de profonds désaccords, à des contradictions, à des paradoxes, mais aussi à des discussions, et donc à des dynamiques. C'est un peu funambule et cela me convient. Parfois, on se casse la tête et même la figure, mais le risque est toujours bon à prendre : dans une école, comme dans un théâtre, toute ligne directrice doit être aussi une ligne de fuite.
De cette histoire, toujours attentive aux réalités présentes comme aux idées directrices qu'elles imposent ou supposent, est sortie ce qui est devenue une véritable

La Parabole de Gutenberg, texte et mise en scène Léa Carton de Grammont, projet de fin d'études, Ensatt 2018. © Ensatt.

orientation. Par exemple, tout a d'abord été construit pour que les élèves metteurs en scène travaillent et rencontrent le plus d'élèves possibles des autres départements, toutes promotions confondues, en particulier avec la totalité des élèves acteurs présents à l'Ensatt pendant leur formation. Puis nous avons mis en place des travaux avec les élèves du conservatoire à rayonnement régional de Lyon et cette année, en plus, avec les élèves de celui de Poitiers. L'an prochain, nous travaillerons également avec l'École régionale d'acteurs de Cannes et Marseille.
De là à dire que le département privilégie radicalement la direction d'acteurs, il n'y a qu'un pas, que nous avons franchi, en ajoutant, immédiatement et tout aussi radicalement, qu'il nous semble que la direction d'acteurs est indissociablement liée au lire d'un texte, à une manière de privilégier la compréhension de ce qui le produit organiquement plutôt que sa lecture interprétative immédiate (qui, le plus généralement, n'est qu'un ramassis d'opinions qui ne sont que dérisoirement personnelles et singulières).
Ainsi, nous travaillons principalement, durant les deux premières années, sur des écritures constituées (et constituantes), c'est-à-dire sur des partitions précises et contraignantes. C'est un choix aujourd'hui pleinement assumé, voire éventuellement militant, mais, au-delà du fait d'être une affinité élective de ma part (donc « subjective » et critiquable), le plus important à dire, d'abord, est qu'il me paraît cohérent et adapté aux principes mis en œuvre dans les autres départements de l'Ensatt (en particulier celui des acteurs).
Du reste, la mise au centre du travail de cet « autre » qu'est le texte, de ce « tiers » à déchiffrer et à découvrir par tous, contient, me semble-t-il, deux autres enjeux : d'une part, il oblige la direction d'acteurs à se frayer un chemin en résistant tout autant au côté paternaliste et/ou « grand frère », qu'est ou serait le metteur en scène venant taper sur l'épaule des acteurs en les « autorisant » à faire « ce qu'ils veulent » à partir d'un « matériau textuel » non rigoureux, sans pour autant basculer dans une sorte de sur-dirigisme où les acteurs ont « l'obligation » de se fondre dans « l'imaginaire » ou « l'univers » du metteur en scène ; d'autre part, il en va, pour moi en tout cas, de la possibilité même de la transmission : je ne vois pas de quel droit je pourrais intervenir dans ce qui me paraît être une « histoire de famille et de familiarités » ou dans un univers (fort) clos et délibérément « subjectif », si ce n'est en l'admirant ou en le détestant, mais donc aussi, pédagogiquement, en braillant ou en gardant le silence.

J.-L. B. : **Comment se déroulent les études ?**

G.L. : Le concours offre trois places et a lieu tous les deux ans. La formation se déroulant sur trois ans, nous avons donc alternativement une seule ou deux promotions à l'école. Il y a une séparation importante entre les deux premières années et la troisième. Durant les deux premières années, le cursus est analogue, probablement parce que je suis très sceptique par rapport à l'idée de progrès (en art comme en pédagogie). Cela vient peut-être du fait d'être acteur, d'ailleurs, de ce drôle de sentiment d'incertitude quant aux avancées, de ne pas même savoir si cela aurait du sens de le penser et de le dire, et d'avoir à tout remettre en jeu et en question à chaque fois. Pour le dire mieux — je ne sais plus qui l'a écrite, mais la phrase est magnifique — il s'agit de mettre en œuvre que « commencer, c'est commencer de continuer ; et continuer, c'est continuer de commencer ».
De plus, il nous semble important (à l'image des acteurs encore) de rendre immédiatement perceptible que dans la pratique théâtrale tout arrive en même temps, dans un tout-venant non hiérarchisé, où se mêlent des choses apparemment sans intérêt et des choses qui paraissent plus intéressantes (or c'est bien souvent le contraire qui est vrai !) : pour un acteur c'est, pêle-mêle, ne pas savoir quoi faire de ses mains, de sa voix, de son texte, de son partenaire, du public, du metteur en scène, etc., et pour les metteurs en scène je crois que c'est un peu le même chaos. D'abord, ils ne savent pas où se mettre : sur une chaise, accroupis sur le bord du plateau, s'ils doivent être dedans ou dehors, premier spectateur ou fusionnant avec le plateau. Ils ne savent même pas s'ils sont nécessaires ou non, s'ils disent trop ou pas assez, s'il faut diriger, laisser faire, se laisser faire (par le texte, par les acteurs). Ou encore : pourquoi telle chose dite à un acteur le débloque, alors que la même indication en bloque un autre, etc. Tout cela arrive effectivement en vrac et en désordre en à peine quelques heures de répétition !
Il faut donc faire de l'exercice ! Et pratiquer régulièrement cette gymnastique qui ne peut se saisir, se comprendre et s'acquérir que grâce, par et avec l'expérimentation et l'expérience. Puis prendre le temps d'essayer d'y voir un peu plus clair, de s'exercer petit à petit à comprendre où exactement (et pourquoi) quelque chose a pris ou au contraire s'est complètement délité. C'est pourquoi nous avons décidé, dans le cursus, de mettre immédiatement les pieds dans le plat, sans proposer un véritable « parcours pédagogique » jalonné d'étapes avec une difficulté croissante.
Pour ce qui est du déroulement des études lui-même, il ne faut pas oublier que nous préparons à un master. Pour accéder à la formation, les élèves doivent avoir une licence ou un équivalent, c'est un prérequis (avec dérogation possible). Durant la formation, ils doivent suivre des séminaires, comme à l'université. Cet enseignement est assuré par Mireille Losco-Lena, qui est professeur des universités.
Sinon, le cursus à l'intérieur du département lui-même prend plusieurs orientations. Il y a donc une présence au TNP qui permet de voir les similitudes et les différences entre un spectacle en création et les travaux de l'école, entre une efficacité requise et les exigences artistiques à maintenir et préserver, sans parler de la découverte pour les élèves de cette incroyable machine qu'est un théâtre de cette envergure, aussi bien à l'endroit de la technique qu'à celui de l'organisation, comme des problèmes esthétiques, politiques et peut-être même éthiques liés à la direction d'un théâtre. Christian Schiaretti et moi donnons également des cours, généralement dramaturgiques, touchant aussi bien la prosodie que le fonctionnement singulier d'une écriture, les différentes hypothèses que l'on peut inférer de la lecture d'un texte et qui pourraient devenir les pivots du travail scénique... Le tout, autant que faire se peut, en liaison avec les travaux que les élèves vont faire par la suite ou qu'ils ont déjà fait. Il y a aussi la participation à un projet commun rassemblant scénographes, costumiers et metteurs en scène, ayant comme objectif d'aboutir à un rendu de maquette ; la participation, comme acteur ou assistant, à un atelier d'acteurs que je mène tous les ans ; la participation, les deux premières années, pour une durée de cinq semaines par an, à un atelier commun avec les acteurs de leur promotion, atelier intitulé « chemins d'acteur » et mené par Agnès Dewitte, qui explore, à l'aide d'un outil méthodologique élaboré, un territoire exclusivement réservé au jeu et à l'acteur (indépendamment des projets dans lesquels il est et sera impliqué), atelier donc où les metteurs en scène sont acteurs (et donc mis au même endroit que les autres).
Enfin, le pilier de la formation, son axe central, est ce que nous appelons les « hypothèses ». Ce sont des ateliers qui durent entre deux et cinq semaines. Chaque élève metteur en scène se retrouve alors dans une salle avec un nombre d'acteurs variable et un texte (pas nécessairement dans son intégralité) qu'il a choisi et dont nous avons parlé ; et il le met en scène avec les moyens les plus simples. Très vite, la difficulté arrive car on ne peut pas s'en tirer à bon compte : il ne suffit pas de dire que tel ou tel texte est discontinu, par exemple, et vise même à la déconstruction, encore faut-il le mettre concrètement en œuvre, phrase après phrase, dans le jeu même, dans les places, dans les ellipses que l'on choisit, dans un équilibre à trouver où les principes formels intégrateurs ne fonctionnent jamais vraiment et où la continuité arrive à chaque instant.
Quant au fait imposé des « moyens simples », c'est aussi une manière de résister à la mise en place d'effets plus ou moins malins qui peuvent être purement extérieurs, spectaculaires, esthétisants, et fonctionner souvent comme un alibi à l'incompétence de lecture.

Il y a donc deux « hypothèses » par année, chacune avec une promotion d'acteurs différente de l'Ensatt. Comme il y a douze élèves acteurs par promotion (six garçons et six filles), cela limite nécessairement le choix du répertoire. C'est pourquoi, tous les ans, nous essayons de travailler avec d'autres lieux de formation ; cela permet d'élargir le répertoire, de travailler sur des pièces classiques ou contemporaines où le nombre de personnages est élevé. D'autres questions et d'autres difficultés arrivent alors : une équipe plus importante à embarquer dans le travail, beaucoup de monde sur le plateau, des acteurs qui ne sont pas des copains ni même des connaissances, etc.

J.-L. B. : **Et qu'en est-il de l'apprentissage de la technique, lumière, son... ? Y a-t-il des ateliers spécifiques ?**

G.L. : Évidemment, il y a des projets forts au cours des deux ans, qui sont transversaux et réunissent tous les départements de l'école. Les élèves metteurs en scène y participent bien sûr activement et sont alors directement au contact des questions et des contraintes techniques. Mais il me semble qu'il y a encore du travail à faire et des choses à inventer afin de parvenir à une véritable et profonde culture de la répétition. Essentiellement à cause de la différence objective de rythme des formations : un travail réunissant acteurs et metteurs en scène s'étale sur plusieurs semaines d'affilée, et il est difficile pour les élèves en lumière, costume, son ou scénographie de bloquer des temps aussi longs ; la spécificité de leur apprentissage nécessite des temporalités différentes. C'est objectivement complexe, mais chaque année apporte une transversalité et des croisements plus importants.
Par ailleurs, au TNP, les élèves peuvent voir et/ou travailler sur un montage lumière, par exemple, ou sur des problèmes inhérents à la diffusion du son, être confrontés aux types de machines utilisées, etc. Nous abordons aussi les questions techniques d'un point de vue plus théorique dans des séminaires organisés par les responsables de département, où sont posées les questions essentielles d'une dramaturgie du son, de la lumière, de leur histoire respective, etc.

J.-L. B. : **Et en troisième année ?**

G.L. : Il y a d'abord un stage à l'extérieur, que l'on choisit en fonction des possibilités, mais aussi des désirs des élèves, et de la connaissance que nous avons d'eux. Ils font aussi un « assistanat maison » avec un metteur en scène invité dans le cadre des trois ateliers spectacles qui se déroulent chaque année à l'Ensatt et qui rassemblent tous les élèves de l'école. Ils ont également à rédiger un mémoire directement lié avec le « clou » de leur troisième année, leur projet de fin d'études. Le principe en est simple et totalement libre : les élèves conçoivent un projet, un spectacle, de A à Z. Ils répètent dans une des deux grandes salles de l'école pendant six semaines, travaillent avec les élèves acteurs qu'ils choisissent eux-mêmes (à condition que ce ne soit pas les acteurs de leur promotion, pris par les ateliers-spectacles), comme ils choisissent leur équipe artistique. Il peut s'agir d'acteurs ou de concepteurs déjà sortis de l'Ensatt (c'est souvent le cas) ou d'acteurs extérieurs à l'école, soit qu'ils connaissent déjà, soit qu'ils ont rencontrés au cours des travaux organisés hors les murs. Il y a même parfois, et c'est fondamental, des acteurs plus âgés qui acceptent de travailler dans ce cadre et dans les conditions d'une école. Rien n'est imposé : ni le fait de prendre un texte, ni, encore moins, une esthétique. Tout est de leur choix : commande de texte à un auteur de l'Ensatt ou d'ailleurs, montage de textes d'auteurs différents, texte non dramatique adapté, écriture de plateau, écriture collective... Pendant les répétitions, les élèves travaillent de manière autonome, sans le suivi d'un enseignant. Là encore, ce sont eux qui choisissent. Ils peuvent évidemment solliciter ponctuellement notre regard, mais rien n'est obligé sur le plan artistique et/ou pédagogique. C'est à l'occasion de ce projet de fin d'année que se déploient le mieux leurs affinités, leurs goûts esthétiques. À titre personnel, je les découvre souvent un peu ailleurs que là où, bêtement, je pensais qu'ils étaient. Et c'est un vrai plaisir, bien sûr.

J.-L. B. : **Qu'est-ce qui, à votre avis, pourrait être approfondi dans la formation, et quels en sont les points forts ?**

G.L. : Dans une école, dans une école d'art en tout cas, le pire, le plus illusoire et mensonger, c'est le fait (et le terme) des « acquis ». Dès que cela arrive, et cela est toujours susceptible d'arriver, il vaut mieux prendre la poudre d'escampette ! J'aime, en art, l'idée (violente) que nos réponses sont à hauteur de nos questions : une question à côté d'un texte fait un spectacle à côté de la plaque, et une mauvaise question — trop pauvre, générale, ou totalement inadéquate par rapport à un texte ou un sujet — fait un mauvais spectacle...
C'est ce que je crois et c'est aussi ce que j'espère ! Une école, donc, qui ne voudrait que cela, des élèves et des professeurs, n'aura que cela : des élèves et des professeurs ! Ce n'est pas le plus gai !
Et je ne parle pas du tout ici du soi-disant nécessaire chaos, lyrique, romantisé et idéologiquement orchestré, qui serait littéralement invivable dans une école, en plus d'être profondément risible et impuissant. Il faut être aux aguets des réagencements qui peuvent et doivent s'opérer, et qui sont en fonction des gens qui peuplent le département (les élèves, bien sûr, mais aussi, par exemple, Stéphanie Béghain et Adèle Chaniolleau qui encadrent avec moi les « hypothèses ») et de ceux qui frappent à sa porte, des occasions qui se perdent ou qui adviennent.

Le Chemin de fortune et *Le Legs*, de Marivaux. Atelier-spectacle dirigé par Jean-Pierre Vincent, Ensatt, 2018. © David Anémian.

Pour répondre à votre question, je crois aujourd'hui que le département est loin d'être sclérosé tout en ayant fortifié ses bases et son fonctionnement. Ce qui existe n'est pas rien — et est même pas si mal équilibré entre le solide et le poreux —, mais tout peut encore s'approfondir, se densifier, viser un élargissement, des ramifications, se trouver mieux afin de pouvoir se déséquilibrer plus.

J'aimerais, par exemple, que les élèves metteurs en scène puissent travailler avec au moins un acteur, au milieu de ceux de l'Ensatt, qui ne soit pas un élève, qui ait l'expérience, le recul et la sérénité requis pour indiquer aux jeunes metteurs en scène ce qui, dans leurs indications, ne sert à rien. Et ce pas seulement parce que ce n'est pas exactement la même chose de diriger un acteur confirmé, mais aussi parce que je suis attaché à l'idée de transmission, et, par conséquent, très sceptique par rapport au discours de la « rupture » entre les générations comme moteur de la création.

Par ailleurs, j'aimerais que les élèves metteurs en scène, au cours de leurs deux premières années, puissent suivre un atelier de six semaines avec un metteur en scène extérieur à l'école, qui soit, au maximum, dans une « manière de faire de la mise en scène » radicalement distincte, voire opposée à ce que nous essayons de faire travailler, Christian et moi. Dans les deux cas, on se heurte évidemment à un problème de financement.

Pour ce qui est des points forts, ce n'est pas facile à dire et ce n'est d'ailleurs pas à moi de le dire, mais, sans même parler du fait d'une nécessaire « modestie active et militante » que nous devons tous avoir dans une école et dont on trouve la trace assurée et rassurante dans ce fameux texte de Vitez intitulé *Douze propositions pour une école* — dans lequel il écrit que « nous n'avons pas à préjuger du destin des gens mais qu'ils se seront au moins rencontrés là » —, il est certain que le peu d'élèves par promotion permet de personnaliser notre enseignement, et donc la possibilité de les accompagner activement, en sachant un peu ce qu'ils sont et un peu ce qu'ils veulent. Nous les aidons aussi à se déplacer, à aller ailleurs, mais en respectant ce que nous avons senti en eux.

D'autre part, l'amplitude du territoire théâtral arpenté par les élèves de par leur choix de projet de fin d'études (pour ne citer que les trois derniers : un texte écrit par elle-même et mis en scène par Léa Carton de Grammont, la mise en scène d'un « classique » : *Casimir et Caroline*, de Horváth, monté par Hugo Roux, et la mise en scène d'un texte inconnu, issue d'une commande d'écriture à

La Parabole de Gutenberg, texte et mise en scène Léa Carton de Grammont, projet de fin d'études, Ensatt 2018. © Ensatt.

une autrice de l'Ensatt, par Marion Lévêque) est, pour moi, plus que satisfaisant, et révèle, je le pense et l'espère, « quelque chose » du département…
Pour ma part, dans les trois projets, je vois aussi à l'œuvre une sorte d'exigence radicale de clarté, une manière de ne rien cacher derrière des effets — qu'ils soient esthétisants ou issus d'interprétations convenues — et un réel souci, donc, d'une lisibilité amplement déployée — jusqu'à ne pas cacher leurs incertitudes, voire même les endroits qu'ils savent avoir manqués — plutôt que l'affichage d'un « univers » trop aisément et trop facilement repérable.
Enfin, plus secrètement — et peut-être aussi plus sournoisement ! — dans le fond, mais je ne l'ai jamais dit, j'espère que le département imprime chez les élèves le désir de sortir des mises en scène « d'opinions immédiates » sans pour autant se complaire dans une agitation et une énergie stériles : ni habillage extérieur (spéculatif et/ou esthétique) ni « cri inarticulé de l'être », mais la tentative toujours renouvelée de la constitution d'un langage ! Pas non plus de « protocole compassionnel » ou de « dérision » systématique et inoffensive, de ces sortes de « familiarités » en tous genres qui ne me paraissent rien d'autre que fausses, falsifiées dès l'origine, et idéologiquement plus que douteuses.
Au fond, osons le mot, j'espère qu'il y a un peu de sérieux dans ce que nous essayons de faire… Il se peut que j'ai, avec et grâce à Françon, beaucoup « trop » travaillé le théâtre d'Edward Bond… et, pourquoi pas ?, c'est peut-être là une donnée malencontreuse, mais, de fait, je ne peux plus me défaire d'une certaine idée de l'importance du théâtre, ne serait-ce que parce qu'il renvoie et travaille les langages et les images de ce que Bond appelle la possible « humanitude », toujours elle-même à construire sur le plateau, mais qui peut aussi, par le plateau lui-même, être tout autant « dénaturée » et « corrompue ». La conclusion bondienne est dès lors aussi simple que terrible : c'est la participation et l'accroissement de la superfluité des êtres et des choses : les gens deviennent des morceaux de fiction, et les réalités humaines deviennent du papier recyclé et recyclable. On sait ce que cela donne en cas de passage à l'acte… Alors, effectivement, tout cela, je crois, ne s'aborde pas sans, au moins, un peu de sérieux.

ÉCOLE DU TNS, STRASBOURG Théâtre national de Strasbourg

« Une école qui formaterait serait une école mortifère »

ENTRETIEN AVEC STANISLAS NORDEY, RÉALISÉ PAR JEAN-LOUIS BESSON

JEAN-LOUIS BESSON : **Quand tu as été nommé à la direction du TNS en 2014, quel était ton sentiment par rapport à la formation à la mise en scène que Stéphane Braunschweig avait instaurée en 2000 à l'école ?**

STANISLAS NORDEY : Je vais te répondre en faisant un petit détour. Quand j'ai pris la direction de l'école du Théâtre national de Bretagne, école d'acteurs, je me suis énormément inspiré de ma propre expérience d'élève quand j'étais au Conservatoire. J'ai essayé de me rappeler en tant qu'acteur ce qui m'avait aidé, ce qui m'avait manqué, etc. Et c'est comme ça que j'ai construit la pédagogie au TNB. Quand je suis arrivé au TNS, j'ai un peu fait pareil, puisque j'avais une grande expérience, j'avais dirigé douze ans l'école du TNB, mais je n'avais aucune expérience d'une école de mise en scène, d'une école de scénographie... Donc j'ai d'abord cherché à me remémorer comment moi, je m'étais formé, qui m'avait formé, est-ce qu'on m'avait formé, est-ce que la mise en scène ça s'apprend, etc. Mon expérience très concrète, en dehors d'une expérience sur le tas, on va dire, a été le fait que j'ai suivi toute l'aventure de l'Académie expérimentale des théâtres de Michelle Kokosowski, expérience très importante pour moi. Pour être le plus synthétique possible, là-dedans, ce qui était important c'était le processus d'immersion. C'est-à-dire que tu vas trois semaines te mettre dans le coin d'une salle regarder comment Luca Ronconi travaille, tu n'interviens pas, tu es une petite souris, tu regardes ; après, tu vas deux semaines regarder comment Vassiliev mène un stage, etc. L'Académie, c'était ça, c'était un processus total d'immersion, dans des endroits différents, dans des pays différents, avec des méthodes différentes, et il n'y avait pas de cursus en dehors de ça, pas même réellement de tutorat ou de référent. Avec un bémol quand même, qui était que l'Académie expérimentale s'adressait à des gens qui avaient déjà un début de parcours professionnel, qui avaient déjà fait trois ou quatre mises en scène, tu ne partais pas de zéro non plus.

Donc quand je suis arrivé au TNS, j'ai fait plusieurs constatations. Je me suis rappelé qu'au moment où Stéphane Braunschweig a créé la section Mise en scène à Strasbourg, on m'avait interrogé pour savoir ce que j'en pensais — j'ai même retrouvé l'article —, et j'avais dit que je trouvais que c'était une très mauvaise idée, que la mise en scène ça ne s'apprend pas dans des écoles. Je n'avais pas dit ça de manière polémique, j'avais dit ça parce que je pensais aussi à des questions de moyens, car autant tu as des pays comme l'Allemagne qui ont des écoles spécialisées, avec de vrais moyens, autant si on prend le cas du TNS, le cas très concret, au moment où Stéphane crée la section Mise en scène et la section Dramaturgie, il les crée à budget constant, il n'y a pas un centime de plus pour créer quand même deux sections, et pas des moindres. Donc c'est tout bête, mais ça induit un système D, on va dire, qui est intéressant d'ailleurs et que j'aime bien. C'est-à-dire comment est-ce que, sans avoir de moyens, puisqu'il s'agit de ça, on arrive quand même à construire un chemin pour ces élèves. C'est important parce que je ne pense pas me tromper en disant qu'en France il n'y a pas une école avec des moyens qui forme à la mise en scène, ça n'existe pas.
Mais ce n'est pas rien et c'est une discussion que j'ai toujours au moment du concours, au tout début du cursus, avec les jeunes gens qui postulent ou qui vont être pris. Je leur dis : « Vous allez être dans une formation pendant trois ans, on va inventer ensemble comment ça va pouvoir exister, mais sachez que vous entrez dans trois années où vous allez traverser un certain nombre d'expériences mais où finalement vous aurez à vous construire vous-mêmes autant qu'on vous construira. »
Ce qui est bien, je pense, d'ailleurs. Parce que si j'étais contre les écoles de mise en scène, c'était parce que, pour moi, un metteur en scène est quelqu'un qui doit affirmer une singularité, qui ne doit surtout pas écouter tout ce qu'on lui dit, qui doit surtout se défier des règles existantes et les mettre en question et en doute, surtout ne pas accepter de travailler seulement dans

les moyens de production tels qu'ils existent mais les remettre en question sans cesse. Donc une école qui formaterait ou qui dirait «la mise en scène, c'est ça» serait une école mortifère, d'une certaine manière. Donc finalement peut-être que ce manque de moyens qu'on a au TNS nous permet justement d'être obligés d'inventer.
L'ambition est de tracer pour chaque élève en mise en scène un chemin différent, un parcours différent, singulier. Très concrètement, dans chaque promotion, on a deux places, on forme deux metteurs en scène. On a beaucoup plus de liberté finalement qu'avec le cursus des acteurs ou des régisseurs, parce qu'ils ne sont que deux, donc on peut vraiment individualiser la formation. Et d'ailleurs, à part au début de la première année où je leur impose un chemin, un cursus pour l'année, dès la fin de la première année j'invente avec chacun d'entre eux la deuxième et la troisième année. Par exemple, je vais dire: «Qu'est-ce qui te manque? De quoi as-tu besoin?» Tel metteur en scène va me dire: «Moi, je voudrais en savoir beaucoup plus sur la lumière.» Et je vais faire en sorte qu'il puisse faire des stages avec un créateur lumières. Et l'autre metteur en scène va me dire: «Moi, mon rêve c'est du faire un travail avec des danseurs aussi.» On va pouvoir individualiser le parcours, et ça, c'est une des forces de notre dispositif.

J.-L. B.: **Les élèves restent libres de leurs choix artistiques, esthétiques, mais ils ont malgré tout des fondamentaux à connaître, j'imagine, et un programme à suivre.**

S.N.: Il y a des outils de la mise en scène assez simples, des choses qui s'apprennent. La chance que nous avons au TNS pour un jeune étudiant metteur en scène, c'est qu'il va être confronté, pendant les trois ans de sa formation, à des scénographes, des costumiers, des éclairagistes, des sondiers, des régisseurs généraux, des acteurs, des dramaturges. On peut dire que c'est une force de l'école pour des jeunes gens, pendant les trois ans ils vont pouvoir s'exercer et rencontrer tous ces corps de métier. Ce qu'on demande à un metteur en scène, c'est d'être capable de dialoguer avec tous ces corps de métier, c'est quand même là que tout se passe. Donc il y a une part de la scolarité qui est vraiment organisée autour des rendez-vous entre les cinq sections. C'est-à-dire des moments de recherche pure.
Cette année, par exemple, au mois de février, les cinq sections sont ensemble, sous la direction des deux metteurs en scène, en labo. Ils travaillent sur ce qu'ils veulent pendant quinze jours dans une salle. Ils peuvent présenter ou ne pas présenter quelque chose. Je les encourage d'ailleurs quand ils sont en labo à ne rien présenter, et à être vraiment sur de la recherche. Donc il y a comme ça des labos, on va dire, et il y a de vrais exercices d'école, sous deux formes, en général. En deuxième année, ils vont présenter un projet qui est une commande, parce que je pense qu'ils doivent être confrontés à ça dans leur scolarité. C'est toujours avec les cinq sections, mais sous la direction des élèves metteurs en scène, c'est l'exercice des élèves metteurs en scène auquel toute l'école est associée. Donc en deuxième année, ils vont devoir répondre à une commande, je vais leur imposer un texte sur lequel ils travaillent, ils construisent leur distribution comme ils veulent, etc., mais ils travaillent sur une matière imposée. Ça donne lieu à une présentation, à un spectacle, dans une des salles du TNS, ils travaillent vraiment avec les outils du TNS. Et en troisième année, ils vont aussi travailler sur un spectacle, mais là sur un texte qu'ils ont choisi ou sur autre chose que du texte, sur un film, sur ce qu'ils veulent. Donc trois moments: les moments de laboratoire, les moments où ils travaillent sur une matière imposée, et les moments où ils travaillent sur une matière qu'ils ont choisie. Ce sont trois rendez-vous importants sur ces trois années-là — ça prend deux mois sur l'année, sans compter la préparation, bien sûr —, mais on va dire que ce sont des points d'étape.
Après, pendant la première année, m'inspirant pour le coup pas mal de l'Académie expérimentale, je ne les fais travailler quasiment qu'en immersion. L'immersion consiste essentiellement à aller regarder des ateliers qui sont proposés aux acteurs à l'intérieur de l'école. Par exemple, en ce moment, les metteurs en scène assistent à la master class que Laurent Poitrenaux donne aux acteurs. L'enjeu est de pouvoir les mettre dans une salle en petite souris pour regarder comment un acteur se dirige. Dans ces cas-là, ils sont vraiment témoins, et j'insiste pour que les intervenants ne les fassent pas participer, afin qu'ils aient cette tranquillité de regarder comment le pédagogue fait travailler l'acteur, comment l'acteur écoute, comment l'acteur réussit à transformer ou à ne pas transformer, comment le pédagogue fait face à une difficulté et la résout. À part ça, ils ont des rendez-vous extrêmement réguliers, tous les mois, avec moi, pour faire le point sur leurs travaux, leurs avancées, sur ce qu'ils ont constaté, ce qu'ils n'ont pas constaté, sur ce qui avance, ce qui n'avance pas, etc. Un suivi pédagogique, on va dire, au cas par cas. Cette première année est donc pour eux une année où ils trépignent un petit peu mais où, en même temps — comme j'ai mis très vite en perspective les trois ans du cursus —, ils savent dès le début quels seront les rendez-vous principaux. Ils savent aussi que je vais les faire travailler en général une quinzaine de jours au cours de la première année avec un acteur professionnel, auquel je dis: «Tu te retrouves seul dans une salle avec ce jeune metteur en scène qui te dirige pendant quinze jours.» Qu'est-ce que c'est que d'être seul face à Dominique Valadié ou Laurent Poitrenaux dans une salle et de les diriger? Ça, c'est aussi dans le cursus.

Répétition du spectacle mis en scène par Eddy D'Aranjo avec les élèves du Groupe 44, école du TNS, juin 2018. © Jean-Louis Fernandez.

J.-L. B. : Dès la première année, donc ?

S.N. : En fin de première année en général, oui. Je les mets aussi dans des positions d'assistanat pur et dur. Cette année, par exemple, il y a deux ateliers spectacles qui se font parallèlement, un dirigé par Lazare et un par Anne Théron. Lazare et Anne Théron font un vrai spectacle avec les élèves ; eh bien, je mets les deux metteurs en scène de première année assistants, pour qu'ils ne soient pas seulement témoins, pour qu'ils soient aussi acteurs, mais à un endroit particulier qui est l'endroit de l'assistanat. Et puis, à part ça, ils travaillent avec Frédéric Vossier qui s'occupe de la section Dramaturgie. Frédéric leur fait faire tout le tour, ils rencontrent des éditeurs et des maisons d'édition pour qu'ils puissent aussi toucher un petit peu à la façon dont les choses s'écrivent, s'éditent, etc. Ils travaillent avec Roland Fichet sur des ateliers d'écriture, ils écrivent donc eux-mêmes, ils mettent en jeu leurs textes avec Roland. Et à part ça, on invente des choses en fonction du programme des autres sections.

J.-L. B. : Et les années suivantes ?

S.N. : Sur la deuxième et sur la troisième année, en dehors de leurs spectacles, les choses s'inventent à chaque fois très différemment. Ce qu'on essaie de faire depuis que je suis arrivé, c'est leur donner la possibilité de s'exercer à travailler sur une forme itinérante, légère, un spectacle hors les murs, un spectacle à installer partout, un spectacle à faire dans les bars… C'est-à-dire une autre forme d'économie du spectacle : théâtre-paysage, théâtre en milieu péri-urbain, ces autres formes-là. Parce que, là aussi, je pense qu'il est très important qu'ils puissent toucher à plusieurs formes d'économie du spectacle et du théâtre, tout comme il est très important de les délocaliser afin qu'ils ne soient pas enfermés au TNS. Donc, on fait un partenariat chaque année avec une autre école. Par exemple, l'année dernière, c'était avec l'école de Saint-Étienne. Cette année, c'est avec l'Esad à Paris, l'an prochain ce sera avec l'Ensad à Montpellier et l'Esact à Liège. Nos deux metteurs en scène sont allés travailler avec une promo d'acteurs de Saint-Étienne, ils ont travaillé sur un objet qu'ils ont fait avec eux.

Et en dehors de ça, une des forces de l'école du TNS, c'est qu'elle est à l'intérieur d'un théâtre. C'est énorme. Moi, quand j'étais au Conservatoire, on ne croisait jamais des professionnels en activité à part nos profs, alors qu'au TNS tu as tout le temps des artistes qui répètent, des artistes qui jouent. Donc sur tous les spectacles qui passent, les élèves metteurs en scène ont une rencontre privilégiée avec tous les metteurs en scène. Il y a seize spectacles programmés au TNS par an, donc ils rencontrent seize metteurs en scène de manière privilégiée, ils voient le spectacle, ils prennent du temps avec eux, ils posent des questions. Ça, c'est un plus. Après, pendant les trois ans, quand ils le désirent et quand ils ont le temps — mais ça, c'est des discussions qu'on a avec eux —, on les envoie aussi en stage pour assister à des créations. Mais finalement, ce qui est précieux — et je dirais que c'est peut-être l'essentiel si j'avais à tirer une ou deux lignes pour synthétiser —, c'est de faire en sorte que chaque élève metteur en scène puisse avoir un cursus qui lui corresponde, un cursus fait pour lui ou pour elle, qui ne sera pas le même que celui de l'autre metteur en scène de la même promotion ou de l'autre qui était dans la promotion précédente.

J.-L. B. : Et les élèves metteurs en scène apportent des projets qui t'étonnent, voire te décoiffent ?

S.N. : Une des choses les plus spectaculaires, je trouve, à l'endroit où je suis, c'est comment en quelques années les projets qui émanent des jeunes metteurs en scène — il y a un texte fameux de Jean-Loup Rivière d'il y a une dizaine d'années là-dessus — sont à 90-95 % des spectacles qui ne tournent pas autour de textes existants. C'est à la fois une question et un problème. Je fais le suivi des projets personnels des deux metteurs en scène cette année : il y en a un qui fait un projet autour des deux romans d'Édouard Louis, et l'autre autour du Living Theatre. Et on a des belles discussions, parce que je leur dis : « Là, j'ai un problème, parce que si tu montes *La Compagnie des hommes,* d'Edward Bond, ou *Woyzeck,* il y a des choses que je vais pouvoir te dire avec certitude, sur les histoires de construction, de structure, d'architecture, alors que, sur ces écritures de plateau, moi qui n'en ai jamais fait, je ne sais pas comment ça se fait, et je suis obligé donc de réinterroger ce que j'ai à te dire là-dessus, ce que j'ai à t'apprendre. » Et ça c'est passionnant évidemment, mais c'est une vraie belle question.

J.-L. B. : C'est une autre approche de la mise en scène.

S.N. : Ça change énormément de choses et surtout ça pose une vraie question… La première année où je leur avais imposé un texte, c'était *Trust,* de Falk Richter, et je m'étais dit que c'était bien parce que c'est une pièce mais aussi une pièce-matériau. Et du coup ils avaient tous enlevé 90 % du texte, ils avaient tous mis d'autres trucs. Alors, depuis, dans les textes imposés je leur impose des structures, pour qu'ils apprennent aussi à travailler sur des structures.

Moi qui fais du théâtre pour le texte, je ne coupe jamais une ligne. C'est intéressant d'être confronté à cette génération-là. C'est une question qu'on s'est posée ces derniers temps en comité d'orientation pédagogique, à propos des contenus. On se disait : « Est-ce que finalement cette histoire de spectacles de plateau, ce n'est pas aussi une forme de mode ? » Parce que ça aussi, c'est paradoxal. Tu t'aperçois en discutant avec les jeunes gens, et je vais exagérer en disant ça, que faire de l'écriture de plateau c'est presque devenu une norme pour la nouvelle génération. Si tu montes un texte... ça leur paraît bizarre. Tu sens ça dans les discussions avec eux. Et du coup, je me suis demandé s'il ne fallait pas les obliger, justement puisqu'ils sont là pour apprendre, à ne travailler pendant leur formation que sur des textes structurés et architecturés, s'il ne fallait pas leur interdire l'écriture de plateau. Mais on peut se demander aussi s'il ne faut pas accentuer cette tendance-là, l'acter et, pour le coup, inviter aussi des pédagogues qui vont savoir leur apprendre ça. Parce que moi, j'avoue que, sur l'écriture de plateau, je vais pouvoir leur dire des choses un petit peu instinctives mais sans aucune certitude, parce que je n'en ai ni la pratique ni le goût.

J.-L. B. : **Ça nous conduit à une question que j'ai vue surgir parfois : à quoi sert de former des metteurs en scène alors que la mise en scène serait, semble-t-il, en train de disparaître, ou du moins de décliner, de perdre de l'importance ? C'est formulé un peu radicalement, mais cela pose la question des contenus et des objectifs de la formation.**

S.N. : Oui, et c'est intéressant. Quand j'essaie de définir ce que je fais moi, quand je suis metteur en scène, à des gens qui ne font pas de théâtre et qui me disent : « C'est quoi la mise en scène ? », je dis : « Tu passes huit heures par jour à regarder des trucs qui se passent sur un plateau, et à devoir choisir si c'est juste ou pas. » C'est vraiment un art du regard, la mise en scène. Donc, dès la première année, que j'appelle année d'immersion, l'important est de mettre les élèves dans une position qui leur permette d'apprendre à regarder, parce que ça s'apprend aussi, l'art de regarder, ce n'est pas donné comme ça. Il y a d'ailleurs des metteurs en scène qui ne savent pas regarder les acteurs.

La question des objectifs se pose aussi pour l'enseignement de la scénographie : l'outil vidéo intervient de plus en plus fréquemment, et il est parfois même le seul outil de scénographie. Dans la section Scénographie au TNS, on est en train de faire bouger pas mal de choses dans ce sens-là. Avant, il n'y avait pas vraiment de formation vidéo dans le cursus Scénographie et nous l'avons intégrée parce que la vidéo est presque devenue un invariable d'un spectacle. À cet endroit-là, on pourrait aussi se dire : est-ce que ça sert encore d'apprendre à des scénographes, par exemple, à peindre une toile ? C'est en ça que j'ai toujours pensé que les structures d'enseignement les plus souples étaient les plus justes. Autant j'ai pu dire à un moment donné, au moment où Stéphane créait la section Mise en scène, qu'une école de mise en scène ne servait à rien, que la mise en scène ne s'apprenait pas dans les écoles, autant aujourd'hui je le dirais différemment, je dirais : des lieux pour que des jeunes metteurs en scène puissent exercer leur regard, se confronter à d'autres métiers, regarder et apprendre, regarder pour apprendre, je pense que c'est important. Mais il faut que ce soient des lieux souples et qui sachent s'adapter. Ce n'est pas rien de prendre en compte les singularités. Parce que l'école, quelle qu'elle soit, est très forte pour formater et pour faire une chose qui est censée convenir à tout le monde en théorie, mais elle n'est pas très forte pour individualiser. Quand je suis arrivé au TNS, je me suis demandé s'il était juste d'avoir seulement deux étudiants en mise en scène par année, si ce ne serait pas bien qu'ils soient six ou huit... Et puis très vite je me suis dit que non. D'abord par manque de moyens, effectivement, et puis aussi tout bêtement parce que deux par an ça fait quatre à chaque fois — on a toujours deux promotions conjointement dans l'école — et là tu peux travailler sur la singularité de chacun, c'est encore possible. À plus, ça devient autre chose, ça devient : on va vous donner des outils communs dont vous allez pouvoir éventuellement vous servir, et faites-en ce que vous pouvez d'une certaine manière.

J.-L. B. : **Nous n'avons pas encore parlé du concours de recrutement à l'école du TNS. C'est un point délicat, surtout lorsqu'il s'agit de mise en scène et que, de surcroît, on ne prend finalement que deux élèves par promotion. Comment on les choisit, ces jeunes gens ?**

S.N. : C'est important, et d'ailleurs je n'en suis pas encore satisfait parce que j'ai gardé plus ou moins le mode de sélection qui existait avant que j'arrive, et c'est complexe parce qu'en général on n'a rien vu de ces jeunes gens. On leur demande de faire des dossiers, de travailler sur des projets fictifs, on leur dit : « Si vous montiez *Pièces de guerre*, d'Edward Bond, qu'est-ce que vous feriez comme scénographie ? Comment vous inventeriez la dramaturgie du texte ? », etc. Mais finalement ce qui nous manque toujours — même s'ils ont un ou deux exercices de pure mise en scène, au dernier tour, au moment du stage, où tout d'un coup ils construisent de petits objets —, c'est qu'idéalement il faudrait avoir vu certains de leurs travaux. On a inventé des outils un peu plus théoriques, on va dire, qui favorisent les gens qui ont l'écriture facile ou qui sont bons en entretien, mais il y a des gens qui... Je ne sais pas, par exemple, un Bruno Meyssat ou un François Tanguy, on ne les prendrait pas dans l'école, on ne saurait pas les reconnaître.

Je viens d'ailleurs de lancer une réflexion sur toutes les sections auprès de l'école : à quoi devrait ressembler notre école dans dix ans ? Qu'est-ce qu'il faut qu'on change, qu'on bouge dans nos pratiques ? Et une des questions qu'on a mises au programme est : quel concours pour pouvoir être juste dans notre regard ? Parce que, pour le moment, c'est un peu insatisfaisant, ce qui fait que, si on est honnête, on joue un petit peu à la loterie à la fin ; je ne dis pas qu'on les prend sur leur bonne mine, ce ne serait pas vrai non plus, mais on ne sait pas forcément quels artistes on prend, parce qu'on sait ce qu'ils ont dans la tête mais on ne sait pas ce qu'ils ont dans le pinceau encore la plupart du temps. On réfléchit à quoi ça pourrait ressembler, mais ce n'est pas simple à résoudre, pour des questions de moyens, encore une fois.

J.-L. B. : **Ces élèves se présentent pour entrer dans une école publique, qui a un passé et qui s'inscrit dans une institution portée par une certaine conception du théâtre dans la cité. Quelles répercussions cela a-t-il, à ton sens, sur l'enseignement que reçoivent les élèves ?**

S.N. : Autant je mets très vite les élèves à l'aise en leur disant que, bien qu'étant leur référent metteur en scène, je ne vais pas leur apprendre à faire de la mise en scène comme j'en fais moi-même, autant je leur dis : « Vous êtes ici, vous êtes au TNS, c'est le théâtre public, vous arrivez dans un moment de l'histoire du théâtre public, on va vous apprendre des choses liées à cette histoire-là et à comment elle pourrait se continuer. » Je les fais travailler beaucoup dans ce cadre-là, et j'y tiens parce que cette histoire-là je la trouve importante, belle, nécessaire, et j'ai envie qu'elle se perpétue.

J.-L. B. : **Comment expliques-tu qu'il n'y ait pas eu d'enseignement de la mise en scène en France pendant si longtemps ?**

S.N. : Pour qu'il y ait un enseignement, il faut qu'il y ait des pédagogues. Il faut donc qu'il y ait une histoire de la pédagogie. En Allemagne, je crois que c'est le cas, ou dans certains pays, en ex-URSS. Nous n'avons pas une histoire de la pédagogie, même pour ce qui est de la formation de l'acteur. On n'a pas l'expérience de Stanislavski, on n'a pas d'équivalent...
Mais il y a aussi autre chose, et je ne sais pas si c'est une raison objective : comme depuis 1968 ou 1970, le metteur en scène a vraiment capitalisé tous les pouvoirs, l'idée s'est inscrite quelque part qu'il n'était pas nécessaire de faire une école pour devenir metteur en scène, il suffit de prendre le pouvoir, je ne sais pas comment dire ça... Et tu te dis : Planchon a fait une école de mise en scène ? Chéreau a fait une école de mise en scène ? Jean-Pierre Vincent a fait une école de mise en scène ? Bernard Sobel a fait une école de mise en scène ? Vincent Macaigne a fait une école de mise en scène ? Non. Donc la tradition est aussi là, il y a quelque chose qui dit qu'on n'a pas besoin de ça. Et puis on sait bien que ça ne peut pas venir de l'État. J'imagine que Reinhardt ou Stanislavski n'ont pas attendu une permission de l'État ; tout d'un coup ils ont ressenti la nécessité de créer quelque chose et ils l'ont fait. D'ailleurs, quand Vitez a créé son école, c'est parce qu'il ne pouvait pas faire autrement, il avait besoin de le faire. Ça ne peut pas venir d'en haut, ça ne peut venir que des artistes eux-mêmes.
Je ne dis pas que la mise en scène ne s'apprend pas, je dis que ça ne s'apprend pas forcément dans une école. Parce que, comme je le disais, mon expérience d'étudiant à l'Académie expérimentale des théâtres est fondatrice de tout mon chemin. J'ai encore des carnets pleins de notes que j'ai prises pendant trois semaines en regardant le travail de Ronconi, je ne serais pas qui je suis si je n'avais pas ces carnets-là, si je n'étais pas resté au fond de la salle où Ronconi faisait travailler *Calderón* et *Pylade,* de Pasolini. Pour le coup, je pense que si ça s'apprend, ça s'apprend sur le tas, comme on dit. Mais ça ne s'apprend pas seulement comme ça, il faut aussi qu'il y ait un système. Au moment où je te parle, on est en train de lancer la réflexion sur la manière dont on va faire évoluer les cursus pédagogiques, mais si j'avais une chose à changer j'inventerais quelque chose qui serait peut-être un peu plus de l'ordre du mi-temps. C'est-à-dire tu travailles en dehors de l'école pendant trois mois, puis tu viens travailler dans l'école pendant trois mois, etc. Quelque chose de cet ordre-là, peut-être.
Pour en revenir à l'école, je dis toujours aux intervenants, aux gens qui viennent enseigner au TNS : « Je préfère que ce soit un laboratoire, je préfère que vous ne montriez rien, l'essentiel est que les élèves accumulent des expériences, tranquilles, protégés, sans souci de résultat, et puis à la sortie d'école ça éclora, ça germera ou ça n'éclora pas. »

J.-L. B. : **Et quand ces jeunes gens arriveront sur le « marché », ils seront particulièrement isolés, même s'il existe des systèmes d'aide pour les élèves sortant des grandes écoles. Isolés et donc aussi vulnérables. Et pourtant, dans la mesure où il n'y a pour ainsi dire plus de troupes en France, contrairement à ce qui se passe en Allemagne, les metteurs en scène ont des pouvoirs artistiques et économiques importants, car ce sont eux, et non une troupe constituée, qui en règle générale définissent les projets et recrutent acteurs et collaborateurs.**

S.N. : Ce sont des discussions que j'ai souvent avec Falk Richter. Je suis toujours étonné du rapport qu'il a aux acteurs, c'est un rapport qui n'est pas affectif, où l'affect vient très tard. Et quand on met en scène les spectacles à deux, je vois bien qu'il a un rapport beaucoup plus distant que moi aux acteurs. Quand tu travailles en Allemagne, tu es un metteur en scène invité, donc tu es de passage d'une certaine manière, ce ne sont pas tes acteurs, et tu développes un rapport très différent, dans le dialogue, dans les exigences que tu peux avoir. Ça change surtout ça, le fait qu'il n'y ait pas de troupe. Finalement aujourd'hui, en France, le premier souci d'un jeune metteur en scène va être de rassembler autour de lui des gens en qui il a confiance, parce qu'il ne pourra travailler qu'avec des gens en qui il a confiance. Donc le fait qu'il n'y ait pas de troupe change quelque chose, bien sûr, dans l'histoire de la mise en scène en France.

J.-L. B. : **Et aussi dans la fonction du metteur en scène. Pour le dire un peu schématiquement, il n'est pas employé par une troupe, il en constitue une, provisoire, pour chaque spectacle, sur laquelle il peut exercer tout pouvoir.**

S.N. : Il y a une chose que je dis toujours aux élèves, toutes sections confondues, quand ils arrivent dans l'école : « Le paradoxe du théâtre, c'est qu'il n'y a pas plus ultralibéral que le théâtre. Si un metteur en scène qui travaille depuis dix ans avec un acteur se fâche tout d'un coup avec lui, il peut ne plus jamais le réengager, et l'acteur n'a droit à aucune indemnité de licenciement ou autre. » C'est un rapport assez violent. En début de première année, quand les élèves sont toutes sections confondues, je fragilise volontairement la position du metteur en scène. Je leur dis à tous : « Aujourd'hui, on est dans un moment de l'histoire du théâtre où le metteur en scène est tout-puissant, mais il fut un temps où ce n'était pas le cas, où c'était l'acteur qui était tout-puissant, ou l'auteur, mais ça peut changer, et ce sera peut-être votre génération qui changera ça. Ces basculements-là peuvent exister dans un sens ou dans l'autre. » Et je trouve important aussi pour les metteurs en scène de le savoir. C'est pour ça que j'essaie toujours de leur faire une sorte d'histoire du théâtre contemporain au sens large, en leur disant : « Voilà à quel moment de l'histoire du théâtre vous arrivez. Vous avez toute liberté de vous glisser dans la continuité de cette histoire, de la consolider et d'en devenir les garants, et vous avez toute liberté aussi de tout briser et d'inventer autrement, et c'est même votre responsabilité. Mais sachez à quel moment de l'histoire du théâtre vous arrivez. » C'est un sujet passionnant et quand même assez neuf en France. C'est intéressant parce que justement il n'y a pas de certitudes encore, comme il n'y a pas de traditions, pas d'histoire véritablement. C'est passionnant parce qu'il y a de l'air...

Les écoles de mise en scène, un outil au service de l'égalité femmes-hommes ?

KATHARINA STALDER

RÉPARTITION GENRÉE DES CURSUS MISE EN SCÈNE

Les chiffres donnent un aperçu de la répartition genrée des candidat(e)s aux formations de mise en scène des quelques dernières années. Pour les deux écoles qui proposent une formation au sein d'une école d'art et n'admettent que très peu de candidat(e)s [1], le Théâtre national de Strasbourg et l'École nationale supérieure des arts et techniques du théâtre de Lyon, les pourcentages de femmes et d'hommes qui se présentent au concours sont similaires. Sur les quatre derniers concours (2013-2017), les proportions de candidates oscillaient entre 52 et 63 % au TNS et, également sur quatre concours (2011-2017), entre 60 et 67 % à l'Ensatt. Quant aux personnes admises pour la formation sur cette période, le TNS a reçu 3 femmes et 5 hommes, l'Ensatt, 10 femmes et 2 hommes.

À La Manufacture de Lausanne, « la petite dernière » des écoles d'art qui a ouvert en 2012, sur une moyenne de 38 candidatures par an (pour 6 places), il y a eu 68 % de femmes et 32 % d'hommes qui ont postulé. Sur les quatre promotions sorties de l'école ou encore en formation, il y a 21 femmes et 13 hommes. L'Institut national supérieur des arts du spectacle et des techniques de diffusion à Bruxelles, la plus ancienne formation à la mise en scène dans l'espace francophone européen, reçoit annuellement entre 180 et 200 candidatures pour une dizaine de places de formation [2]. Il y a une majorité de femmes (entre 60 et 70 %) et pour les candidatures et pour les admis(e)s — d'ailleurs, la même proportion se trouve dans le corps enseignant.

Les formations universitaires admettent beaucoup plus de candidat(e)s que les écoles d'art, entre une dizaine et une trentaine de places, selon les universités [3]. Mais, là aussi, les taux de candidatures de femmes se situent entre deux tiers (université Paris-Nanterre) et trois quarts (Institut d'études théâtrales appliquées de l'université Justus-Liebig à Giessen, en Allemagne). À l'université Paul-Valéry de Montpellier, pour la première promotion du master « Création spectacle vivant » qui a fait sa rentrée en septembre 2017, 40 personnes ont postulé pour une douzaine de places ; la première promotion inclut 9 femmes et 3 hommes.

Les cas de la formation « Jouer et mettre en scène » [4], du Conservatoire national supérieur d'art dramatique (CNSAD) est un peu différent. Pour ce cursus, l'école choisit parmi les trente apprenti(e)s comédien(ne)s celles et ceux qu'elle juge aptes à suivre une formation à la mise en scène en plus de leur cursus d'art dramatique. Comme les classes du CNSAD comportent autant de femmes que d'hommes, cette parité représente une inégalité, compte tenu du nombre de femmes qui postulent : elles fournissent les deux tiers de candidatures. Et comme « le marché du travail est plus ouvert aux comédiens qu'aux comédiennes, le nombre de rôles masculins plus important que le nombre de rôles féminins » [5] — en tout cas dans les textes de théâtre du répertoire classique et contemporain —, on peut se demander, à titre d'hypothèse, si cette formation ne représente pas aussi un débouché possible pour un surplus de comédiennes sur le marché du travail.

Les statistiques varient, d'une école à une autre, d'une année à une autre, les contextes ne sont pas les mêmes,

1– Le TNS prend 2 personnes deux années sur trois, l'Ensatt, 3 personnes tous les deux ans.
2– Rappelons que l'Insas, tout comme la formation à Giessen, n'est pas une formation à la mise en scène stricto sensu.
3– De 20 à 25 à Giessen, 20 maximum à Nanterre, pour, respectivement, 100 et 160 à 200 candidatures (source : questionnaires envoyés aux écoles).
4– *Cf.* p. 54-56.
5– Reine Pratt, « Pour l'égal accès des femmes et des hommes aux postes de responsabilité, aux lieux de décision, aux moyens de production, aux réseaux de diffusion, à la visibilité médiatique. 2 : De l'interdit à l'empêchement », rapport pour le ministère de la Culture et de la Communication, 2009, p. 29.

mais un constat s'impose : dans les écoles étudiées, il y a toujours une majorité de femmes qui postule et, une fois les examens d'entrée passés, il y a bien souvent plus d'étudiantes que d'étudiants. Or rien ne laisse présager de tels chiffres, surtout si l'on consulte les statistiques de créations présentées dans les centres dramatiques nationaux, scènes nationales et scènes conventionnées, où un quart seulement des mises en scènes programmées sont l'œuvre d'une femme[6].

L'ENDROIT DU POUVOIR

Une explication, par analogie, peut se trouver dans le manifeste « Pour une formation à la mise en scène », de Robert Cantarella et Jean-Pierre Han. Dans la préface de sa réédition, ils disent que la question de la formation à la mise en scène était vue comme de « l'incongruité, voire de la malséance »[7] en 1998, lors de la première parution du texte. L'argument principal des ennemi(e)s de la formation à la mise en scène était, à l'époque, qu'une école anéantirait l'idée de génie, de don quasi divin, bref, de « talent » inné de ces artistes sans filiation ni famille théâtrale, né(e)s par génération spontanée. Idées qui, pour Cantarella et Han, sont des « idéologies romantiques ou paternalistes qui font table rase de la lente saveur à devenir, grâce au travail »[8]. Et : « Si la mise en scène de théâtre se refuse à l'idée officielle de son enseignement, c'est, en partie, à cause de l'oubli du travail »[9] : couvrez ce labeur, cette sueur et cette expérimentation que je ne saurais voir !

Mais ce n'est pas tant une question de talent que de pouvoir : en objectivant et rationalisant l'art de la mise en scène, en le transformant en un artisanat, « une part de la puissance des anciens ou des officiants sera perdue, ou diluée »[10]. Aujourd'hui, vingt ans plus tard, l'argument du talent n'est plus autant mis en avant. Mais l'enjeu de pouvoir reste d'actualité, du point de vue du genre (ainsi que de celui de la racisation[11] et des classes sociales, malgré la multiplication des classes « passerelle » ou « égalité des chances »). Il ne s'agit bien évidemment pas du pouvoir du metteur ou de la metteuse en scène face à l'équipe artistique, mais bien de l'endroit du pouvoir au sein de la société.

Reine Pratt dit : « Il y a un problème de génération, de transmission, et globalement d'héritage. Symboliquement, ce sont toujours les fils qui héritent. Les filles n'héritent pas. La génération de 68 qui est à la direction des grands théâtres de la décentralisation ne connaît pas d'autre jeunesse que la sienne et ne veut pas en connaître. Par ailleurs, cette génération ne s'est pas distinguée par sa mixité ni par sa parité. La formation continue doit s'imposer comme un droit, ce serait l'un des moyens d'une intégration progressive et régulière des femmes dans le métier. Autrement dit, si on ne met pas en place des formations, stages, assistanats qui placent les femmes au cœur des créations, et si l'on s'en remet au réseau comme étant créateur du réseau, il y a de fortes chances pour que ce futur réseau, issu des anciens, reproduise la logique de l'homme dirigeant et du seul homme créateur. »[12]

L'ouverture de filières de mise en scène permet de court-circuiter en partie les « héritiers ». Quand Bourdieu dit[13] que « l'enseignement rationnel de l'art procure des substituts à l'expérience directe, il offre des raccourcis au long cheminement de la familiarisation, il rend possible des pratiques qui sont le produit du concept et de la règle au lieu de surgir de la prétendue spontanéité du goût, offrant ainsi un recours à ceux qui espèrent rattraper le temps perdu », il ne parle pas explicitement des femmes — mais leur entrée dans le métier de mise en scène via les écoles est une manière de casser la cooptation masculine. Un diplôme, à défaut d'habitus ou d'héritage, matériel ou spirituel, donne de la légitimité, donc de l'assurance et de la confiance en soi.

Les femmes sont surdiplômées[14], comparativement aux hommes qui détiennent des postes équivalents, ce qui ne les protège pas du risque d'être exclues plus tard des « marchés du travail structurés par des pratiques de recrutement informelles parce que les hommes rejoignent plus facilement des groupes cohésifs et ont davantage de retours de leurs investissements sociaux »[15], ou bien à cause d'une interruption d'activité, comme par exemple un congé maternité. Cela dit, dans le domaine des rapports entre femmes et hommes, nous vivons actuellement un changement de paradigme. Bien qu'il reste encore du chemin

6– *Cf.* la brochure éditée par la SACD « Où sont les femmes ? » : https://www.sacd.fr/sites/default/files/4711_-_ousontlesfemmes2016.pdf
7– Robert Cantarella et Jean-Pierre Han, « Pour une formation à la mise en scène, manifeste », *Frictions*, hors-série n° 4, 2012 [éd. Entre/Vues, 1998], p. 5.
8– *Ibid.*, p. 28.
9– *Ibid.*, p. 55.
10– *Ibid.*, p. 7.
11– Le fait d'assimiler une personne à une « race » humaine.
12– Reine Pratt, « Pour l'égal accès... », *op. cit.*, p. 44-45.
13– *In La Distinction critique sociale du jugement*, cité d'après Tibor Egervari, « Enseigner la mise en scène ou former des metteurs en scène ? », *Jeu*, revue de théâtre, n° 25, (4) 1982, p. 83-91 ; http://id.erudit.org/iderudit/28266ac.
14– *Cf.* Raphaëlle Doyon, « Singularités des parcours de femmes en art dramatique et mécanismes du "plafond de verre" », *Alternatives théâtrales*, n° 129, « Scènes de femmes, écrire et créer au féminin », juillet 2016, téléchargeable sur www. http://www.alternativestheatrales.be/imagesdb/pdf/r.doyon-femmes.plafonddeverre.pdf, p. 4 du pdf ; et Reine Pratt, « Pour l'égal accès... », *op. cit.*, p. 25-26.
15– Mark Lutter, cité par Raphaëlle Doyon, *ibid.*, p. 13.

Répétition du spectacle mis en scène par Eddy D'Aranjo avec les élèves du Groupe 44, école du TNS, juin 2018. © Jean-Louis Fernandez.

à parcourir jusqu'à l'égalité professionnelle réelle, il y a des avancées incontestables. Mais tout changement induit des résistances et, comme le dit Catherine Anne, qui a dirigé de 2002 à 2011 le Théâtre de l'Est parisien, les femmes « sont en effet plus nombreuses à accéder à des domaines qui semblaient être traditionnellement masculins, ce qui a pour conséquence de déstabiliser, de déranger nos représentations mentales du masculin et du féminin » [16].

Les écoles de mise en scène peuvent être ce chaînon manquant pour contrer l'effet d'« écrémage » tout au long de la formation, sachant que dans la pratique artistique amateur les filles sont largement majoritaires (62 %, en danse, musique et théâtre confondus) [17]. Comme le dit Raphaëlle Doyon, « plus les barrières d'accès au métier sont informelles, c'est-à-dire non institutionnalisées par le biais de formations et frontières juridiques, plus les femmes sont écartées d'un fonctionnement corporatiste de "fraternité exclusive" » [18]. Elle pense qu'en effet les écoles peuvent augmenter sinon les chances de réussite, au moins les candidatures de femmes à des directions de théâtres. Reine Pratt, en 2009, était plus pessimiste, craignant que ces jeunes metteuses en scène restent cantonnées à des festivals de « jeunes talents » et « nouvelles formes », pour se heurter in fine quand même au fameux plafond de verre [19]. Force est de constater que plusieurs metteuses en scène, dont le travail est reconnu et dont les mises en scène tournent désormais dans des théâtres nationaux et des CDN, sont issues de ces écoles, comme par exemple Caroline Guiela Nguyen (TNS) ou Célie Pauthe (Institut nomade). Les écoles de mise en scène, un espoir pour l'avancée concrète de l'égalité femmes-hommes dans les théâtres ?

16– *OutreScène*, n° 9, revue du Théâtre national de Strasbourg, « Metteuses en scène : le théâtre a-t-il un genre ? », mai 2007, p. 40.
17– Reine Pratt, « Pour une plus grande et meilleure visibilité des diverses composantes de la population française dans le secteur du spectacle vivant. 1 : Pour l'égal accès des femmes et des hommes aux postes de responsabilité, aux lieux de décision, à la maîtrise de la représentation », rapport pour le ministère de la Culture et de la Communication, 2006, p. 18.
18– Raphaëlle Doyon, « Singularités des parcours... », *op. cit.*, p. 4.
19– Reine Pratt, « Pour l'égal accès... », *op. cit.*, p. 17.

3

Des écoles dans le monde

EST, MONTRÉAL École supérieure de théâtre de l'université du Québec

La formation à la mise en scène, un enseignement en mutation

JEAN-LOUIS BESSON

Le département de théâtre a été créé au sein de l'Université du Québec à Montréal (Uqam) en 1985. Aujourd'hui appelée École supérieure de théâtre (EST), elle forme non seulement des acteurs, mais aussi des scénographes, dramaturges, enseignants en théâtre et metteurs en scène; elle dispense également des ateliers d'écriture dramatique, des ateliers de marionnette et propose une formation en pédagogie de l'art dramatique. L'EST dispose à cet effet de grands espaces à l'intérieur de l'université, trois salles de spectacle, une dizaine de studios de répétition, des ateliers de menuiserie et de conception de costumes et de marionnettes, ainsi qu'un studio d'enregistrement. Au Québec, contrairement à ce qui se passe en France, les formations artistiques pratiques sont souvent dispensées à l'université[1]. Parallèlement à leur formation pratique, les étudiants suivent des cours théoriques en études théâtrales et dans d'autres disciplines des sciences humaines et des arts à l'Uqam, et ils peuvent être engagés à participer à des activités de recherche et de recherche-création par leurs professeurs. L'objectif est de former des chercheurs et des créateurs aptes à opérer la jonction entre théorie et pratique tout au long de leur parcours.

Une formation de base est dispensée au cours des trois premières années dans le cadre du baccalauréat (= bac + 3) en art dramatique, où les étudiants se spécialisent en «jeu», «scénographie» ou «études théâtrales», avec un tronc commun en début de parcours. Il existe aussi un cursus «enseignement» qui offre un cheminement distinct. Parallèlement, l'École propose une «majeure» et une «mineure» en études théâtrales. La première fournit une spécialisation en deux ans, la seconde s'adresse à des étudiants qui souhaitent s'initier au fait théâtral. De nombreux cours sont communs à ces différentes orientations, à côté d'un enseignement spécifique pour chacune.

Une formation à la mise en scène est proposée dans le cadre du baccalauréat et de la majeure, elle est destinée aux étudiants des cursus «Jeu», «Études théâtrales», «Scénographie» Depuis l'année 2016-2017, le cursus «Études théâtrales» du baccalauréat a connu une modification de programme avec la création de trois ateliers pratiques de mise en scène.

En effet, le cursus n'avait pratiquement pas été modifié depuis 2006 alors que le milieu et les pratiques théâtrales se sont beaucoup transformés — les écritures théâtrales et les esthétiques scéniques se sont diversifiées, de nouvelles technologies sont apparues — et le corps professoral de l'École s'est renouvelé avec l'engagement de deux metteurs en scène œuvrant dans le milieu professionnel montréalais au cours des six dernières années (Angela Konrad et Christian Lapointe). De plus, le cursus bénéficie de la participation stable d'une quinzaine de chargés de cours.

La formation «Études théâtrales» a été ainsi repensée en tenant compte de l'évolution de la discipline et des besoins en formation professionnelle, de manière à offrir de solides bases en théorie et en critique, alliées à l'apprentissage de pratiques théâtrales orientées vers la dramaturgie (écriture, montage, analyse, critique, médiation, théorie et analyse esthétique) et la mise en scène (esthétique, analyse, critique et pratiques scéniques).

Les trois nouveaux ateliers de mise en scène proposent une progression sur les trois années du baccalauréat, l'accent étant mis à chaque fois sur un aspect particulier. L'atelier 1, «Textes et pratique de jeu», permet d'acquérir des connaissances fondamentales concernant la mise en scène et les techniques du jeu de l'acteur à travers la réalisation d'une mise en espace d'un texte dramatique. L'atelier 2, «La direction d'acteurs», propose, comme son nom l'indique, de développer des compétences en matière de direction d'acteurs à travers l'expérimentation de la lecture dirigée, la direction d'une improvisation et la construction d'une scène. Il s'accompagne d'une réflexion sur les expérimentations à partir des grandes théories du jeu de l'acteur et des recherches dramaturgiques de l'œuvre. L'atelier 3, «Langages scéniques»,

1– Notons cependant qu'il existe une formation à la mise en scène au Québec à l'École nationale de théâtre (ENT), dispensée en français et en anglais (deux étudiants recrutés tous les deux ans) et une autre au Conservatoire de la ville de Québec.

Montage du décor par les étudiants pour *Les Amis*, de Kobo Abe, mise en scène de Louis-Karl Tremblay, Studio-théâtre Alfred-Laliberté, 2018. © Xavier Curnillon.

offre l'occasion de mettre en pratique les connaissances acquises par l'élaboration et la réalisation d'un projet intégrant les différents langages scéniques.
À la fin de son parcours, l'étudiant peut postuler pour réaliser une production libre et faire un projet de synthèse. L'EST met alors à sa disposition toutes les ressources nécessaires pour produire un spectacle: salles, équipement et ressources humaines.
Il n'existe pas à proprement parler de formation à la mise en scène au niveau du deuxième cycle (4e et 5e années). L'EST concentre ses enseignements, d'une part, sur un diplôme supérieur d'études spécialisées (DESS) en théâtre de marionnettes, qui associe apprentissage pratique des arts de la marionnette et réflexion sur leur place dans le paysage théâtral contemporain; d'autre part, sur une «maîtrise en théâtre» recherche ou recherche-création, dont l'objectif général est de former des professionnels de théâtre ou de l'enseignement de l'art dramatique au préscolaire-primaire et dans le secondaire. Cette formation s'adresse à la fois aux personnes qui ont une expérience pertinente de la pratique théâtrale et à celles qui possèdent de bonnes connaissances théoriques. Dans ce cadre, il n'existe pas de cours ou d'ateliers spécifiquement fléchés «mise en scène»; toutefois, l'accent est mis sur la méthodologie en recherche-création et les processus créateurs. Il est prévu, parmi les travaux possibles, la réalisation d'un «mémoire» ou d'un «mémoire-création» qui peut prendre différentes formes: écriture d'un texte de fiction destiné à la scène, élaboration d'un essai scénique, présentation d'une conférence-démonstration. Par ailleurs, il existe une possibilité d'affiliation au laboratoire Hexagram-Uqam, dont la mission est de favoriser l'émergence de nouvelles créations et de nouvelles méthodologies en arts médiatiques. Hexagram-Uqam regroupe des chercheurs de la Faculté des arts-Uqam spécialisés dans la création et l'étude d'œuvres d'art faisant appel à diverses technologies numériques ou analogiques; il a pour mission d'animer et de coordonner la recherche-création dans le domaine des arts médiatiques, de soutenir la création expérimentale, de susciter les innovations artistiques et le développement de méthodologies nouvelles et renouvelables.
Enfin, au niveau du doctorat intitulé «Études et pratiques des arts» (Depa), il est possible de soutenir, à côté d'une thèse «recherche», une thèse «création» qui consiste en la réalisation d'une production artistique et la rédaction d'un texte écrit. Ce texte doit être une étude d'au moins 150 pages qui constitue une réflexion critique ou analytique sur la production artistique proposée.
Si l'École supérieure de théâtre de l'Uqam ne dispense pas de formation spécifique à la mise en scène, elle a inscrit cette activité dans ses programmes, misant manifestement sur un rapport théorie/pratique équilibré, la diversité des approches, l'interdisciplinarité et la recherche-création pour permettre aux étudiants d'acquérir les savoirs fondamentaux et connaissances théoriques, les habilités techniques et les expériences artistiques nécessaires à leur futur cheminement dans le monde du théâtre et de la création.

USP, SÃO PAULO École de communications et arts de l'université de São Paulo

Projets individuels et formation collective

EXTRAITS D'UNE INTERVIEW ACCORDÉE PAR LE METTEUR EN SCÈNE ANTONIO ARAÚJO (TEATRO DA VERTIGEM) À MARIA LÚCIA DE S.B. PUPO. TRADUCTION FRANÇAISE ALICE MARIA DE A. FERREIRA

OBJECTIFS DE LA FORMATION À LA MISE EN SCÈNE

Pour les classes qui ont commencé en 2017 à l'USP (Université de São Paulo), le département Arts du spectacle propose un nouveau cursus, actuellement en cours d'expérimentation. Les étudiants n'auront plus le choix entre différents domaines du *bacharelado* (= bac+4) en arts du spectacle – mise en scène, formation d'acteurs, dramaturgie, scénographie – mais feront un choix plus ample entre les deux modalités : *bacharelado* ou *licenciatura* [formation d'enseignants, bac+4]. Notre perspective avec ce nouveau cursus est que l'étudiant suive un cursus généraliste, débouchant sur un diplôme de *bacharelado* en théâtre, et que la formation de metteur en scène soit dispensée dans le cadre d'un master 2 professionnel, comme c'est le cas dans de nombreuses universités européennes et américaines. L'avantage de cette modalité est que l'étudiant suit la formation dans le domaine spécifique de la mise en scène à un moment où il est plus mûr, après avoir été confronté à différents aspects des arts du théâtre, comme la dramaturgie, l'histoire du théâtre, la scénographie, l'éclairage, etc. Ce qui nous intéresse par ailleurs dans ce nouveau cursus est la relation plus étroite qu'autrefois entre le *bacharelado* et la *licenciatura* en arts du spectacle. Il nous semble très important, en effet, que l'étudiant qui vise une formation de metteur en scène fasse un master 2 professionnel dans lequel est prise en compte la dimension pédagogique de son action. S'imprégner de réflexions dans le domaine de la pédagogie théâtrale nous semble particulièrement important face aux défis de la conduite des processus de création artistique.

Malgré leur jeune âge (21 ans environ), les étudiants font preuve de maturité et de responsabilité vis-à-vis des exigences de la mise en scène. Leur association avec des acteurs, des dramaturges et des scénographes a permis, dans les dernières décennies, l'émergence sur le campus de collectifs qui font à présent partie du panorama théâtral de la ville, tels que la Companhia Hiato, le Grupo XIX, la Companhia São Jorge de Variedades ou le Grupo PH2.

UN CHAMP DE RECHERCHE INDIVIDUALISÉ

Dès le premier semestre d'études, dans le module « Mise en scène 1 » proposé en début de cursus, l'étudiant est invité à définir l'objet de sa recherche en tant que metteur en scène : quelles sont les questions qu'il se pose ? Quelles sont les hypothèses qu'il aimerait travailler ? Avec quels autres metteurs en scène aimerait-il dialoguer ? Un plan de recherche théorico-pratique s'élabore peu à peu à partir des allers-retours entre projet individuel et participation collective, qui s'alimentent mutuellement et permettent l'implication de chacun dans la réflexion de tous.

UNE PRATIQUE COLLABORATIVE

L'objectif de l'apprentissage n'est pas l'exposition de spectacles dans l'optique du marché, mais le processus de création. Ce que reçoit le public est un résultat, la conséquence d'un processus en cours ; et ce principe nous est très cher. Un autre aspect fondamental est que, dans ces circonstances, le metteur en scène n'est pas le protagoniste tout-puissant de la scène. Il cesse d'être son épicentre pour devenir un élément parmi d'autres d'une pratique collaborative, dans laquelle interviennent des acteurs, un dramaturge, un scénographe, des régisseurs son et lumière, un costumier, etc. Le programme comprend l'étude d'éléments théoriques fondamentaux sur la mise en scène, accompagnée d'exercices pratiques, c'est-à-dire la réalisation de scènes ou de fragments de scène. Au semestre suivant a lieu le concours interne visant à la sélection des étudiants qui postulent pour l'une des six places ouvertes à la formation en mise en scène. La classe issue de cette sélection se plonge dans un processus d'apprentissage impliquant un texte préexistant dans le module « Mise en scène 2 ».

Travail sur *Les Trois Sœurs*, de Tchekhov, par des étudiants en mise en scène et Antonio Araújo, Cidade Universitária, Praça do Relógio, USP, 2018. © Marcelo Denny.

Dans le module « Mise en scène 3 », les étudiants travaillent à un processus de création scénique à caractère collaboratif, dans lequel la dramaturgie est construite pendant le processus de création. Le défi est alors de permettre à un groupe formé d'étudiants issus de différents domaines — mise en scène, dramaturgie, performance, scénographie, éclairages, costumes — de développer un processus de mise en scène à travers des pratiques collaboratives qui se constituent comme recherche scénique. Le projet est mis en place en collaboration avec un enseignant responsable dont le rôle n'est pas d'enseigner un ensemble de techniques ou de recettes, mais plutôt de travailler avec l'étudiant afin de répondre aux questions qu'il se pose. Tout au long des semestres, ce que l'on vise, c'est que des impulsions et questionnements artistiques de l'étudiant puissent émerger. Il ne s'agit pas de céder aux appels des modalités artistiques actuellement en vogue — comme le théâtre documentaire dans notre cas, par exemple —ou de répondre aux exigences du marché artistique. Il s'agit d'aider l'étudiant à découvrir ce qui le met en action, ce qui le fait bouger. La question fondamentale que je me pose en tant que professeur est: comment puis-je aider cet artiste en formation à trouver ses propres questions ? C'est au fil d'un cheminement que ces questions sur soi-même et sur le monde sont découvertes par l'étudiant. Le choix des techniques n'est rien d'autre que la conséquence de cette découverte.

En fin de parcours, l'étudiant présente un travail personnel pratique, accompagné d'une réflexion écrite, devant un jury composé de deux ou trois professeurs invités.

OUVERTURES

En ce qui concerne les relations internationales, des liens étroits ont été noués avec le Festival international de théâtre, le MITsp, qui réunit des spectacles internationaux audacieux et inventifs, accompagnés d'un riche programme d'ateliers, de rencontres, de débats et de critiques. Un large éventail d'activités réflexives et pédagogiques, tissé dans la programmation des spectacles, est un terrain privilégié d'apprentissage pour les étudiants. Les spectacles sont analysés pendant les cours, ce qui donne lieu à des discussions sur les productions de la scène internationale. En outre, les étudiants suivent des stages avec d'autres metteurs en scène à São Paulo, et certains d'entre eux, malheureusement encore peu nombreux, participent à des échanges avec des universités étrangères.

Les diplômés de la formation en mise en scène ont, nous l'avons dit, permis la formation de groupes importants et de collectifs théâtraux, qui ont contribué au renouveau de la scène théâtrale de la ville et surtout à sa décentralisation. Beaucoup travaillent également dans le domaine de l'action artistique, dans des écoles publiques municipales avec des projets culturels (appelées Centro Educacional Unificado, centre d'éducation unifié), et dans les programmes liés aux politiques publiques dans le domaine artistique, comme le Projeto Vocacional ou les Fábricas de Cultura, entre autres.

USP, SÃO PAULO École de communications et arts de l'université de São Paulo

Un cas d'école au sud de l'équateur

MARIA LÚCIA DE S.B. PUPO. TRADUCTION ALICE MARIA DE A. FERREIRA

Reconnue comme la principale université publique brésilienne et l'une des plus importantes en Amérique latine, l'USP (Université de São Paulo) a été l'une des premières à proposer un master et un doctorat dans le domaine des arts du spectacle, dans les années 1970. Après cette première étape, de nombreuses autres universités publiques, dont la plupart des enseignants venaient de l'USP, ont mis en place différents cours d'arts du spectacle au niveau des deuxième et troisième cycles dans différentes régions du pays.

Selon Antonio Araújo, le département des arts du spectacle est passé par trois phases qui correspondent à différentes visions de la figure du metteur en scène. Au début prévalait la figure du « roi soleil » : protagoniste de la scène, c'était autour de lui que tournaient les autres fonctions. Araújo décrit ensuite les transformations profondes résultant des vingt années de sa présence au département Arts du spectacle, au cours desquelles nous avons pu assister à une véritable révolution du processus de création scénique. Les pratiques de formation du metteur en scène actuellement en cours à l'USP sont fondées sur les principes de travail qui ont consacré Araújo en tant que metteur en scène internationalement reconnu. La troisième phase, en cours de mise en place, est directement liée à la dynamique de l'ensemble du département des Arts du spectacle ; il s'agit de former le metteur en scène au niveau d'un master 2 professionnel, une expérience qu'on ne pourra évaluer que dans quelques années.

Une conception flexible du cursus universitaire, qui permet d'accueillir des transformations continues, ainsi que la recherche constante de liens solides entre la réflexion théorique et l'expérimentation scénique sont quelques-unes des caractéristiques les plus marquantes du contexte dans lequel nous évoluons. Un autre aspect, qui marque probablement l'originalité du cas brésilien, concerne la relation entre l'enseignement et le travail artistique. Des artistes reconnus, principalement des metteurs en scène, se consacrent à l'enseignement universitaire, établissant ainsi des passerelles stimulantes entre les défis de la création artistique et la formation des étudiants, sphères qui, dans notre contexte, s'alimentent mutuellement.

Il est intéressant de noter l'importance des pratiques collaboratives de création théâtrale à São Paulo et au Brésil en général. Il ne s'agit pas d'une méthodologie, mais de la mise en œuvre d'un principe de travail collectif, où les différentes fonctions (mise en scène, jeu d'acteurs, dramaturgie, scénographie...) maintiennent leur spécificité, mais collaborent dans une relation qui n'est pas hiérarchique lors de l'élaboration de l'œuvre. Pilier du phénomène de théâtre de troupe, les pratiques collaboratives ont pris une large place dans l'université brésilienne grâce au leadership d'Antonio Araújo. Parallèlement à la consolidation de sa carrière de metteur en scène, au Brésil comme à l'étranger, son influence dans la formation des metteurs en scène à l'USP gagnait en intensité. Les créations de sa compagnie, le Teatro da Vertigem, qui croisent théâtralité et performativité, constituent aujourd'hui encore une référence en matière d'intervention dans l'espace urbain et d'expérimentation audacieuse.

Plus récemment, en tant que fondateur et programmateur du Festival international de théâtre, le MITsp, Araújo a ouvert de nouveaux horizons à la diffusion d'importantes créations internationales. Accompagnées de discussions, de médiations et d'ateliers, ces manifestations permettent des échanges féconds avec le public sur l'état de la scène actuelle dans son aspiration à mettre en perspective un monde source de perplexité constante.

IT, BARCELONE Institut du théâtre

Une formation diversifiée aux arts scéniques

CARLES BATLLE ET JEAN-LOUIS BESSON

La Cavalcada sobre el llac de Constança, de Peter Handke, mise en scène Joan Ollé, Teatre Estudi, Barcelone, 2016. © Laura Valcarcel.

L'Institut du théâtre (Institut del teatre) de Barcelone a été créé en 1913 comme une institution publique destinée non seulement à l'enseignement, mais aussi à la création et à la recherche dans le domaine des arts de la scène. Il abrite aujourd'hui plusieurs écoles de danse et d'art dramatique. La formation théâtrale touche à tous les métiers de la scène, de l'interprétation (théâtre, télévision, cinéma), aux techniques de plateau et aux nouvelles technologies. Elle permet aussi une poursuite des études au niveau du master et du doctorat.

L'Institut dispose de cinq salles (deux à Barcelone même, deux à Terrassa et une à Vic, dans les environs de Barcelone) utilisées à la fois pour le travail des étudiants et pour la programmation de spectacles extérieurs. Il possède aussi des espaces polyvalents équipés et des ateliers techniques. Le Centre de documentation et musée des Arts scéniques, associé à l'Institut du théâtre, est l'une des bibliothèques théâtrales les plus importantes d'Europe.

La section Mise en scène a été créée en 1985. Les responsables la présentent de la façon suivante[1] :

1– Ce qui suit entre guillemets est la réponse apportée aux questions posées par *Théâtre/Public* pour ce numéro.

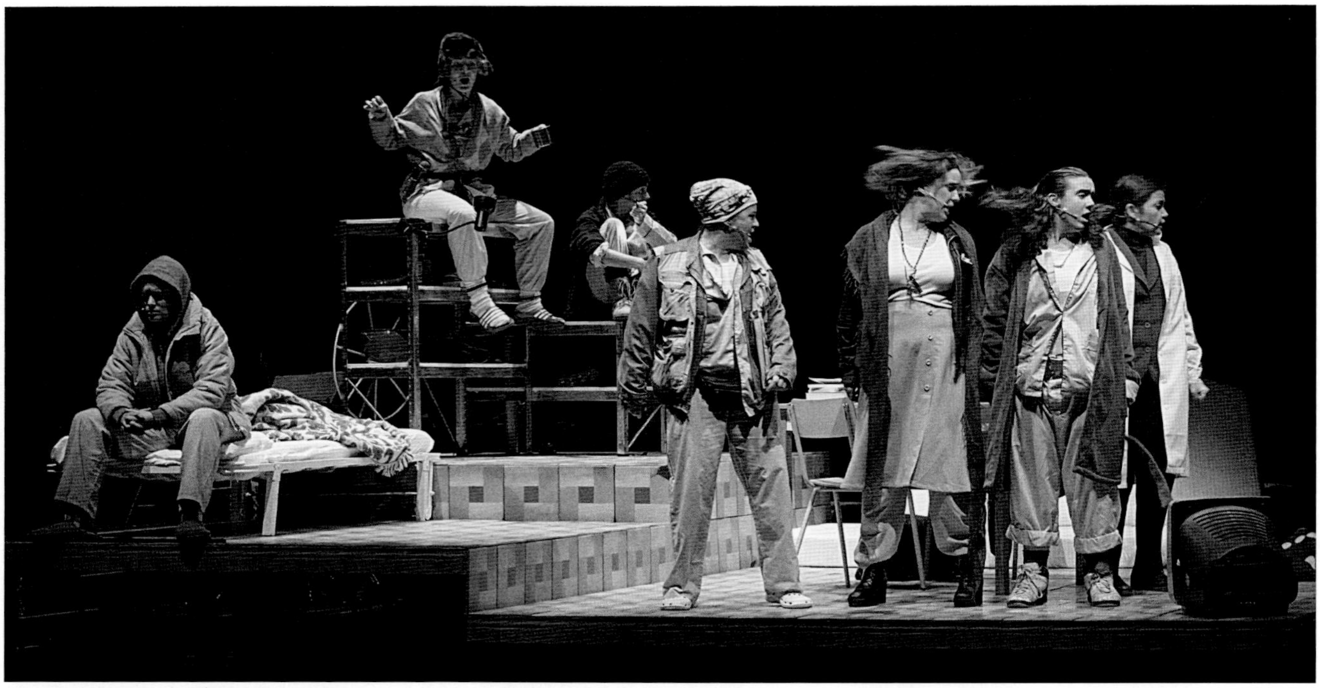

El Coronel Ocell, de Hristo Boytchev, mise en scène Joan Maria Segura, Teatre Ovidi Montllor, Barcelone, 2016. © Joan Horrit.

« L'enseignement de l'art de la mise en scène, comme tout art, transite entre deux besoins : la nécessité d'établir un ensemble de matériaux transmissibles et la nécessité d'activer la capacité créative des étudiants. Ces deux exigences ont aussi des conséquences pragmatiques : travaillons-nous à préparer les professionnels des arts de la scène ? Ou essayons-nous de fournir à nos étudiants les savoirs et les outils nécessaires pour permettre d'aller au-delà de la répétition des modèles établis ?

Ces besoins et ces questions, bien sûr, n'ont pas de réponses immédiates. Plus encore si l'on pense que les études artistiques, plus que d'autres, souffrent de ce qu'on pourrait appeler la crise permanente de l'académie. Cependant, il y a des bases qui doivent être enseignées et il y a des façons de provoquer la créativité qui se perfectionnent, et qui doivent être perfectionnées, dans un programme d'études.

Les objectifs de l'éducation peuvent être clarifiés si l'on pense que toute activité artistique a, au moins, et méthodologiquement parlant, trois axes à observer et à travailler. Il y a un côté technique, qui garantit la connaissance du milieu du théâtre et de ses procédures (historiques et contemporaines) ; il y a un aspect éthique, qui devrait permettre de discuter de l'inclusion du phénomène artistique dans la réalité, de la façon dont les artistes jouent avec la réalité et de la question de leur rôle dans le monde contemporain. Enfin, il y a un côté esthétique, qui est le but premier de la création et doit offrir aux futurs artistes la possibilité de choisir ou de trouver leur propre langage. Bien sûr, cette division est d'ordre méthodologique, et, à l'école, ces trois aspects, la technologie, l'éthique et l'esthétique, doivent être en interaction permanente. La technique peut générer de l'esthétique et l'esthétique peut revendiquer une technique. Et les deux, enfin, reflètent les pensées de l'artiste et sa relation avec le monde. Ou bien un engagement spécifique peut exiger des techniques et des esthétiques adaptées à son action.

Pour toutes ces raisons, et considérant que lorsqu'on parle d'art, on ne peut parler d'entraînement au sens strict du terme, il faut considérer l'enseignement de la mise en scène comme une formation intégrale qui devrait permettre aux futurs professionnels de développer leur propre parcours créatif, ancré dans le monde contemporain. Un tel objectif ne peut être atteint que si nous concevons la pratique pédagogique comme un dialogue où tous ceux qui participent s'enrichissent. Sans oublier que le rôle du pédagogue est d'écouter, de guider et de se battre pour permettre que les intuitions artistiques des futurs réalisateurs trouvent leur voie.

Le programme d'études envisage deux spécialisations : la mise en scène et la dramaturgie. Cependant, l'Institut du théâtre cherche à intégrer les deux options en offrant à chaque étudiant une souplesse suffisante dans son programme pour assister à la plupart des enseignements de l'une ou l'autre spécialisation : en plus des matières obligatoires communes (qui comprennent des matières théoriques et diverses pratiques de base, nécessaires pour comprendre et connaître la nature scénique), les matières obligatoires d'un itinéraire sont des matières optionnelles pour un autre.

Une autre priorité est la pratique. Les étudiants de mise en scène et de dramaturgie effectuent pendant leurs études obligatoires un bon nombre d'ateliers pratiques : trois ateliers de pratique communs avec des étudiants de scénographie et d'interprétation, et quatre ateliers de pratique scénique ou d'écriture en tant que projets autonomes. Il est de plus en plus courant pour les étudiants de mise en scène et de dramaturgie de partager des matières avec des étudiants d'autres spécialités, par exemple « Espace scénique » avec des chorégraphes du Conservatoire supérieur de danse[2].

Ces enseignements théoriques et pratiques communs conduisent souvent à des projets scéniques réalisés par des groupes de travail composés d'étudiants qui se sont rencontrés et se sont trouvé des affinités durant leur formation. »

En ce qui concerne la recherche, l'Institut du théâtre propose un master en études théâtrales avec plusieurs universités catalanes, et prévoit d'élargir et de diversifier le cadre des accords de recherche et d'enseignement de deuxième et troisième cycles avec le monde universitaire national et international. Au niveau du doctorat, l'accent est mis sur la pratique comme recherche, essentiellement sur la manière dont cette pratique peut guider les études dans les trois cycles. Les thèses théorico-pratiques sont admises. Elles peuvent se présenter sous forme d'écriture, de présentation pédagogique, de chorégraphie ainsi que de mise en scène, ou même de ce que le chercheur trouve pertinent pour faire part des résultats de sa recherche, même si ce n'est pas le format le plus fréquemment pratiqué. En tout état de cause, un travail artistique au niveau du doctorat doit être accompagné d'un discours critique incluant une hypothèse, une documentation précise, une méthodologie et parvenant à des conclusions clairement formulées.

Abordant un large éventail de pratiques scéniques, depuis le travail sur le texte jusqu'aux expériences de plateau les plus contemporaines, disposant de moyens financiers, techniques et structurels importants, ouvert à la recherche et disposant d'un large réseau de relations locales, nationales et internationales[2], l'Institut du théâtre de Barcelone est sans doute une des formations européennes les plus complètes pour ce qui est des arts scéniques en général et de la mise en scène en particulier.

2– Voir p. 93.

Vivo sin vivir en mi, mise en scène Andrés Corchero, Teatre Alegria, Terrassa, 2015. © David Ruano.

ATW, GIESSEN Institut d'études théâtrales appliquées

À quel théâtre formons-nous ?

JEAN-LOUIS BESSON

L'Institut d'études théâtrales appliquées de Giessen (Institut für Angewandte Theaterwissenschaft, ATW), fondé en 1882 à l'université Justus-Liebig par Andrzej Wirth, est la première formation dans les pays de langue allemande à assortir étroitement études de la « science théâtrale » *(Theaterwissenschaft)* et de la pratique théâtrale artistique. Sous la direction d'Andrzej Wirth et de Hans-Thies Lehmann, qui le rejoint au bout d'un an, l'Institut affirme son refus de s'adapter au marché théâtral existant et sa volonté de trouver des formes d'enseignement qui accompagnent l'évolution du théâtre vers des pratiques qui ne sont plus exclusivement « dramatiques », entendons fondées sur le texte, la narration dramatique, les personnages et le dialogue, mais ouvertes au croisement entre les arts et la performance. Hans-Thies Lehmann note à ce propos : « [...] Le principe le plus important était probablement de ne pas conduire les étudiants à un "succès" le plus rapide possible dans les structures théâtrales existantes, mais au contraire de leur laisser trouver leur propre tonalité, leur propre langage, leur propre forme d'expression. »
Et il ajoute : « On discutait d'idées du théâtre qui étaient plutôt en porte-à-faux avec l'institution [...]. Et l'on travaillait également sur des théories qui, en tout cas à l'époque, représentaient une critique des formes de pensée et de travail universitaire. »[1]

Dans les années 1990-2000, l'Institut est repris par la professeur en études théâtrales Helga Finter et par le compositeur Heiner Goebbels. Un cursus « Chorégraphie et performance », ouvert en 2008, est d'abord dirigé par Gerald Siegmund, puis en 2011 par Bojana Kunst, En 2018, Heiner Goebbels, partant à la retraite, est remplacé par Xavier Le Roy, chorégraphe français, performeur et auteur de performances.

Les enseignements sont assurés majoritairement par des professeurs invités parmi lesquels on relève les noms de Heiner Müller, George Tabori, Lewis Thomas, Robert Wilson, Marina Abramovic, Richard Schechner, Patrice Pavis, Josette Féral, Jean Jourdheuil, Mathilde Monnier, Richard Foreman, Viviane De Muynck, Jérôme Bel... La liste est représentative de l'orientation générale de l'Institut et, en même temps, de la variété des pratiques proposées. L'idée de ces chaires temporaires est, selon Hans-Thies Lehmann, « que les étudiants soient confrontés à des gens de théâtre très différents, mais surtout très novateurs et très énergiques, et auprès desquels on apprenait moins un art au sens étroit du terme qu'une façon d'ouvrir l'horizon à une "réinvention", constante et sans préjugés du théâtre »[2].

« À quel théâtre formons-nous ? Un théâtre laboratoire ou un théâtre musée ? » demande Heiner Goebbels en ouverture d'un texte paru en 2012[3]. Même s'il avoue son amour pour les musées, pour lui le choix est clair : l'accent est mis sur la recherche « de façon à ce que les étudiants soient préparés à la complexité croissante qui les attend dans le domaine des arts vivants. Ce qui signifie aussi qu'il faut les préparer à relever un défi artistique dont nous ne savons pas encore aujourd'hui à quoi il ressemblera »[4].

Avant de déterminer les objectifs de la formation théâtrale, il est nécessaire d'analyser ce qu'on entend par « théâtre » au sein de l'Institut. De cette analyse découle tout le reste. Car s'il est exclu de retenir uniquement le théâtre dramatique, tel qu'il se pratique sur la plupart des scènes européennes, comme modèle de référence pour les élèves, encore faut-il s'entendre sur les objectifs à tenir. L'idée directrice à Giessen est que la constitution profonde du théâtre n'est jamais donnée et qu'elle ne peut pas faire l'objet d'une définition exhaustive : il s'agit donc de prendre le risque de la recherche scientifique et de l'expérimentation artistique, qui dans l'idéal permettraient d'arriver à

1– Hans-Thies Lehmann, « L'École de Giessen. Un champ et un potentiel de liberté », *Alternatives théâtrales*, n° 98, « Créer et transmettre », 2e trimestre 2008, p. 62.
2– *Ibid.*, p. 63.
3– Heiner Goebbels, « Das Hören und Sehen organisieren », *in Ästhetik der Abwesenheit. Texte zum Theater*, Berlin, Theater der Zeit (Recherchen 96), 2012, p. 151.
4– *Ibid.*

Quelque chose pour quelqu'un un jour quelconque en juin, concept et mise en scène Arthur Romanowski, Prix Körber Studio du jeune metteur en scène 2018.

des résultats inattendus. Le théâtre est ainsi un terrain d'expérimentation sur lequel le concept même de théâtre est constamment remis en jeu, bref, un lieu qui, à chaque fois, s'affirme et se remet en question [5].

Une première conséquence de cette constatation est que, à l'Institut, formation pratique-artistique et recherche théâtrale sont étroitement associées. Il s'agit de se confronter aux développements actuels et aux possibles projets à venir de la scène théâtrale et de les expérimenter. On ne peut donc pas parler d'une formation spécifique à la mise en scène, étant donné que la mise en scène ne constitue qu'une partie du spectre proposé [6], ni même d'une formation proprement dite, dans la mesure où les études sont tournées à la fois vers la recherche scientifique et vers l'expérimentation artistique. Pas question pour autant d'appliquer à la scène des recherches préalables ou d'échafauder des théories à partir des expérimentations scéniques en cours. Heiner Goebbels écrit à ce propos: « Dans la recherche théâtrale [telle qu'elle est pratiquée à Giessen], il ne s'agit pas d'emprunter des concepts à la critique littéraire dans le but d'analyser les travaux de William Forsythe ou de René Pollesch et de formuler éventuellement une loi qui, dans quelques années, ne sera plus actuelle. Nous essayons de suivre le chemin inverse: nous considérons l'objet de recherche "théâtre" comme un objet vivant, en modification constante, et tentons à partir de là de parvenir à une

5– Voir à ce propos le texte de Georg Döcker *Institut für Angewandte Theaterwissenschaft* sur le site de l'Institut: www.inst.uni-giessen.de/theater/de/institut/profil. C'est à ce texte que j'emprunte l'essentiel des remarques qui vont suivre.
6– « Giessen n'est pas en soi une école de mise en scène. Voilà qui devrait donner à penser. Peut-être est-il important pour de futurs artistes de théâtre d'avoir un lieu où ils peuvent se former ou continuer leur formation sans étudier la mise en scène en tant que telle. Je vois là un avenir pour des instituts d'études théâtrales de ce type » (Hans-Thies Lehmann, *op. cit.*, p. 63).

théorie, elle-même ouverte. [...] Mais pour les étudiants l'approche théorique consiste avant tout à une réflexion sur leur propre travail.»[7] Ainsi, théâtre et recherche non seulement ne s'opposent pas mais se nourrissent mutuellement. «Recherche et théâtre ne se dissolvent pas l'un dans l'autre, pas plus qu'ils n'aspirent à une compréhension parfaite de l'autre ou de lui-même. L'objectif à atteindre est une problématisation mutuelle constante, qui n'en est pas moins une affirmation et permet toujours de nouveaux essais scientifiques et artistiques.»[8]

Cette exigence se répercute sur les enseignements eux-mêmes. Le théâtre étant conçu comme un espace décloisonné — de théâtre, de danse et de performance dans toutes leurs variantes —, de multiples éléments peuvent être convoqués: «Le son, la lumière, le cinéma, la vidéo et autres médias techniques, des machines ou des objets en tant que partenaires avec les mêmes droits que les voix et les corps des acteurs et des actrices, des danseurs et des danseuses, ou des performeurs et performeuses — ou même indépendamment d'une présence humaine. Il n'est pas rare que l'objet des études et de la recherche portent sur les *site-specific performances,* les installations, les pièces radiophoniques et autres manifestations théâtrales et performatives non destinées spécifiquement à la scène.»[9] Ce qui explique que, dès la création de l'Institut, «l'objectif n'a pas été de dispenser une formation spécialisée en régie, jeu, lumière, etc., mais de permettre un accès [...] à tous les domaines de l'activité théâtrale. Les étudiants peuvent s'investir dans des projets artistiques, à la fois, par exemple, en tant que performeuse ou performeur, costumière ou costumier, dramaturge, sound designer, et ils peuvent expérimenter en groupe des formes de travail collectif, qui s'écartent de l'attribution à chacun d'un domaine spécifique et permet de poursuivre une pratique collective»[10]. La connaissance des différents domaines du théâtre devrait ainsi permettre aux étudiants «d'être des hommes et des femmes de théâtre dotés d'une conscience de leur responsabilité vis-à-vis du théâtre dans ses multiples aspects et capables d'affronter le travail en commun avec les autres artistes où avec des partenaires dans le cadre d'une coopération. Cette ouverture est une des principales conditions pour permettre la recherche de formes de théâtre elles-mêmes ouvertes, sondant les limites du théâtre tel qu'il a été pensé jusqu'ici»[11].

De nombreux étudiants de l'Institut d'études théâtrales appliquées de Giessen sont aujourd'hui des artistes reconnus dans les pays de langue allemande. Les plus connus en France sont René Pollesch et les collectifs Rimini Protokoll, She She Pop et Gob Squad.

On a reproché à l'Institut de Giessen ses options pédagogiques et artistiques, qui contraindraient les étudiants à entrer dans un moule tout en leur laissant, paradoxalement, une marge de manœuvre tellement large dans leur approche et leur pratique de la scène que certains sont fortement déstabilisés; force est toutefois de constater que cet Institut est jusqu'à présent une des rares formations en Europe à prendre en compte les courants les plus inventifs, les plus novateurs, et souvent les plus extrêmes, de la dramaturgie contemporaine et, qui plus est, à en inscrire le caractère expérimental dans son propre mode de fonctionnement.

7– Heiner Goebbels, *op. cit.*, p. 154.
8– Georg Döcker, *op. cit.*
9– *Ibid.*
10– *Ibid.*
11– *Ibid.*

4

Contacts, adresses, liens Internet et présentation chiffrée des différentes écoles

Huit questions

Dans les textes qui suivent, les différentes formations ont apporté des réponses aux huit questions suivantes :

1. CONDITIONS D'ENTRÉE
2. DÉROULEMENT DU CONCOURS D'ENTRÉE
3. NOMBRE DE CANDIDAT(E)S RETENU(E)S ; DURÉE DES ÉTUDES
4. SORTIE DE L'ÉCOLE
5. PROGRAMME D'ÉTUDES, ORGANISATION DE L'ENSEIGNEMENT
6. PARTENARIATS
7. DÉBOUCHÉS
8. À NOTER

CONSERVATOIRE NATIONAL SUPÉRIEUR D'ART DRAMATIQUE, PARIS

2 bis, rue du Conservatoire
75009 Paris
01 42 46 12 91
www.cnsad.fr

CONDITIONS D'ENTRÉE

La sélection des candidat(e)s concerne les trente élèves comédien(ne)s de chaque promotion pendant leur 2e année.

DÉROULEMENT DU CONCOURS D'ENTRÉE

Contrôle continu par le conseil pédagogique pendant les 1re et 2e années (capacité de travail, curiosité intellectuelle, singularité de l'univers, aptitude à travailler en équipe) ; puis trois entretiens successifs avec la directrice du CNSAD, Claire Lasne Darcueil.

NOMBRE DE CANDIDAT(E)S RETENU(E)S ; DURÉE DES ÉTUDES

Sept élèves pour la première promotion 2017 (sur 15 candidatures), 8 pour la deuxième promotion 2018 ; 2 ans dont la 1re année en parallèle avec leur 3e année de formation de comédien(ne).

SORTIE DE L'ÉCOLE

Les élèves doivent rédiger un mémoire au cours de leur 2e année. Ce mémoire fait l'objet d'une soutenance académique, concomitante à la présentation de leurs travaux artistiques de fin d'études.

PROGRAMME D'ÉTUDES, ORGANISATION DE L'ENSEIGNEMENT

Les enseignements de la 1re année se déroulent essentiellement le matin pour permettre aux élèves de répéter les spectacles auxquels ils participent en tant que comédien(ne)s au cours de leur 3e année. Formation technique : un stage au cours des créations de 3e année ,dont ils sont aussi les comédien(nes) ; trois stages consacrés à la lumière (5 matinées), au son (4 matinées) et à la vidéo (4 matinées) ; un stage (2 jours) consacré à la sécurité du spectacle vivant. Un dialogue régulier avec la scénographe Camille Duchemin à partir de leurs projets personnels. Participation à un laboratoire avec les doctorant(e)s SACRe (Sciences, arts, création, recherche) et deux stages d'écriture (5 jours) dirigés par Jean-Loup Rivière.
La 2e année est organisée sous forme de stages en immersion dans un milieu professionnel et un séjour à l'étranger. Chaque élève aura une deuxième année qui lui est propre. Au cours de l'année, les élèves doivent aborder certaines problématiques, dont : diriger des acteurs et actrices d'une génération qui n'est pas la leur ; diriger des non-professionnel(le)s (amateurs, enfants, prisonnières ou prisonniers, personnes handicapées…) ; être capable de réaliser en très peu de temps et avec des moyens réduits une forme théâtrale. Poursuite, optionnelle, de la participation au laboratoire SACRe.

PARTENARIATS

Convention avec l'université de Paris-VIII-Vincennes-Saint-Denis (depuis 2008) pour la délivrance d'une licence « Arts du spectacle théâtral », en plus du diplôme du Conservatoire (diplôme national supérieur professionnel de comédien(ne)). Partenariats avec de nombreux institutions culturelles et théâtres, comme la Comédie-Française, le Théâtre de l'Odéon, le Théâtre de la Colline, Théâtre Ouvert ou Radio France. Le CNSAD a signé des partenariats avec plusieurs établissements d'enseignement supérieur d'art dramatique à l'international, dont l'école Ernst-Busch (Berlin, Allemagne), l'Institut del Teatre (Barcelone, Espagne), l'École nationale de théâtre du Canada (Montréal), l'école du Théâtre d'art de Moscou (Russie) et l'université de Princetown (États-Unis). Il s'inscrit dans les réseaux européens (comme E:UTSA-Europe : Union of Theatre Schools and Academies, Europe : Union des écoles et académies de théâtre) et est présent dans de nombreux festivals.

DÉBOUCHÉS

Les diplômé(e)s du CNSAD bénéficient pendant trois ans du soutien du Jeune théâtre national.

À NOTER

La mise en place de La Rookerie, une pépinière de jeunes compagnies, pourra constituer un sas entre la sortie de l'école et la mise en œuvre d'un projet, structuré, adapté à la démarche des artistes. Cette période pourra être mise à profit pour s'interroger sur la structure juridique adaptée à l'activité, chercher des partenaires, construire une stratégie financière sur le long terme, intégrer les enjeux sociaux de tout groupe professionnel, apprendre au contact de personnes expérimentées comment utiliser ou concevoir des outils de travail (gestion des plannings, réalisation d'une fiche technique, communication, etc.). La pépinière mettra en place un accompagnement répondant à quelques objectifs simples : jouer, si besoin, le rôle de producteur des spectacles, le temps pour les artistes de constituer la structure ad hoc, accompagner et non faire à la place, impliquer de manière pleine et entière les artistes dans leur propre projet, mais aussi dans la gouvernance de la pépinière, projet collectif et partagé, mutualiser les outils et les moyens de production.

ÉCOLE SUPÉRIEURE D'ART DRAMATIQUE DU THÉÂTRE NATIONAL DE STRASBOURG

1, avenue de la Marseillaise
67000 Strasbourg
03 88 24 88 59
www.tns.fr

CONDITIONS D'ENTRÉE

Être âgé(e) de plus de 18 ans et de moins de 26 ans au 1er octobre de l'année du concours, être titulaire du baccalauréat ou d'une équivalence. Des dérogations peuvent être accordées après examen du dossier par une commission interne.

DÉROULEMENT DU CONCOURS D'ENTRÉE

Déroulement du dernier concours (l'inscription avait lieu du 23 août au 10 octobre 2018) : 1er tour : dossier (avant le 10 octobre) puis auditions début décembre au TNS ; 2e tour : auditions mi-mars 2019 à Paris pour les candidat(e)s retenu(e)s ; 3e tour : stage probatoire fin mai 2019 au TNS pour les candidat(e)s retenu(e)s, consistant en divers travaux, exercices de direction d'acteurs, entretiens avec le jury. Pour les dates et modalités du prochain concours, contacter l'école.

NOMBRE DE CANDIDAT(E)S RETENU(E)S ; DURÉE DES ÉTUDES

Deux (deux années sur trois) ; 3 ans.

SORTIE DE L'ÉCOLE

Diplôme d'établissement et une licence ou un master « Théâtre-Pratique de la scène » dans le cadre du partenariat avec le département des Arts du spectacle de l'université Paris-Nanterre : séminaires, colloque, travail de recherche, spectacles, mémoire théorico-pratique.

PROGRAMME D'ÉTUDES, ORGANISATION DE L'ENSEIGNEMENT

La formation croise de nombreux exercices pratiques, des temps de recherche avec les autres sections, de stages de mise en situation professionnelle, de temps de réflexion théorico-pratique et d'initiation artistico-technique. Elle permet aux élèves de se confronter à des conditions de production théâtrale professionnelle en collaboration avec des élèves de tous les corps de métiers et au sein d'un théâtre national de création.

PARTENARIATS

Partenariat avec des hautes écoles : école de la Comédie de Saint-Étienne en 2016-2017, École supérieure d'art dramatique (Paris) en 2017-2018, École nationale supérieure d'art dramatique (Montpellier), École supérieure d'acteurs (Liège), École du Nord (Lille) en 2018-2019. L'école du TNS est membre du réseau européen « École des écoles » qui réunit quinze établissements supérieurs d'enseignement du spectacle vivant en Europe (Amsterdam, Arnhem, Barcelone, Bruxelles, Copenhague, Hambourg, Lausanne, Lisbonne, Londres, Lyon, Milan, Oslo, Strasbourg, Vilnius, Zurich), et initie des échanges et des séminaires de réflexion destinés à des pédagogues, des artistes-formateurs et des élèves.

DÉBOUCHÉS

L'école du TNS participe activement à l'insertion de ses élèves dans le milieu professionnel, notamment via le Jeune théâtre national, des théâtres et structures partenaires et le dispositif Cluster (une nouvelle structure d'accompagnement pour de jeunes équipes artistiques issues des écoles supérieures d'art dramatique). Depuis la création de la section Mise en scène en 2000, l'activité artistique reconnue de metteur et metteuse en scène diplômé(e) du TNS se confirme sur les plateaux du théâtre francophone.

ÉCOLE NATIONALE SUPÉRIEURE DES ARTS ET TECHNIQUES DU THÉÂTRE, LYON

4, rue Sœur-Bouvier
69005 Lyon
04 78 15 05 05
www.ensatt.fr

CONDITIONS D'ENTRÉE

Être titulaire du baccalauréat et d'un diplôme attestant de deux années d'études supérieures (ou 120 crédits ECTS) et justifier de deux années de formation théâtrale dans le cadre d'un conservatoire, d'une école d'art dramatique ou d'un cours privé. Âge minimum : 18 ans révolus, âge maximum : 27 ans, au 1er septembre de l'année du concours, sans dérogation possible.

DÉROULEMENT DU CONCOURS D'ENTRÉE

1er tour : dossier sous forme de proposition de mise en scène à partir d'une œuvre imposée (6 pages max). Il faut décrire la distribution, faire une proposition scénographique et articuler la proposition autour de trois questions : « Quel travail sur la langue imaginez-vous faire avec les acteurs et plus généralement quelle place vous semblent avoir les acteurs dans votre projet ? », « Quel résumé feriez-vous de la fable ? » et « Comment caractériseriez-vous la structure de l'œuvre ? » Cette proposition est complétée par un CV et une lettre de motivation (contenant une réponse à la question « Quels sont, pour des raisons d'adhésion ou de répulsion, les spectacles, les auteurs, les femmes ou les hommes de théâtre qui sont fondateurs de votre sensibilité théâtrale ? »). Épreuve pratique comportant une scène de jeu (6 minutes max, librement choisie), un entretien avec le jury sur la scène de jeu et le dossier de mise en scène (durée totale de l'épreuve : 40 minutes). 2e tour : stage de 3 jours (diriger et organiser une scène, expliquer les choix, et jouer, texte en main, sous la direction d'autres candidat(e) s ; sur deux œuvres imposées) et entretien individuel portant sur les motivations, le dossier de mise en scène, le parcours lors du concours et des questions d'ordre général sur l'actualité du théâtre, le rapport à la mise en scène et aux autres disciplines du théâtre (durée : 30 minutes).

NOMBRE DE CANDIDAT(E)S RETENU(E)S ; DURÉE DES ÉTUDES

Trois places proposées tous les 2 ans environ ; 3 ans.

SORTIE DE L'ÉCOLE

Projet de fin d'études sous la forme d'une mise en scène d'un spectacle intégralement pensé, élaboré et mis en œuvre par l'étudiant(e) et écriture d'un mémoire de master 2 pour obtenir un diplôme « Arts et techniques du théâtre ».

PROGRAMME D'ÉTUDES, ORGANISATION DE L'ENSEIGNEMENT

1re et 2e années : cours réguliers de dramaturgie, histoire de la mise en scène, approche des politiques institutionnelles, cours relatifs aux différents outils techniques (fonctionnement d'un plateau) ou esthétiques (iconographie) et participation à des séminaires d'autres départements (surtout Son et Lumière). Enseignement par projets : au moins trois « hypothèses » par an (travail en commun avec les acteurs et actrices ; de 3 à 5 semaines) ; un « projet fictif » par an (travail sur des textes avec des scénographes et des costumiers-costumières aboutissant à deux projets de mise en scène, avec maquettes et projet dramaturgique) ; un atelier « jeu » en commun avec les acteurs et actrices de la même promotion par an (de 5 à 6 semaines) ; assistanat d'un(e) intervenant(e) lors d'un ou deux ateliers par an (avec les acteurs et actrices de la même promotion) sur des œuvres dramatiques classiques ou contemporaines ; participation aux comités de lecture ainsi qu'aux labos dramatiques (expérimentation rapide et concrète de fragments de textes écrits par les élèves auteurs et autrices de l'Ensatt).
3e année : mise en œuvre du projet de fin d'étude (4 représentations à l'école) ; stage extérieur (assistanat) avec un(e) metteur(euse) en scène sur un spectacle professionnel en création ; assistanat d'un(e) metteur(euse) en scène invité(e) par l'école pour un atelier spectacle ; rédaction du mémoire de master 2. S'ajoute à cela la participation aux projets initiés par l'école elle-même rassemblant les départements d'une même promotion (« atelier expérimental » en 1re année ; « les essais » en 2e et début de 3e année ; ateliers exceptionnels : opéra, théâtre documentaire, etc.).

PARTENARIATS

Liens privilégiés avec le TNP de Villeurbanne ; « hypothèses » avec la classe Art dramatique du CRR de Lyon (travail avec des [apprenti(e)s] comédien(ne)s, entre 3 et 5 semaines) ; stages d'assistanat extérieur en 3e année dans de grandes institutions théâtrales ; « hypothèses » avec des élèves en interprétation d'autres écoles nationales (l'Erac à partir de la rentrée 2018).

DÉBOUCHÉS

La pratique et l'exercice de la mise en scène ou la possibilité d'être assistant(e) et/ou dramaturge.

À NOTER

La formation offre, par la pratique et l'approfondissement analytique et critique, l'acquisition de savoirs et de savoir-faire. Les étudiant(e)s en mise en scène peuvent travailler avec la quasi-totalité des élèves de l'école, ce qui permet une multiplication des rencontres et donne un aperçu sur diverses manières de travailler.

BACCALAURÉAT EN ART DRAMATIQUE, SPÉCIALISATION ÉTUDES THÉÂTRALES, ÉCOLE SUPÉRIEURE DE THÉÂTRE, UNIVERSITÉ DU QUÉBEC À MONTRÉAL (CANADA)

Casier postal 8888
Succursale Centre-ville
Montréal (Québec), Canada H3C 3P8
001 (514) 987-4116 ou (514) 987-3329
theatre@uqam.ca
http://theatre.uqam.ca

CONDITIONS D'ENTRÉE

Minimum 21 ans. Conditions formelles : maîtrise du français attestée par une épreuve officielle (ou un diplôme d'une université francophone), être titulaire du diplôme d'études collégiales (DEC, en France le baccalauréat) ou équivalent, avoir réussi cinq cours (15 crédits ECTS) de niveau universitaire. Conditions artistiques et professionnelles : avoir fait du théâtre (jeu, mise en scène, réalisation technique) et/ou avoir enseigné la littérature dramatique ou des formes d'art dramatique (mime, marionnette, expression corporelle, improvisation, etc.).

DÉROULEMENT DU CONCOURS D'ENTRÉE

Une audition, visant à évaluer le potentiel créateur des étudiant(e)s, la connaissance et la compréhension des codes théâtraux ainsi que la motivation des candidat(e)s, est obligatoire. Elle s'accompagne d'une entrevue et d'un questionnaire portant sur la culture générale et la pratique théâtrale au Québec.

NOMBRE DE CANDIDAT(E)S RETENU(E)S ; DURÉE DES ÉTUDES

26 places ; 3 ans (ou 90 crédits ECTS).

SORTIE DE L'ÉCOLE

Synthèse de projet de fin d'études, présentée sous forme de conférence-démonstration. Les étudiant(e)s élaborent une conceptualisation/modélisation d'un projet en mise en scène, écriture dramatique, recherche théâtrale (élaboré en tutorat avec un(e) enseignant(e)).

PROGRAMME D'ÉTUDES, ORGANISATION DE L'ENSEIGNEMENT

Cours : Formes et fonctions du spectacle vivant, Théâtre actuel, Théâtre et politique, Techniques scéniques, Dramaturgies étrangères – Interdisciplinarité – Esthétiques scéniques, Dramaturgie de l'espace. Esthétiques théâtrales, Pratiques théâtrales au Québec, Théâtre et société, Théâtre pour l'enfance et la jeunesse. Séminaire d'analyse du festival TransAmériques, Le conseiller en dramaturgie, Stage en milieu professionnel, Pratiques et enjeux des arts au XXe siècle.
Ateliers : ateliers de production dirigée (4 productions/mises en scène par an, dirigées par des metteur(euse)s en scène professionnel(le)s), atelier de production libre (autogérée), ateliers de mise en scène, ateliers d'écriture dramatique.

PARTENARIATS

Relations internationales et ententes bilatérales pour tous les profils (jeu, enseignement, études théâtrales, scénographie) signées notamment avec le Brésil (Universitade Federal da Bahia, Universitade Federal do Maranhão, Universitade Federal de São Paolo, Universitade Federal de Santa Catarina, Universitade do Estado da Bahia), le Mexique (Universitad Nacional Autónoma de México), la France et l'Allemagne. Étroite collaboration avec un grand nombre d'institutions culturelles et théâtrales montréalaises : La Chapelle, l'Usine C, la Société des arts technologiques, le musée des Arts contemporains, L'espace Go pour la recherche-création.

DÉBOUCHÉS

Travail dans des institutions culturelles et théâtrales (relations publiques, dramaturgie, journalisme culturel) ou dans des compagnies et lieux de création théâtrale (jeu, mise en scène, dramaturgie, direction technique, direction de production, conception scénographie, lumières, costumes, accessoires).

ESCOLA DE COMUNICAÇÕES E ARTES, UNIVERSIDADE DE SÃO PAULO (BRÉSIL)

Av. Prof. Lúcio Martins Rodrigues, 443
Cidade Universitária
CEP 05508-020
São Paulo, Brésil
(55) (11) 3091 4127
http://www3.eca.usp.br

CONDITIONS D'ENTRÉE

Pour *bacharelado/licenciatura* : pas de limite d'âge. Maîtrise de la langue portugaise. Pas d'expérience théâtrale demandée. Pour entrer en master Mise en scène, avoir suivi les 4 années de *bacharelado* (bac + 4) ou *licenciatura* (formation d'enseignant(e)s, bac + 4) général(e) ; pas d'examen d'entrée mais un semestre à l'essai.

DÉROULEMENT DU CONCOURS D'ENTRÉE

Pour *bacharelado/licenciatura* : épreuve écrite (sur table) sur un sujet théâtral (issu d'une liste de textes à lire préalablement) ; une épreuve pratique en groupe dans laquelle sont évalués les capacités de jeu, d'écoute, etc. ; un entretien avec le jury. Un système de quotas (pour favoriser les élèves non blancs ou en provenance d'une école publique) est de plus en plus appliqué lors de la sélection des candidat(e)s.

NOMBRE DE CANDIDAT(E)S RETENU(E)S ; DURÉE DES ÉTUDES

Bacharelado / licenciatura : 30 ; 4 ans.
Master : en fonction des places disponibles des directeurs et directrices de recherche ; 2 ans et demi.

SORTIE DE L'ÉCOLE

Travail de fin d'études : une mise en scène et un mémoire écrit.

PROGRAMME D'ÉTUDES, ORGANISATION DE L'ENSEIGNEMENT

Programme d'études : Dramaturgie, Esthétique, Théorie et critique des arts scéniques, Poétique du jeu, Poétique de la mise en scène, Processus de création et pédagogie. Ateliers où deux enseignant(e)s ou plus travaillent avec les étudiant(e)s. Choix de cours optionnels. Chaque étudiant(e) élabore peu à peu son propre plan de recherche, en allers-retours entre ses projets personnels et les projets collectifs. Des stages ou assistanats ne sont pas systématiquement inclus dans le cursus, mais des occasions se présentent souvent.

PARTENARIATS

Des accords d'échange existent avec les universités Paris-VIII, Université d'Amsterdam, Université du Québec à Montréal, mais il est rare que les étudiant(e)s se déplacent en raison du manque de bourses disponibles.

DÉBOUCHÉS

Pratique de la mise en scène, souvent dans des collectifs qui se sont formés à l'école. Et aussi dramaturgie, écriture, film, radio, télévision, enseignement du théâtre, interprétation.

À NOTER

L'école forme des chercheurs et chercheuses (au niveau master mais surtout au niveau doctorat) qui deviennent enseignant(e)s dans toutes les universités publiques du Brésil et forment, à leur tour, de nouveaux étudiants en théâtre. L'USP est une université de très grand prestige en Amérique latine ; c'est une école où enseignent quelques-uns des plus grands metteurs et metteuses en scène du pays. Cela crée des ponts féconds entre la théorie et la pratique ; la recherche est importante depuis le début de la formation.

INSTITUT DEL TEATRE DE BARCELONA, CATALOGNE

Plaça Margarida Xirgu s/n
08004 Barcelone, Espagne
(+34) 93 227 39 00 ext. 245
http://www.institutdelteatre.cat/

CONDITIONS D'ENTRÉE

Avoir plus de 18 ans, avoir le baccalauréat ou passer un examen qui donne une équivalence. Maîtrise de la langue catalane.

DÉROULEMENT DU CONCOURS D'ENTRÉE

1er tour : épreuve écrite (commune à toutes les spécialités, mise en scène et dramaturgie, scénographie, jeu) : questionnaire sur une liste d'œuvres (dramatiques ou non) données à l'avance et commentaire de texte sur un extrait d'un texte de la liste, ainsi qu'une analyse d'une image donnée lors de l'épreuve. Épreuve spécifique mise en scène et dramaturgie : analyse dramaturgique écrite d'un texte proposé lors de l'épreuve par le jury ; projet de mise en scène d'un texte tiré de la liste au hasard, répétitions avec d'autres candidat(e)s et commentaire du résultat. 2e tour : écriture d'un texte dramatique ; présentation orale d'une proposition de mise en scène d'un texte dramatique donné par le jury (différent du jury du 1er tour).

NOMBRE DE CANDIDAT(E)S RETENU(E)S ; DURÉE DES ÉTUDES

Douze (mise en scène et dramaturgie) ; 4 ans.

SORTIE DE L'ÉCOLE

Le diplôme correspond à une licence. Le travail de fin d'études est un projet personnel en recherche (théorique et/ou pratique), création ou bien recherche-création.

PROGRAMME D'ÉTUDES, ORGANISATION DE L'ENSEIGNEMENT

Les étudiant(e)s suivent les cours de direction scénique et de dramaturgie ; les matières obligatoires pour les dramaturges sont des options pour les metteur(euse)s en scène, et inversement. En plus des cours obligatoires communs (matières théoriques et diverses pratiques fondamentales), il y a 3 ateliers de processus créatifs avec des étudiant(e)s en scénographie et interprétation et 4 ateliers scéniques/d'écriture. Des cours comme Pratique du théâtre visuel, Technologie et spectacle, Introduction à la chorégraphie, Script audiovisuel, Introduction à la mise en scène, Introduction à la dramaturgie ou Espace scénique peuvent avoir lieu avec les étudiant(e)s d'autres spécialités (danse, etc.). Ces convergences peuvent conduire à des projets scéniques réalisés par des groupes d'étudiant(e)s.

PARTENARIATS

À Barcelone, il y a des liens avec la plupart des théâtres (notamment le Teatre Nacional de Catalunyna, le Teatre Lliure et la Sala Beckett/Obrador Internacional de Dramatúrgia) pour des stages et assistanats, mais aussi pour des lectures et présentations de travaux de fin d'études. Ces théâtres entretiennent aussi une compagnie qui engage beaucoup de diplômé(e)s de l'école. Au niveau international, l'IT fait partie des réseaux École des écoles, Prima del teatro, Metropolis, International Directions and Playwriting Workshop, Playing Identities, Performing Heritage. Les étudiant(e)s peuvent profiter des échanges avec Erasmus+ en Europe et trois universités en Amérique latine.

INSTITUT FÜR ANGEWANDTE THEATERWISSENSCHAFT (ATW), JUSTUS-LIEBIG-UNIVERSITÄT, GIESSEN (ALLEMAGNE)

Karl-Glöckner-Str. 21 A
35394 Giessen, Allemagne
(+49) 641 993.12.21
https://www.inst.uni-giessen.de/theater/de

CONDITIONS D'ENTRÉE

Pas de limite d'âge. Pour le bachelor (= bac + 3) : baccalauréat allemand ou équivalence, de bonnes connaissances de l'allemand, des connaissances d'anglais sont également demandées. Pour le master: diplôme de bachelor en études théâtrales appliquées (ou équivalent dans les domaines suivants: théâtre, danse, médias, performance, de manière théorique et/ou pratique). Le jugement esthétique et la qualification artistique sont testés, pour le bachelor et le master, dans un concours d'entrée qui évalue créativité artistique, motivation, sensibilité, faculté de représenter ses propres idées artistiques et aptitude à la réflexion et à l'observation différenciée.

DÉROULEMENT DU CONCOURS D'ENTRÉE

Le concours pour le bachelor comporte trois tours: dépôt d'un portfolio artistique, examen écrit et entretien individuel. Celui du master n'en comporte que deux: le portfolio et l'entretien. Dans le portfolio, les candidat(e)s présentent deux ou trois travaux artistiques, par exemple une proposition de mise en scène, une esquisse scénique, une vidéo, une pièce radiophonique ou une maquette de scénographie; en plus: leur CV, une lettre de motivation et, pour le master, le mémoire du bachelor ou un travail de recherche équivalent.

NOMBRE DE CANDIDAT(E)S RETENU(E)S, DURÉE DES ÉTUDES

BA (bachelor of arts, licence ès arts, bac + 3) : 20-25 places, MA (master of arts, master ès arts, bac + 5) : 15-20 places; BA: 6 semestres, MA: 4 semestres.

SORTIE DE L'ÉCOLE

BA: mémoire de recherche écrit; MA: mémoire de recherche écrit ou travail de fin d'études artistique et pratique, complété par une documentation écrite. Le diplôme est universitaire, vaut donc comme une licence (BA) ou un master (MA).

PROGRAMME D'ÉTUDES, ORGANISATION DE L'ENSEIGNEMENT

Un programme relativement ouvert, comme dans la plupart des universités allemandes, où les étudiant(e)s composent, dans un cadre donné, leur programme d'études à partir des cours proposés. Il y a quelques modules obligatoires à choisir dans d'autres départements de l'université, comme par exemple en musicologie ou langue et littérature anglaises. Les séminaires et projets scéniques ont lieu pendant un semestre dans un créneau hebdomadaire, beaucoup de projets et stages avec des intervenant(e)s extérieur(e)s ont lieu sous forme de séminaires groupés et de workshops.

PARTENARIATS

Au niveau régional: beaucoup de contacts avec les théâtres et lieux de formation du Land de Hesse. Au niveau national: un certain nombre d'institutions avec lesquelles l'ATW organise des résidences et projets coopératifs. L'université permet en outre à ses étudiant(e)s et enseignant(e)s de profiter d'échanges dans le cadre du programme européen Erasmus+, autant avec des universités qu'avec des écoles d'art.

DÉBOUCHÉS

Beaucoup de diplômé(e)s d'ATW sont devenues des femmes et hommes de théâtre dans les domaines du théâtre, de la performance et de la chorégraphie (l'université propose aussi un master « Chorégraphie et performance »), beaucoup d'autres travaillent dans la recherche. Mais il y a aussi des écrivain(e)s, musicien(ne)s, artistes plasticien(ne)s, chargé(e)s de production ou commissaires d'exposition.

À NOTER

Il est important de garder en tête que l'ATW n'est pas explicitement une formation à la mise en scène.

INSTITUT NATIONAL SUPÉRIEUR DES ARTS DU SPECTACLE ET DES TECHNIQUES DE DIFFUSION, BRUXELLES

1, rue Jules-Bouillon
1050 Bruxelles, Belgique
(+32) 2 230 45 79
info@insas.be
https://insas.be/
master-theatre-et-techniques-de-communication/

CONDITIONS D'ENTRÉE

Pas de limite d'âge. Être en possession d'un diplôme d'enseignement secondaire (bac français). Aucune expérience préalable exigée.

DÉROULEMENT DU CONCOURS D'ENTRÉE

1er tour (commun aux deux cursus, ID [Interprétation dramatique] et TTC [Théâtre/techniques de communication]; il est possible de passer les deux parcours d'admission) : un dossier personnel, la vision d'un spectacle enregistré qui sert de base à une analyse, un entretien et des auditions de jeu.
2e tour : ateliers en petit groupe. Les candidat(e)s au cursus TTC doivent, en plus, présenter devant un jury, par les moyens de leur choix, leur point de vue sur une scène de leur choix. Présentation d'un solo devant le jury.

NOMBRE DE CANDIDAT(E)S RETENU(E)S ; DURÉE DES ÉTUDES

Une dizaine par an (pas de quota légal); le temps d'obtenir les 180 crédits ECTS (licence) et 60 (master) — en moyenne, les étudiant(e)s restent 4-5 ans dans l'école.

SORTIE DE L'ÉCOLE

Le travail de fin d'études comporte deux parties :
- un travail pratique, réalisé en autonomie, en dialogue avec les enseignant(e)s et dans la forme choisie par l'étudiant(e), présenté devant un jury extérieur. Ensuite, les enseignant(e)s proposent ou non à l'étudiant(e) l'occasion de présenter ce travail devant un public extérieur, dans le festival des travaux de fin d'études de l'école;
- un travail écrit (minimum 50 pages), défendu devant un jury extérieur.

PROGRAMME D'ÉTUDES, ORGANISATION DE L'ENSEIGNEMENT

L'Insas ne comporte pas de section « mise en scène » ; celle-ci est enseignée dans ce qui s'appelle « Théâtre / Techniques de communication » (TTC). Le niveau licence est commun à toutes les sections théâtre, pour le master, les étudiant(e)s se spécialisent, selon leur intérêt, vers un domaine spécifique pour leur diplôme.
Unités d'enseignement en master : Interprétation et mise en scène, Techniques de réalisation et de production théâtrales, Évolution des formes artistiques (Littératures dramatiques), Application de la gestion de la production en arts du spectacle, Sciences et sciences appliquées aux arts du spectacle (Psychologie générale, Droit appliqué aux arts du spectacle). S'y ajoutent un travail artistique de fin d'études (travail pratique et travail écrit) et des stages.

PARTENARIATS

Liens avec les théâtres et institutions culturelles à Bruxelles, par le biais des enseignant(e)s (professionnel(le)s en activité) et d'ancien(ne)s élèves. Grâce à ce réseau, les travaux de fin d'études sont accueillis dans un théâtre.

DÉBOUCHÉS

Le marché national est petit, saturé et fragmenté, mais l'accès à des premières aides, réduites, et l'existence de lieux de soutien à la jeune création permettent de débuter en mise en scène. La structure des cursus favorise l'apparition de collectifs d'ancien(ne)s étudiant(e)s avec des rôles parfois interchangeables (mise en scène, jeu, technique, production, écriture).

À NOTER

La pédagogie a toujours été conçue sur un modèle collégial et le refus du « maître », il n'y a pas une manière de « faire théâtre » mais des visions différentes.
L'école accueille tant des étudiant(e)s de 18 ans sortant de l'enseignement obligatoire que des personnes ayant déjà un parcours dans l'enseignement supérieur.
Quels que soient leur choix de master, les étudiant(e)s auront expérimenté d'autres aspects des disciplines et métiers du théâtre.

LA MANUFACTURE, HAUTE ÉCOLE DES ARTS DE LA SCÈNE, LAUSANNE

Rue du Grand-Pré, 5
1000 Lausanne-Malley, Suisse
(+41) 21 557.41.60
http://www.manufacture.ch/fr/1064/Master-Theatre

CONDITIONS D'ENTRÉE

Pas de limite d'âge. Bachelor (= bac + 3) ou une formation jugée équivalente.

DÉROULEMENT DU CONCOURS D'ENTRÉE

1er tour: dossier (maximum 60 pages): analyse écrite d'une thématique déterminée; projet argumenté de mise en scène d'un texte à partir d'un choix de trois propositions; lettre de motivation et de justification de la candidature dans cette école. 2e tour: mise en scène d'un texte (proposé aux candidat(e)s retenu(e)s du 1er tour), avec une répétition d'une heure et trois acteurs/actrices dans une salle de représentation équipée techniquement; rencontre avec le jury pendant une heure.

NOMBRE DE CANDIDAT(E)S RETENU(E)S ; DURÉE DES ÉTUDES

Six; 4 semestres.

SORTIE DE L'ÉCOLE

Un mémoire écrit, présenté et défendu pendant un conseil scientifique; un mémoire pratique, constitué de deux représentations. (Les mémoires pratiques sont regroupés pendant un temps de quatre jours début septembre avant la rentrée officielle de l'école, intitulé «OUT», et qui comprend aussi une présentation de sa recherche par chaque étudiant(e) devant le public.)

PROGRAMME D'ÉTUDES, ORGANISATION DE L'ENSEIGNEMENT

Cours réguliers: histoires des formes de la représentation; espace et scénographie; outils de méthodologie et accompagnement pour la rédaction du mémoire. Dépôts de savoir: méthode de retransmission des expériences traversées par chaque étudiant(e) pendant le cursus (ateliers de une à trois journées pour les temps théoriques; jusqu'à trois semaines pour des réalisations pratiques avec des artistes). Trois grands types de modules: modules Toolbox (boîte à outils) pour l'acquisition de connaissances méthodologiques et techniques spécialisées; modules Workshop (ateliers, projets artistiques, stages), pour une mise en pratique; modules associés au mémoire de master, où les étudiant(e)s s'approprient les éléments fondamentaux de l'enseignement et affirment leur identité artistique à travers une formulation théorique et pratique. Les cours à l'intérieur de ces modules s'organisent autour de quatre axes fondamentaux: écriture et dramaturgie; techniques et esthétiques du plateau; production; travail de mémoire de master.

PARTENARIATS

Partenariats privilégiés (assistanats, jurys du concours, productions pour les diplômé(e)s, diffusion de spectacles issus de mémoires pratiques) avec les théâtres suivants: Comédie de Genève, Théâtre Vidy-Lausanne, Théâtre Saint-Gervais (Genève), Le Grütli (Genève), Théâtre de Sierre, Festival de la Bâtie (Genève). Conventions et partenariats à l'international avec: Teatro Nacional D. Maria II (Lisbonne), Théâtre Nanterre-Amandiers (Nanterre), École nationale supérieure d'art dramatique (Montpellier), école du Théâtre national de Bretagne (Rennes), DAS Arts (Amsterdam), CalArts (Los Angeles).

DÉBOUCHÉS

Metteur ou metteuse en scène (pour l'instant, tou(te)s les étudiant(e)s sorti(e)s depuis quatre cursus travaillent en Suisse et à l'étranger). Le cursus prépare aussi à d'autres métiers: assistanat, dramaturgie, enseignement.

À NOTER

Le Vivier, constitué de quatre acteurs et actrices professionnelles engagées pour l'année, est disponible pour participer à des ateliers, mais aussi pour préparer leur mémoire pratique avec les étudiant(e)s. Présence de danseurs et danseuses dans le même bâtiment, avec partage des lieux en commun non attribués: cuisine, foyer et espaces déliés de toute attribution, mis à disposition pour tous projets d'hybridation. Dans le cadre du programme Master-Campus-Théâtre, la formation à la mise en scène se fait en partenariat avec les trois autres hautes écoles de théâtre en Suisse: la HKB (Hochschule der Künste Bern, haute école des arts de Berne), la ZHdK (Zürcher Hochschule der Künste, haute école des arts de Zurich) et l'ATD (Accademia Teatro Dimitri, académie de théâtre Dimitri à Verscio). Les étudiant(e)s déterminent leur parcours en choisissant de participer à des ateliers qui peuvent être délivrés dans une de ces différentes écoles. L'hétérogénéité des générations favorise une circulation des styles, des genres, des référents artistiques et des expériences.

MASTER « CRÉATION SPECTACLE VIVANT », UNIVERSITÉ PAUL-VALÉRY, MONTPELLIER

Route de Mende – 34199 Montpellier Cedex 5 – 04 67 14 54 49
https://cales-new.univ-montp3.fr/fr/index/offre-de-formation/master-lmd-XB/arts-lettres-langues-ALL/master-1-arts-de-la-scene-et-du-spectacle-vivant-program-master-1-arts-de-la-scene-et-du-spectacle-vivant-parcours-creation-spectacle-vivant/parcours-creation-spectacle-vivant-subprogram-parcours-creation-spectacle-vivant.html

CONDITIONS D'ENTRÉE

Pas de limite d'âge. Licence ou diplôme équivalent. Expérience pratique exigée.

DÉROULEMENT DU CONCOURS D'ENTRÉE

1er tour: dossier artistique autour de trois matériaux (dramatiques ou non) au choix. 2e tour: stage pratique collectif d'une journée et entretien individuel.

NOMBRE DE CANDIDAT(E)S RETENU(E)S ; DURÉE DES ÉTUDES

Douze à treize; 2 ans.

SORTIE DE L'ÉCOLE

Travail de fin d'études: un projet personnel et un projet collectif. Diplôme final: master Arts de la scène et du spectacle vivant.

PROGRAMME D'ÉTUDES, ORGANISATION DE L'ENSEIGNEMENT

En master 1 : direction d'acteurs, dramaturgie appliquée, atelier d'écriture, techniques et esthétiques de plateau (ateliers) ; histoire et théorie de la mise en scène, théorie du spectacle vivant, méthodologie de la recherche (cours théoriques et pratiques, en partenariat avec le master recherche) ; projets artistiques et de recherche (ateliers, stages et résidences artistiques) ; mémoire de recherche appliquée; langue vivante. En master 2: dramaturgie appliquée, atelier d'écriture, techniques et esthétiques de plateau (ateliers) ; théorie de la mise en scène et de l'art contemporain, spectacle vivant et intermédialité, production artistique et technique (cours théorique et pratique, en partenariat avec le master recherche et le master Dapce [Direction artistique de projets culturels européens]) ; projets artistiques et de recherche (ateliers, stages et résidences artistiques) ; stage pratique dans une structure professionnelle; langue vivante. Les cours se déroulent pour la plupart sous la forme de stages de 2 à 3 semaines pour un total de 1200 heures de cours environ pour le cursus complet, plus les heures de résidence.

PARTENARIATS

Partenariats avec les théâtres La Vignette (Montpellier), CDN de Montpellier, Opéra Orchestre de Montpellier Métropole, SortieOuest (Béziers) et le festival Printemps des comédiens (Montpellier).

DÉBOUCHÉS

Métiers artistiques du spectacle vivant, mise en scène, dramaturgie, performance, interprétation et métiers de la production du spectacle vivant.

À NOTER

Formation à temps complet. Partenariat avec d'autres filières de l'université Paul-Valéry.

MASTER THÉÂTRE « MISE EN SCÈNE ET DRAMATURGIE », UNIVERSITÉ PARIS-NANTERRE

Département des Arts du spectacle
200, avenue de la République
92001 Nanterre Cedex – 01 40 97 70 75
https://www.parisnanterre.fr/offre-de-formation-/master-arts-lettres-langues-br-mention-theatre-br-parcours-theatre-mise-en-scene-et-dramaturgie-414554.kjsp

CONDITIONS D'ENTRÉE

Pas de limite d'âge. La formation est ouverte aux étudiant(e)s en arts du spectacle pouvant justifier d'une expérience du jeu et de la mise en scène en plus de leur formation universitaire. Formation continue pour des candidat(e)s pouvant justifier d'au moins trois ans d'activité professionnelle dans le secteur théâtral, même sans diplôme universitaire (recrutement directement en 2e année de master).

DÉROULEMENT DU CONCOURS D'ENTRÉE

1er tour: dossier dans lequel les candidat(e)s précisent leur formation antérieure, leur cursus professionnel et leurs attentes (avec pièces justificatives et lettre de motivation). 2e tour: audition (30 minutes) devant le jury (composé d'enseignant(e)s et de professionnel(le)s du spectacle), où les candidat(e)s retenu(e)s présentent un projet de mise en scène, sous forme de présentation scénique (éventuellement avec des partenaires) et/ou d'exposé dramaturgique et/ou de maquette de mise en scène. Les candidat(e)s doivent jouer (au moins 5 minutes) pour l'évaluation de leurs qualités d'interprète. Tout élément permettant de juger de la pertinence du projet de mise en scène est bienvenu: maquette de scénographie, dessins, photos, vidéo, réflexion sur le texte, éventuellement sur sa traduction...

NOMBRE DE CANDIDAT(E)S RETENU(E)S ; DURÉE DES ÉTUDES

20 places maximum tous les deux ans; 2 ans (ou 1 an, voir Conditions d'entrée).

SORTIE DE L'ÉCOLE

Travail de fin d'études: réalisation d'un projet personnel dont la forme est variable: mise en scène d'un texte, théâtral ou non, avec ou sans partenaires, performance, élaboration d'une dramaturgie (en association avec un des projets de mise en scène proposés), scénographie, écriture d'un texte personnel, traduction d'une œuvre théâtrale, etc. L'obtention du diplôme est soumise à la validation de l'ensemble des modules de la formation, chaque travail, pratique ou théorique, faisant l'objet d'une évaluation.

PROGRAMME D'ÉTUDES, ORGANISATION DE L'ENSEIGNEMENT

35 heures par semaine, 26 semaines par an. Les séminaires théoriques se déroulent en matinée: 2 sont réservés aux étudiant(e)s du master « Mise en scène et dramaturgie (politique de la scène et production) », les autres sont communs avec les étudiant(e)s des masters recherche des universités Paris-Nanterre et Paris-III sur des sujets spécifiques. Les cours professionnels (écritures contemporaines, techniques de la scène, dramaturgie) se déroulent l'après-midi durant 1 à 3 semaines; 6 ateliers de mise en scène et direction d'acteur (de 4 à 6 semaines chacun) se déroulent l'après-midi: les étudiant(e)s travaillent en groupe sous la direction de metteur(euse)s en scène confirmé(e)s sur un projet de mise en scène à propos d'une œuvre ou d'un thème préalablement choisis. Dans certains ateliers, les étudiant(e)s ont la possibilité de travailler avec des élèves comédien(ne)s d'autres écoles et/ou avec des comédien(ne)s professionnel(le)s. Un atelier de mise en scène est consacré aux nouvelles technologies et aux dramaturgies plurielles dans le cadre du dispositif de formation innovante CréaTIC (programme de recherche « Création et technologies numériques »). En 2e année, chaque étudiant(e) doit accomplir un stage d'au moins deux mois au sein d'une équipe artistique en France ou à l'étranger.

PARTENARIATS

Pour les ateliers pratiques, stages et dispositif CréaTIC: Théâtre Ouvert, Théâtre Nanterre-Amandiers, Théâtre de la Tempête, Théâtre national de Strasbourg, Nouveau Théâtre de Montreuil, Confluences (Paris 20e), CND Pantin, Laboratoire des nouvelles technologies de l'image, du son et de la scène (université Laval, Québec, Canada). Le master « Mise en scène et dramaturgie » est co-initiateur d'un master international, « Comparative Dramaturgy and Performance Research », avec l'université Goethe (Francfort-sur-le-Main), l'Université libre (Bruxelles), et l'University of the Arts (Helsinki). Depuis septembre 2017, ce dispositif permet aux étudiant(e)s de suivre 2 semestres dans une des universités partenaires.

DÉBOUCHÉS

Métiers de metteur(euse) en scène et/ou de dramaturge, mais aussi autres postes de l'activité théâtrale: assistanat à la mise en scène, animation, formation ou direction d'institutions culturelles, programmation, administration... Le taux d'insertion professionnelle sur les 4 dernières années est de 70 %.

À NOTER

La formation est axée sur la recherche-création, par le biais, notamment, des ateliers-laboratoires, menés depuis 2012 par Sabine Quiriconi, en lien avec des laboratoires de recherche universitaires et des théâtres, pour expérimenter des dramaturgies plurielles et de nouvelles technologies.

MASTER « MISE EN SCÈNE ET DRAMATURGIE EN EUROPE », UNIVERSITÉ DE LORRAINE, UFR ARTS, LETTRES ET LANGUES, METZ

Île du Saulcy
BP 70328
57045 Metz Cedex 01
03 72 74 77 00
http://all-metz.univ-lorraine.fr/sites/all-metz.univ-lorraine.fr/files/users/documents/flyer2_master_mise_en_scene_et_dramaturgie_en_enrope.pdf

CONDITIONS D'ENTRÉE
Bac + 3 pour une formation initiale; VAE (validation des acquis de l'expérience)/VAPP (validation des acquis professionnels et personnels) pour une formation continue. Formation bilingue: connaissance de l'allemand.

DÉROULEMENT DU CONCOURS D'ENTRÉE
Inscription sur le site https://ecandidat.univ-lorraine.fr (pour la formation initiale et la VAPP), et sur le site https://all-metz.univ-lorraine.fr/formation-continue/formations-diplomantes/vae (pour la VAE).

NOMBRE DE CANDIDAT(E)S RETENU(E)S ; DURÉE DES ÉTUDES
Entre 10 et 15 étudiants; 2 ans (ou 1 an si entrée directe, via la VAPP, en master 2)

SORTIE DE L'ÉCOLE
Soutenance du mémoire (volet théorique et volet pratique).

PROGRAMME D'ÉTUDES, ORGANISATION DE L'ENSEIGNEMENT
Master 1: savoirs théoriques, pratiques et techniques fondamentaux. Master 2: Cours et séminaires sur: Économie des arts de la culture, Politiques culturelles comparées en Europe, Écritures scéniques, Dramaturgies, Théories de l'acteur, Théâtre et interculturalité, Le corps et ses esthétiques, Langue vivante appliquée au théâtre, Séminaire de recherche en arts. Masterclasses: Interprète dans un contexte européen, Écritures et dramaturgie de plateau, Pédagogie théâtrale. Deux stages de deux mois et demi.

PARTENARIATS
NEST (Centre dramatique national de Thionville-Lorraine), Saarländisches Staatstheater (Théâtre du Land de la Sarre), Théâtre national du Luxembourg, Théâtre de Liège.

DÉBOUCHÉS
Métiers de la mise en scène, de la dramaturgie et de la pédagogie théâtrale.

À NOTER
La formation n'ouvrant ses portes qu'à l'automne 2018, nous ne pouvons donner ici que quelques informations pratiques.

mis cel lan ées

1968-2018 ? DE L'IMAGINATION SOCIALE AU POUVOIR DANS LES CDN

PAR MARIE-ANGE RAUCH

1968 a concerné l'ensemble des travailleurs du spectacle vivant et a duré toute la saison théâtrale, de la mi-mai à la fin décembre, avec l'interdiction de *La Passion du général Franco*, d'Armand Gatti, sur la scène du TNP[1], souvent évoquée dans les milieux du théâtre à travers la radicalité de la contestation des deux grandes figures titulaires du théâtre qu'étaient Jean-Louis Barrault (alors directeur de l'Odéon-Théâtre de France) et Jean Vilar (directeur du Festival d'Avignon). Puisqu'il s'agit de questionner la résonance de 1968 en 2018, années fortement marquées par les revendications syndicales, nous nous intéresserons plus particulièrement ici à celles des personnels, en particulier ceux des centres dramatiques nationaux (CDN) qui jouaient un rôle moteur dans les maisons de la culture (MDC), programme phare de la politique culturelle d'André Malraux.

LES REVENDICATIONS DE 1968

La prise de l'Odéon-Théâtre de France, le 15 mai au soir, n'a pas été décidée par les syndicats des travailleurs du spectacle. Elle donne immédiatement lieu à diverses incursions dévastatrices dans les précieuses réserves de matériels, costumes et accessoires du théâtre, entraînant la nécessité pour les personnels d'accompagner jour et nuit l'occupation pour limiter les dégradations. C'est pourquoi, à partir du 17 mai, les syndicats CGT du spectacle décident la grève générale et d'occuper eux-mêmes les salles afin d'éviter que la situation subie à l'Odéon ne puisse se reproduire ailleurs. Toutes les salles publiques et privées ferment immédiatement à Paris et en province. L'occupation des Folies-Bergère durera jusqu'à la fin juin, la contestation du Festival d'Avignon jusqu'à la fin juillet. Si le motif premier des occupations est la défense de l'outil de travail contre les destructions, très vite, comme dans les autres secteurs d'activité, les difficultés spécifiques sont mises en question. Les débats des salariés sont d'autant plus libres et ouverts que les directeurs des théâtres populaires et des MDC ont placé les salles sous la garde de leurs personnels pour se réunir au Théâtre national populaire de Villeurbanne dans une sorte de huis clos qui dura trois semaines (du 21 mai au 11 juin) afin de réfléchir à une nouvelle définition de l'action artistique et culturelle, voire de la gestion des équipements. Le 25 mai, ils publient un manifeste dans lequel ils s'engagent à inventer de nouvelles formes d'interventions artistiques avec et pour le non-public (c'est-à-dire avec la part de la population qui ne fréquente ni les théâtres ni les MDC), décident « de maintenir entre eux un lien permanent et mettent dès maintenant à l'étude, outre les problèmes esquissés ci-dessus, les points suivants : cogestion de leurs entreprises, développement de troupes permanentes des centres dramatiques, des théâtres nationaux et des tournées non commerciales, conception des lieux de spectacles [...]. »[2]
Pour leur part, les représentants syndicaux réunis pour trois jours au Théâtre national de Strasbourg (à partir du 8 juin) établissent un cahier de revendications nationales (salaires, effectifs, contrats, congés) et entendent commencer les négociations pour une convention collective commune aux équipements publics de la décentralisation.

Le 10 juin, une délégation des personnels est reçue à Villeurbanne par les metteurs en scène directeurs. En posant les revendications catégorielles, les personnels techniques, administratifs et artistiques demandent aussi à participer désormais à la

1– Voir à ce sujet Marie-Ange Rauch, *Le Théâtre en France en 1968. Histoire d'une crise, crise d'une histoire*, Paris, L'Amandier, 2008. Cette communication doit beaucoup aux entretiens de préparation de la table ronde « Actualité et nature de Mai 1968, ce que Mai 68 nous dit cinquante ans plus tard », avec les militants de la CGT, notamment avec Denis Fouqueray, membre de la délégation générale du SFA-CGT. Organisée par l'Union départementale et l'Institut d'histoire CGT Paris à la Bourse du travail le 4 juin 2018 dans le cadre de la journée « Mai 1968 à Paris : évocation CGT ».

2– Auxquels s'ajoutent : « fiscalité, aides aux auteurs, créations d'un secteur expérimental, monopole de la Société des auteurs, etc. *Cf.* point 11 du *Manifeste de Villeurbanne*.

préparation de la programmation et des spectacles. Constatant qu'ils risquent de devoir partager leurs prérogatives en matière de direction et de création, les directeurs écartent l'éventualité d'une cogestion qu'ils avaient eux-mêmes proposée et s'en tiennent aux revendications syndicales classiques. Dès lors, le concept de « famille artistique »[3], à l'intérieur de laquelle tous les métiers œuvraient ensemble sous la houlette des chefs de troupe à la structuration d'un réseau public d'équipements en passant outre le manque de moyens dans l'espoir d'un prochain développement de l'emploi artistique[4] cède la place à un rapport clarifié entre directeurs employeurs et salariés du spectacle.

LES ESPOIRS DE L'IMMÉDIAT APRÈS-MAI

Les acquis de 1968 sont très importants. Retenons que dès le mois de juin la revalorisation des salaires est actée[5] ainsi que les permanences syndicales ; par ailleurs, la rédaction d'une convention collective du secteur public a avancé. Afin qu'elle puisse être signée, les directeurs devront créer leur propre syndicat. Dans un premier temps, le dialogue est si cordial avec la CGT que la génération qui a dirigé les premiers CDN depuis la Libération envisage de la faire adhérer. Le Syndeac, qui est de fait une chambre patronale donc ne peut adhérer à la Confédération, est lancé en février 1971.

Comment expliquer les conflits ultérieurs et le climat délétère qui sévit actuellement dans bon nombre de CDN ? Le contrat triennal de décentralisation établi en 1972 semble être un élément déterminant. En effet, à partir de cette date, le ministère[6] confie la direction des CDN, pour trois ans, non pas à un administrateur, mais « *intuitu personae* », c'est-à-dire en considération de sa personne et des qualités qui lui sont propres, à un artiste[7]. Ce point, qui soulignait que les CDN étaient des équipements de création, a malheureusement aussi favorisé leur identification au seul talent artistique du metteur en scène au détriment du rôle des différents métiers du spectacle. Pour faire court, si, pour les premiers directeurs, le développement des CDN devait fournir aux troupes de province les moyens de monter des spectacles de qualité pour constituer un vaste public populaire, pour nombre de leurs successeurs qui prendront la relève dans les années 1970, l'équipement est d'abord au service du renouveau de la mise en scène et, plus largement, de l'art dramatique tel qu'ils sont chargés et ont la liberté de le concevoir.

Les metteurs en scène-directeurs se sont jusqu'à présent judicieusement appuyés sur le contrat et le mandat *intuitu personae* de 1972 pour pérenniser leur rôle à la tête des centres dramatiques nationaux. Ils ne peuvent pas donc pas juger passéiste[8] que les salariés ouvrent à leur tour le placard à archives pour relire des accords qui datent de la même période. Pour comprendre à quel point les personnels ont été déçus ensuite, il faut en effet aussi considérer les textes qui les intéressent plus particulièrement. Comme par exemple celui du préambule de l'annexe à la convention collective régissant les rapports entre les directeurs des établissements culturels et des centres dramatiques et les artistes interprètes de 1973 : « Les parties signataires s'engagent à mettre à l'étude dès à présent un procédé garantissant l'emploi d'un certain effectif de personnel artistique et spécifiquement d'artistes interprètes [...] Des dispositions analogues seront étudiées en faveur du personnel d'animation [...] considérant que la permanence de l'emploi favorise la cohérence de l'action [...] la part la plus importante possible du volume d'emploi global sera affectée aux emplois permanents. » Il est aussi explicitement écrit en première page : « La participation du personnel artistique à la définition des orientations et à la gestion dans les établissements culturels qui en emploient est reconnue comme légitime, nécessaire et conforme à la vocation de ces établissements. »[9]

L'emploi des comédiens dans les CDN n'a cessé de diminuer et de se précariser, au point que le SFA et la Fédération du spectacle CGT ont été amenés, en novembre 2015, à assigner quinze directions de CDN et leur syndicat (le Syndeac) devant le tribunal

3– Voir Marie-Ange Rauch, « La figure des patrons », *Théâtre/Public*, n° 224, « Présences du pouvoir », 2017, p. 69-74.
4– La faiblesse des moyens alloués aux CDN autorisait toutes sortes d'appels à la bonne volonté militante des salariés, tolérés par la Fédération du spectacle CGT et ses syndicats dans la perspective du soutien à une création de qualité.
5– Après la hausse de 13,5 % obtenue début juin dans la fonction publique, augmentation de 10 à 65 % selon les secteurs. *Cf.* SFA, *La Vie d'artiste, du mythe à la réalité*, Paris, Epi, 1974, p. 195.
6– Notamment grâce à Guy Brajot, qui comptait parmi les tout premiers administrateurs du ministère Malraux, ardent défenseur de la cause des théâtres publics, alors directeur du Théâtre, des MDC et des lettres (1970-1979).
7– Ce contrat doit être regardé a posteriori comme une victoire importante des Affaires culturelles sur le ministère des Finances.
8– L'adjectif accompagne désormais trop souvent le discours des employeurs pour discréditer toute tentative syndicale de défendre les acquis sociaux.
9– Annexe à la convention collective régissant les rapports entre les directeurs des établissements culturels et des centres dramatiques et les artistes interprètes, signée par Georges Goubert pour le Syndeac et Robert Sandrey pour le SFA, 1er janvier 1973, archives SFA-CGT.

de grande instance[10] pour non-respect de l'accord sur le volume d'emploi des artistes interprètes[11] de 2003, qui relevait pourtant dans son préambule « un retour significatif à des pratiques théâtrales dans la durée en groupes constitués (sinon en troupes), le développement de l'action culturelle dans la politique des CDN (formation, sensibilisation, ateliers d'expression…) et le rôle essentiel qu'y jouent les artistes interprètes »[12].

ENTERRER OU ENTENDRE LES QUESTIONS DE 1968 ?

Nombre de directions de CDN, après avoir paradoxalement fêté l'anniversaire de la décentralisation dramatique en 2017 sans s'interroger sur le sens profond de la plainte des comédiens, entendent commémorer 1968 comme une sorte de parenthèse enchantée pendant laquelle la parole du public, des étudiants, des travailleurs… se libérait partout en France, oubliant que celles des personnels des équipements artistiques et culturels s'étaient également clairement fait entendre. De fait, réduire l'histoire de la décentralisation à l'aventure d'une poignée de metteurs en scène et la complexité des événements de 1968 à l'évocation du boycott des grandes figures à la fois artistiques et directoriales des théâtres nationaux, Jean-Louis Barrault (Odéon-Théâtre de France) et Jean Vilar (TNP, puis Festival d'Avignon), a pour corollaire (qu'il conviendrait d'interroger) de passer sous silence les revendications sociales et culturelles défendues par les personnels administratifs, techniques et artistiques, ou bien de les inscrire au chapitre des exagérations illusoires du moment et/ou des archaïsmes et des traditions mortes aujourd'hui. On se souvient du mot du général de Gaulle : « Portons en terre les diables qui nous ont tourmentés pendant l'année qui s'achève ! »[13] Pourtant, les salariés du spectacle avaient alors tout lieu d'espérer que se construirait désormais collectivement une direction des entreprises artistiques et culturelles différente, enviée par les autres secteurs d'activité et en quelque sorte à leur service.

Comment célébrer 1968 et s'irriter dans le même temps que les artistes interprètes appellent toujours de leurs vœux une gouvernance des CDN qui mette, autant que faire se peut, l'imagination sociale au pouvoir ? Si 1968 a un sens dans les théâtres publics en 2018, ce n'est certes pas celui de se résigner à une conception gestionnaire, fût-elle novatrice, de leur mission de service public et des travailleurs qui la servent, mais bien d'ouvrir la perspective d'une organisation à la fois économique et sociale radicalement différente de celle qui présente désormais l'intermittence de l'emploi comme une mutation irréversible des entreprises artistiques et culturelles. Sans doute est-il temps de renverser le dicton attribué à Jean Vilar : « Faites-moi une bonne société, je vous ferai un bon théâtre », et de penser le modèle d'identité populaire que les théâtres publics choisiront de revendiquer pour leur propre fonctionnement interne. Sinon, quel sens de transformation sociale aurait véritablement aujourd'hui le maintien des artistes à leur direction ? Et comment s'étonner que les pouvoirs publics y renoncent et envisagent sans état d'âme de rapprocher le secteur public du théâtre privé en constatant qu'ils sont de plus en plus socio-économiquement compatibles ? Un demi-siècle après 1968, la mémoire syndicale nous rappelle que le souhait d'une cogestion inventive n'était pas censé s'arrêter à la porte des entreprises artistiques et culturelles.

10– Rappelons les termes de l'accord du 1er janvier 1984 : « Chaque année, dans les centres dramatiques nationaux, il ne pourra être distribué moins de cent mois de salaire aux artistes interprètes utilisés pour la création artistique de l'établissement. » La plainte du SFA aura souligné qu'au cours des cinq dernières années (2010-2014) plusieurs centaines de milliers d'heures qui devaient être fournies aux comédiennes et comédiens à la suite d'un accord renouvelé sur le volume d'emploi en 2003 auront en définitive manqué.

11– Le premier accord sur le volume d'emploi des artistes interprètes dans les CDN date de 1975, la première assignation du Syndeac par le SFA de 1999. Source : archives SFA-CGT. C'est cette assignation qui a conduit à une médiation et finalement à l'accord de 2003.

12– Préambule de l'accord du 5 novembre 2003 relatif aux artistes interprètes dans les centres dramatiques nationaux. https://www.legifrance.gouv.fr/affichIDCC.do?idArticle=KALIARTI000005808412&idSectionTA=KALISCTA000005706673&cidTexte=KALITEXT000005662463&idConvention=KALICONT000005635964&dateTexte=29990101

13– Allocution radio-télévisée, 31 décembre 1968.

... EN QUÊTE D'AUTEURS

FORUM DES NOUVELLES ÉCRITURES DRAMATIQUES EUROPÉENNES (AVIGNON, 7-8 JUILLET 2018)

PAR ÉMELINE JOUVE

« Faire l'Europe alors que d'autres la défont », c'est sur ces mots que Christian Biet, de l'université Paris-Nanterre, ouvrit le Forum des nouvelles écritures européennes organisé cette année dans la cité des Papes qui, en ce début juillet 2018, inaugurait la 72e édition du Festival. Dans une Europe en mutation où l'Autre est de plus en plus perçu comme une menace et où l'Art se voit dévalué au profit de logiques économiques, la valorisation d'écritures plurielles au sein même de l'institution qui tendrait à la standardisation culturelle fait espérer en une nouvelle Babel d'avant la Crise.

Produit et co-organisé par l'université Paris-Nanterre (EA 4414 Histoire des arts et des représentations - Master théâtre « Mise en scène et dramaturgie »), le Théâtre national de Strasbourg, l'Esact de Liège, le RITCS de Bruxelles, la Maison Antoine-Vitez, en collaboration avec, notamment, l'université d'Avignon et en partenariat avec le Festival d'Avignon qui accueillait les rencontres, ce Forum 2018 s'inscrit dans la continuité des Forums de 2016, à Strasbourg, et de 2017, à Bruxelles. Ce maillage institutionnel rend compte de la volonté d'opérer à des décentrements disciplinaires pour aller à la rencontre de ces Autres sans qui les textes ne vivraient pas et grâce à qui l'écriture contemporaine européenne existe et circule. Auteurs, traducteurs, acteurs en formation, chercheurs et publics (au masculin comme au féminin) se sont retrouvés pour partager leur art, leur savoir-faire, et pour échanger leurs analyses sur leurs pratiques, leurs façons d'entrer dans l'écriture. Lors de ces deux jours de rencontres, les 7 et 8 juillet, dix traductions de dix textes de langue originale anglaise, portugaise, italienne, polonaise, croate, flamande, islandaise, espagnole et allemande furent mises à l'honneur : *Comment retenir sa respiration,* de Zinnie Harris, traduit par Blandine Pélissier ; *Voyageurs solitaires,* de Joana Craveiro, traduit par Marie-Amélie Robilliard ; *Pour ton bien,* de Pier Lorenzo Pisano, traduit par Federica Martucci ; *Les Extraordinaires Frères Limbourg,* de Beniamin M. Bukowski, traduit par Agnieszka Zgieb (publié chez Deuxième Epoque) ; *Il faudrait sortir le chien,* de Tomislav Zajec, traduit par Karine Samardzija ; *Wij/Zij,* de Carly Wijs, traduit par Monique Nagielkopf ; *L'Aperçue de l'inconnu,* de Michael Bijnens, traduit par Anne Vanderschueren ; *Bleus,* de Tyrfingur Tyrfingsson, traduit par Séverine Daucourt ; *Canicule,* de Lola Blasco, traduit par Clarice Plasteig (publié aux Solitaires intempestifs) ; *Le Grognement de la Voie lactée,* de Bonn Park, traduit par Laurent Muhleisen (publié à L'Arche). L'objectif du Forum était d'ouvrir la scène à des auteurs et autrices émergents. Si certains artistes, comme l'autrice anglaise installée à Edimbourg Zinnie Harris ou comme l'artiste allemand Bonn Park (malheureusement empêché) ne peuvent vraiment être qualifiés d'« émergents » tant leur renommée est déjà établie, la présentation de leur texte permettait de mettre en lumière les œuvres de celles et ceux encore peu connus (voire inconnus) du public français plutôt que de les éclipser (danger toujours encouru lorsque des artistes de renommée variable sont invités à un même événement). On saluera cette entreprise de valorisation de nouvelles écritures dans une économie du spectacle qui tend à miser sur des artistes déjà largement repérés afin de s'assurer de la présence de spectatrices et spectateurs qui, selon un raisonnement stratégico-commercial défendu par certains managers culturels, opteraient souvent pour la prudence plutôt que pour les prises de risque. En accueillant le Forum, le Festival d'Avignon semblait en cet été 2018 renouer avec son histoire puisqu'en 1971 commença, à l'invitation de Jean Vilar, l'aventure de Théâtre Ouvert dirigé par Micheline et Lucien Attoun. L'objectif de Vilar et des Attoun était alors de faire découvrir au public des textes contemporains d'auteurs et autrices vivants et d'en assurer leur promotion et diffusion. Ce parallélisme entre 1971 et 2018 nous amène à nous interroger sur l'avenir du Forum au Festival : à l'instar du directeur originel, le directeur actuel du Festival, Olivier Py, envisagerait-il de pérenniser ces rencontres ? L'avenir nous le dira mais, de toute manière, avenir il y aura selon les différents partenaires du Forum soucieux de poursuivre la mise en place de ces rencontres ici ou ailleurs.

Que nous révèlent les dix textes présentés au Forum sur non seulement la nature de l'écriture dramatique au XXIe siècle mais aussi sur la vision des auteurs de l'Europe qui leur est contemporaine ? S'il est difficile de tirer des conclusions générales puisque ces textes sont aussi le fruit d'une sélection, il nous semble que ce qui se dégage des choix opérés par les coordinatrices et coordinateurs du Forum est la prédominance d'écritures dramatiques où le *muthos* reste central : la majorité des auteurs nous raconte en effet des histoires, des histoires le plus souvent intimes qui rendent compte de la difficulté de vivre dans une époque où la peur de l'Autre, qu'il soit l'étranger ou son semblable, est omniprésente. À l'exception de quelques pièces, c'est par le truchement du microcosme que les auteurs parlent du macrocosme européen. Cette prégnance du tout petit, du familier, est thématique ou inscrite dans le processus même d'écriture. En effet, on observe thématiquement dans la plupart des œuvres un recentrage post-ibsénien sur la famille, le plus souvent dysfonctionnelle, à l'image de la nation. Ainsi, Pier Lorenzo Pisano, Tyrfingur Tyrfingsson ou Tomislav Zajec dépeignent le cercle familial comme un univers aliénant. La veine du théâtre documentaire très en vogue dans les décennies précédentes reste très présente : en s'inspirant de témoignages de personnes réelles qu'ils ont rencontrées ou sur qui ils ont fait des enquêtes, Joana Craveiro, Carly Wijs ou Michael Bijnens sont, chacun à leur manière (de manière très différente d'ailleurs) partis de l'anecdotique pour proposer une réflexion plus globale sur notre monde. Au cours des monologues ou dialogues, que l'on pourrait qualifier (d'après le mouvement esthétique pictural) d'« hyperréalistes » pour nombre d'entre eux, les personnages portent des paroles plus qu'ils ne semblent les incarner. En effet, le verbe est très souvent une reproduction très fidèle du discours quasi idiosyncratique du quotidien prononcé par des figures, sortes d'archétypes sociaux dont le nom est parfois gommé, comme pour souligner la primauté de leur rôle dans la communauté aux dépens de leur individualité propre. L'apparente froideur de l'hyperréalisme dominant est contrebalancée par des intrusions de temps à la théâtralité exacerbée comme le fantastique chez Harris (qui met en scène une sorte de démon post-faustien), l'absurde chez Blasco (qui semble pousser l'absurde d'un Edward Albee à l'extrême), le jeu chez Bukowski (qui introduit la possibilité d'interrompre la pièce sans explication si le hasard du jeu de la roue lancée à la fin de chaque scène le décide ainsi) ou encore le guignolesque chez Park (où un extraterrestre, Donald Trump et Kim Jong-un surgissent sur scène). L'humour introduit par cette théâtralité hyperbolique ne rend pas le propos plus léger mais, bien au contraire, souligne l'absurdité de notre monde où la mort littérale ou symbolique, d'un individu et d'une humanité, semble planer toujours. Cette courte présentation ne rend évidemment pas justice à chacune des œuvres, plus complexe et subtile que le présent exposé le laisse percevoir, et on ne saurait évidemment que trop recommander la lecture des pièces, disponibles pour une partie d'entre elles sur le site de la Maison Antoine-Vitez ou, pour certaines, déjà publiées.

Chacun des textes était proposé en lecture par des élèves de l'université Paris-Nanterre, de l'Ecole du TNS, de l'Esact ou du RITCS. Après chaque mise en voix, l'auteur ou autrice et son traducteur ou sa traductrice étaient invités à rejoindre les comédiens et comédiennes pour un échange avec le public, animé par des représentants des institutions organisatrices. Ainsi, une heure était consacrée à la découverte de chacune des pièces et du travail d'interprétation. Ainsi, les discussions mettaient en avant les différents niveaux d'interprétation propres à l'exercice de traduction et de jeu, et la question de la « vérité du texte » se déclinait alors selon les subjectivités de chacun et chacune. Ces échanges, souvent passionnés, rendaient compte de la sincérité avec laquelle acteurs, actrices, traducteurs, traductrices mais aussi chercheurs et chercheuses s'étaient saisis des différents textes. Si les élèves des différentes formations aux métiers des planches s'exprimaient sur leur façon d'être entrés dans le texte, on pourra regretter que, souvent faute de temps, la parole des « passeurs », *traductores*, n'ait pas été plus entendue. En effet, les lectures en français d'extraits des traductions des textes originaux anglais, portugais, italien, polonais, croate, flamand, islandais, espagnol et allemand furent au centre des échanges. Ces mises en voix d'une quinzaine de minutes pour chaque texte consistaient, pour la majorité du public, en une première rencontre avec les textes dramatiques. C'est donc par le jeu que nous entrions dans les différentes écritures, et c'est principalement par les impressions de jeu des comédiens que les débats étaient lancés avant de revenir sur les intentions des auteurs. La prise de parole des comédiens qui expliquaient comment ils avaient travaillé sur les extraits des scènes pour faire entendre ce qu'ils considéraient comme les spécificités dramatiques de l'œuvre était fort intéressante. Ce parti pris du Forum de partir du jeu pour aller vers le texte donne évidemment toute sa dimension théâtrale au drame (ici en tant que « texte dramatique ») écrit pour que le plateau s'en saisisse. L'interprétation sur scène des comédiens et leurs explications ensuite nous rappellent qu'il n'y a pas d'essentialisme textuel et que, une fois livré, le texte aura pour vérité celle que chacun de ses interprètes (dans l'acception de « celles et ceux qui en déduisent le sens »), du metteur/metteuse en scène aux acteurs/actrices au public, lui donnera. Si les traductrices et traducteurs sont eux aussi revenus sur leurs travaux d'interprétation et de translation d'une langue source vers la langue cible, le français, nous aurions cependant souhaité les entendre plus et espérons que les prochaines éditions du Forum permettront de revenir un peu plus avant sur les difficultés que les professionnels ont pu rencontrer pour retranscrire les spécificités stylistiques, prosodiques et culturelles (au sens de références culturelles) du texte original et sur leurs heureuses trouvailles de traduction. Il convient enfin d'applaudir l'effort fait pour s'assurer de la présence des auteurs et autrices. Cette présence nous a semblé précieuse dans le cadre du Festival d'Avignon qui fait principalement la part belle aux metteurs et metteuses en scène à qui la parole est généralement donnée lors des diverses rencontres proposées dans la cité des Papes. Enfin, pour que ce forum ait une résonance par-delà les quelques jours du Festival, l'équipe des étudiants de Nanterre a constitué un blog qui non seulement reprend les séances, vidéo à l'appui, intègre les entrevues filmées des auteurs et des traducteurs, et donne les références bibliographiques des textes eux-mêmes, via la Maison Antoine Vitez : https://forumdesnouvellesecrituresdramatiques.fr

Ce Forum des nouvelles écritures dramatiques européennes fut un appel au voyage par l'écriture et par-delà nos frontières. Si les textes proposés et leurs interprétations laissent à lire et à entendre un certain pessimisme face aux problématiques qui traversent l'Europe, les échanges qu'ils ont suscités sont, eux, porteurs d'espoir en cela qu'ils témoignent encore et encore de la capacité de l'art à créer du lien.

« TANT D'EFFORTS ! ET TOUT CELA JUSTE POUR VINGT REPRÉSENTATIONS »[1]

PAR YANNICK BUTEL

Journal des traces (cahiers photos, croquis de jeu, archives), leçons d'Anatoli Vassiliev en dialogue avec Valérie Dréville, témoignage de la comédienne sur le travail qu'elle accomplit lors de la création (et de la reprise) de *Médée-Matériau*, le livre écrit par Dréville vient éclairer techniquement, scientifiquement et amoureusement son métier. C'est un document rare et intime où le geste de diariste qu'induit le titre excède l'écriture de Mémoires. Un livre où les dialogues rapportés et le récit déplaceront le spectateur-lecteur afin de le mettre au plus près de l'envers de la représentation, à l'endroit secret et exigeant des répétitions.

Comme un écho lointain aux cinq heures de rushs qui n'ont pas été montées… comme une suite aussi, lorsque Dréville nous confiait que Claude Régy lui disait « tu n'es pas obligée de jouer »[2]… *Face à Médée, journal de répétition*, écrit par la comédienne, revient essentiellement sur la reprise de *Médée-Matériau*, de Heiner Müller, mis en scène par Vassiliev, au Théâtre national de Strasbourg, en avril 2017.

Onze ans après les représentations à Nanterre-Amandiers, en 2005… (quelle claque ce soir-là). Quinze ans après la création à Moscou et la présentation de cette performance au Festival d'Avignon à la chapelle des Pénitents blancs, en 2002, le livre (Dréville le nomme ainsi alors qu'elle le termine par un post-scriptum) s'apparente à une durée. Précisément un entretien presque infini, avec Médée la « partenaire invisible », avec son travail de comédienne que condensent les semaines de répétition, entre la rue Povarskaïa à Moscou et le plateau de la salle Koltès du TNS, avec Vassiliev « le maître qui apporte un danger »[3], comme le dit Ilya qui entraîne Dréville. Vingt-six ans après leur première rencontre en 1992, à la Comédie-Française, à l'occasion du scandale du *Bal masqué*. Au vrai, c'est là que tout a commencé, avec cette rencontre, le jour où Dréville a compris, comme elle l'écrit rétrospectivement, que « c'était la chance pour moi de poursuivre ce qui me tenait le plus à cœur : l'école »[4].
Ergo, *Face à Médée* s'apparente à un récit d'apprentissages fait d'inquiétudes, de rapports à l'étrangeté, de liens à soi et aux autres, de peurs et de rires, de colère, de larmes, de rêves, enfin de joie qui apporte le jeu[5]… est-on tenté de synthétiser en parlant de ce livre qui se construit sur le face-à-face entre Dréville et Vassiliev, lequel prévient : « Quand tu vas sur scène […] Il doit y avoir Valérie Dréville moins Médée. »[6] Un livre où l'apprentissage consiste d'abord à faire table rase de tout. À substituer au savoir et à l'expérience déjà acquis, qui induisent toujours une forme de connaissances pérennes, un apprentissage qui se confondrait avec la recherche. « La forme livre participe de la recherche théâtrale »[7], écrit la comédienne, le 22 janvier 2018, au dernier jour marqué/relevé du livre qui les a égrenés.
Histoire d'un apprentissage donc qui n'est autre qu'une rupture, ou un passage d'un état « je me sens comme une écolière qui essaie de bien faire »[8] à un énoncé qui marque une transformation radicale : « je ne sais pas »[9], que Dréville décide de ne plus prononcer parce qu'ici, et tout au long des remarques qu'elle consigne, jour après jour, Vassiliev passeur d'une technique, compagnon de route et de doutes, la guide et ne la dispose, in fine, qu'à comprendre que l'art du comédien n'est autre que de devenir Soi-libre de Soi.

1– Valérie Dréville, *Face à Médée, journal de répétition*, préface d'Antoine De Baecque, avant-propos d'Anatoli Vassiliev, Arles, Actes Sud-Papiers, 2018, p. 13.
2– *Acteurs de cristal*, rencontre avec Valérie Dréville, Pays des miroirs production, 2013, DVD 52 mn.
3– Valérie Dréville, *Face à Médée*, *op. cit.*, p. 92.
4– *Ibid.*, p. 17.
5– *Ibid.*, p. 100.
6– *Ibid.*, p. 105.
7– *Ibid.*, p. 129.
8– *Ibid.*, p. 63
9– *Ibid.*, p. 104.

Et disant cela, nommant ce point à atteindre qui est palpable en chaque pli des trainings et exercices décrits, à chaque étape d'un travail parfois violent, toujours humain et éprouvant, n'ayant d'autre socle que la sincérité et l'authenticité, l'amitié, l'un et l'autre, en définitive, se lançant à nouveau dans cette aventure qu'est et qu'a été *Médée-Matériau,* n'ont jamais envisagé ce défi autrement que sous la forme d'une traversée par les profondeurs du corps et de l'esprit. Là où à cœur du corps et à cœur de l'esprit « l'intact » est la matière malléable convoitée, nécessaire et impérative afin que le processus puisse être engagé, ré-activé.

« Revenir à Médée, c'est revenir à l'école »[10], écrit Dréville qui s'enthousiasme à l'idée « de se mettre dans un processus de recherche qui met à distance les contraintes de production, de résultat »[11]. Certes, mais à « cinquante-cinq ans », comme lui fait remarquer Vassiliev dans la première lettre qui ouvre le livre, le souci immédiat du Maître, qui signe affectueusement « Ton Anatoli », est de s'inquiéter de ce qu'elle était devenue « est-ce que tu sens que ton corps peut être présenté, si ce corps (pas toi-même, juste ton corps) a plus de cinquante ans ? [...] est-ce que cette vie t'a beaucoup changée ? [...] est-ce que je peux être sûr, est-ce que je peux répondre positivement à la proposition de Stan ? »[12] Et de marquer son désappointement « Tu ne l'as pas continué, ce travail »[13], de poursuivre en faisant entendre son désaccord radical « [...] quand il s'agit des pratiques spirituelles, les raisons pour ne pas pratiquer n'existent pas ou presque [...] »[14] et de prévenir de ce que seront les étapes du travail : « Jouer Médée à partir de 2017, cela va signifier — non, ce n'est pas suffisant, je dirais autrement : cela va te déterminer toi-même vers une vie nouvelle. »[15]

Point par point, Dréville répondra dans une lettre qu'elle signe « Avec amour, Valérie » et qui, au regard du livre dans son entier, apparaît comme le retour d'un dialogue que *Face à Médée* va mettre au premier plan, en scène et en page.

Mais ne nous méprenons pas sur l'enjeu de cette entrée en matière. Les deux lettres, les seules du livre, disent surtout que l'exigence du travail pour le metteur en scène et la nécessité de la recherche pour la pratique de la comédienne sont incompatibles avec ce qui règle aujourd'hui la production du spectacle vivant acquise au fordisme. « Où, dans une profession où la rentabilité est de plus en plus une valeur, trouver l'espace du laboratoire ? de la recherche, du travail sur soi, où trouver cette pratique spirituelle, qui fonde le travail théâtral, qui nous réconcilie avec les trivialités de notre profession ? »[16], précise Dréville.

Si c'est bien un livre qui s'apparente à une « durée » (comme nous l'avancions presque d'emblée), cette « durée » s'évalue également comme celle d'un « temps de travail » et de « conditions de travail », le plus souvent sous-estimé ou sous-évalué pour l'un, inadaptées pour l'autre, qui font violence au précaire qu'est l'acteur dont l'autre nom est « intermittent ».

Et si cette critique que nous soulignons n'est pas ce que développe a priori le livre, toutes les remarques marginales qui concernent les attentes de la société du spectacle et ses bailleurs ne font que renforcer la rupture entre la violence d'un système et le désir de ceux qui pratiquent un art en continu, hors temps en quelque sorte. « Lorsque l'idée du spectacle est présente dès le début des répétitions, l'imagination est happée par le spectacle : l'idéologie du résultat est nocive »[17], écrit Dréville. « On a trop l'habitude de faire les choses mécaniquement »[18], lui dira Ilya Kozin, acteur du groupe de Vassiliev à Moscou. « Tu dois développer ton égoïsme : la représentation détruit le travail de l'acteur »[19], encourage Vassiliev. « Lorsque je suis arrivée sur le plateau, la première impression, c'est que le public me gêne »[20], confesse « l'élève », le soir de la première, le 25 avril. Et lui de la rassurer : « Penses que tu ne joues pas pour le public, mais

10– *Ibid.*, p. 22.
11– *Id.*
12– *Ibid.*, p. 23.
13– *Ibid.*, p. 24.
14– *Id.*
15– *Id.*
16– *Ibid.*, p. 26.
17– *Ibid.*, p. 30.
18– *Ibid.*, p. 35.
19– *Ibid.*, p. 111.
20– *Ibid.*, p. 115.

que tu exerces ton art en présence du public »[21], alors qu'elle avoue sa surprise : « Ce qui est étonnant, c'est la vitesse avec laquelle ils se décident à partir »[22], en parlant des spectateurs.

Énoncés qui, rares et tellement visibles, éclairent le « désir de l'école » et celui du travail théâtral qui doit ouvrir des « méta-espaces »[23]. Énoncés, finalement, qui figurent la partie émergée d'un livre dont les développements et le contenu, marqués littéralement par des dates qui renseignent sur le pas-à-pas de la formation et de la transformation incertaine, constituent le livre en son entier comme la preuve et le témoignage des besoins de l'acteur et l'évaluation juste qu'il fait de son travail. Travail, perfection, justesse, besoin de temps... ou des soucis de professionnel qui ne s'accordent pas avec les conditions de production d'aujourd'hui, pas plus qu'avec la représentation que le spectateur a d'un art reçu indifféremment à l'aune du mot spectacle. Lire *Face à Médée* vient corriger cela, définitivement.

Et c'est seulement si le lecteur parvient à cette compréhension qui l'éloigne du rapport anecdotique des bords de plateau qui prolongent le voyeurisme qu'induisent trop souvent les « spectacles » qu'il peut faire son miel du livre qui lui est adressé et concerne la création. Je dis « adressé », oui, parce que les notes de Dréville du 27 février, à quelques jours de revoir Vassiliev pour la première fois, portent la marque du « vous » qui prend à témoin le lecteur et appelle sa présence. C'est seulement, insistons là-dessus, à cette condition qu'il peut entrer dans l'intimité du dialogue entre Dréville et Vassiliev. Qu'il peut comprendre l'apprentissage du russe, le désespoir et l'espérance mêlés, l'humiliation ressentie, la colère froide, l'inquiétude physique, l'envie de disparaître, le plaisir d'être félicité, regardé, encouragé... l'épuisement, la solitude et les rêves aussi... qu'évoque, par petites touches, Dréville. « Touches » tout humaines qui explicitent la conscience qu'elle a de l'endroit où son art doit la mener et de celui qui peut l'y conduire.

Alors l'attention du lecteur se tourne vers celui-ci à mesure qu'il lit le journal. Il écoute parler Vassiliev qu'entend Dréville. La technique est exposée, déconstruite, reconstruite à mesure que le livre avance à travers les « fragments » (façon de nommer les séquences du texte). Il devient le presque familier du training verbal et physique, de la lecture sur la gauche, des accents, de l'axe d'attaque, du sourire intérieur, du nœud, de la recherche de l'énergétique du son, de l'intonation exclamative/narrative/affirmative[24]... il saisit la difficulté du geste verbal, l'importance de la force rétroactive. Il sent que le corps de Dréville est le seul lieu de passage et le seul canal pour que s'accomplisse la création. Et il comprend la présence des petites touches humaines et sensibles rapportées par la comédienne, parce qu'il prend la mesure du travail technique qui les convoque.

Et d'ajouter que le lecteur ne peut, à ces endroits du livre, tout saisir de cette langue et de cette pensée hiéroglyphique, mais que s'il a été spectateur[25] de *Médée-Matériau*, alors persistent encore dans son souvenir le son et l'émotion que condensait le geste verbal de Dréville. Et alors...

(Soudain, je comprends tout de la page 78. Lisant « Chez la fille de Créon », le son de la voix de Dréville me revient distinctement. Je crayonne dans la marge ma « petite touche » que je perçois comme la clé du travail complexe auquel j'assiste. Cette leçon où, suivant l'impératif de Vassiliev, j'ai cessé de regarder « le texte du point de vue des affects »[26]. Euphorique, je me dis que cela doit être ça de « savoir maîtriser le pouvoir de la parole agissante »[27]).

Tout de la lettre de Vassiliev est devenu limpide.

21– *Ibid.*, p. 116.
22– *Ibid.*, p. 119.
23– *Ibid.*, p. 129
24– Se reporter au lexique ajouté à la fin du livre.
25– Vassiliev a réalisé également un film de *Matériau-Médée*, une version non commercialisée. Captation de P. Rosenblatt et M. Ziebinski, dans le cadre de l'Action « Les armes de la poésie : hommage à Heiner Müller », Moscou, 2001. Fonds de l'Académie expérimentale des théâtres, conservé à l'Imec (Institut mémoires de l'édition contemporaine).
26– *Ibid.*, p. 51.
27– *Ibid.*, p. 49.

Et comme lisant par-dessus l'épaule de Dréville le poème d'Anna Akhmatova qu'elle cite « Aujourd'hui, j'ai beaucoup à faire / Il faut que je tue ma mémoire / Il faut que mon âme soit de pierre / Il faut apprendre à vivre de nouveau » [28], le journal révèle ce qui était en jeu depuis le début. *Face à Médée* signifie précisément à nouveau devant le travail, non pas adossé ou appuyé à la mémoire que l'acteur a de ce qu'il a fait, mais et seulement être capable à nouveau, encore, de faire face au défi du travail qu'exige « l'acte sacré » dans l'instant de l'apparition sur scène. Être en mesure de devenir étranger à ce que l'on connaît, de le constituer comme un « non-savoir » bataillien, pour mieux se préparer à apprendre.

Quand Stanislas Nordey a pris la direction du TNS et que Dréville y est devenue artiste associée, la comédienne raconte qu'elle a répondu sans hésiter *Médée-Matériau* alors que Nordey lui demandait ce qu'elle voulait faire. Et elle ajoute : « Il était évident que ce ne serait pas une simple reprise, qu'il faudrait à la fois convoquer et rappeler le passé, et emprunter un nouveau chemin. Lequel ? Je n'en avais aucune idée… » [29]

Au fil des pages du journal, le dit du livre est sans doute ce qui vient combler les points de suspension qui ponctuent la dernière phrase de cette intuition.
Sans qu'il soit possible de l'affirmer, la lecture est toujours liée à un espace d'incertitude — autre chose néanmoins prend corps. Ce livre, tout d'abord, écrit par Dréville est surtout le livre qui donne la parole au penseur qu'est Vassiliev. Et d'une certaine manière, par amour Dréville offre au Russe un espace où peut encore résonner sa voix, en 2018.

Simultanément et complémentairement, tout au long du journal, ce qui fut au cœur du travail et de la rencontre entre Dréville et Vassiliev a toujours été l'émancipation. C'est-à-dire, ce qu'elle me confiait il y a cinq ans, « de ne pas avoir peur d'avoir peur, on a toujours peur de toute façon » en parlant de son travail. Ce « trac » qu'elle évoque de manière récurrente. Dès lors, « emprunter un nouveau chemin », pour celle qui fête ses anniversaires le 10 mars et qui finit son journal en pensant à ses élèves acteurs et actrices, c'est peut-être à nouveau s'éloigner, marcher seule, forte d'une énergie définitivement acquise, gagner une solitude entourée sous l'œil de Vassiliev qui le sait (« dans les jours qui viennent, tu vas devoir te préparer seule, t'en aller de moi » [30], lui dit-il), et la voir aller, comme elle l'écrit aux derniers mots de *Face à Médée,* « agir dans et face au monde ». Maintenant, au risque de se perdre de vue, encore, « tout cela juste pour vingt représentations », comme l'avant-propos de Vassiliev le dit.

28– *Ibid.*, p. 118.
29– *Ibid.*, p. 22.
30– *Ibid.*, p. 110.

COSMOCRATOR

PAR CÉLINE CHAMPINOT

TEXTES

Je travaillais à la fin de ma dernière pièce, *Vivipares (posthume)*, je lisais au sujet de la Catastrophe et de cette obsession de « nous rendre comme maîtres et possesseurs de la nature », dixit Descartes. En redécouvrant la Genèse, j'ai réalisé que ce projet expansionniste nous intimant l'ordre de coloniser la planète et d'en soumettre les êtres vivants datait de quatre mille ans et qu'il était le berceau de notre culture.
Alors j'ai décidé de lire la Bible, je m'y suis attelée, rigoureusement, presque exclusivement pendant plusieurs mois, jusqu'à l'Apocalypse de Jean. Et ça a été le point de départ d'une nouvelle pièce, une vaste dispute avec cette Bible, bibliothèque publique et patrimoine de l'humanité.
En me préparant à écrire, j'ai choisi d'occulter le contexte historique qui avait présidé à la rédaction de ces textes, car le judaïsme n'était pas mon sujet. Ce qui m'occupe, ce sont les mots, c'est le verbe qui me travaille, alors j'ai lu, sans intermédiaire, le livre sacré, et j'ai fait un rêve.

On ne peut parler de Dieu, disait saint Augustin, il se retire aussitôt dans l'ineffable, mais on ne cesse en revanche de parler à Dieu, de s'adresser à lui, il est l'Autre à qui je parle. Dès le commencement, j'ai écrit cette dispute d'un point de vue de croyant. Je me suis adressée à Lui, directement, pour interroger par-delà le bien et le mal, notre libre arbitre et notre culpabilité, cette obsession de la fertilité des femmes, de la domestication et de la reproduction du vivant, ainsi que la menace apocalyptique qui de tout temps est agitée aux yeux des êtres dissidents.
Car si l'humanité biblique est décadente, qu'à cela ne tienne, la planète qu'elle habite sera systématiquement ruinée mais les élus rescapés assisteront à la naissance d'un nouveau monde, une planète toute neuve, à coloniser (ainsi périrent les dinosaures sous le déluge de météorites dont seul un petit vaisseau humain réussit à réchapper).

Les prophéties sacrées, apocalyptiques ou colonisatrices, faites de promesses d'enfants à naître, de terres à conquérir et de nations en devenir m'ont plongée dans un monde de sciences nat'-fiction au sein duquel la fabrication du vivant serait le cœur de l'organisation politique.
Sur une planète de rechange, j'ai fantasmé un univers k.-dickien où l'humain s'hybride tant avec l'animal qu'avec la machine, où les animaux synthétiques ressemblent à s'y méprendre aux véritables, où l'intelligence artificielle des humanoïdes égale évidemment celle des humains, et où la question du vivant, de l'authenticité humaine et de ses origines vient inquiéter nos préoccupations naturalistes.

Braque disait : « Ce qui est entre la pomme et l'assiette se peint aussi. » Qu'en est-il pour l'humain et la machine, l'humain et l'animal, le masculin et le féminin, le bio-conservatisme et le transhumanisme, pour ce qu'on appelait nature et culture ? Et de quoi sommes-nous faits, nous qui, dans l'ironie de cette fin de monde, avons le champ absolument libre ?

CARNETS

Je mets en scène comme j'écris, par analogie, glissements de sens, de sons, glissements de terrain. Les espaces et objets que je sollicite au plateau jouent des rôles, comme les actrices. Une « fiction-châssis » sert de base à la mise en scène du projet, elle est indépendante du texte et en se conjuguant avec lui elle nous permet de créer les espaces où se déploie la pensée.
La dimension plastique du projet, la scénographie et les costumes s'imaginent à partir d'objets manufacturés de notre quotidien ainsi qu'en considérant les infrastructures qui nous contiennent.
Je communique avec l'équipe principalement par le biais de ces carnets, que je tiens pendant les répétitions. Ils nous permettent de visualiser tou(te)s ensemble la direction que nous sommes en train de prendre, les propositions à expérimenter et la manière dont la matière artistique fonctionne.
Voici notre fiction de mise en scène : à la sortie du catéchisme, cinq scouts d'Europe, pétris de culture biblique mais aussi de films de science-fiction et de politique internationale, telle que la télévision grand public en diffuse, se retrouvent sur le terrain de jeu multisport du quartier pour régler leurs comptes avec le Créateur.
Les zones tracées au sol, chaises d'arbitre, tipi d'extérieur et autres filets à grimper se feront vaisseau spatial, bases militaires, miradors et zone frontière. Du grillage de terrain de sport à celui du check-point, grillager c'est toujours grillager. Le scout s'incarnant habituellement en petit colon d'espaces naturels sera confronté ici à un espace urbain dénaturé. Les perceuses-visseuses électriques remplaceront son fidèle Opinel et différents objets lumineux lui tiendront lieu de feu de camp.

LA BIBLE, VASTE ENTREPRISE DE COLONISATION D'UNE PLANÈTE HABITABLE

EXTRAITS

CÉLINE CHAMPINOT

4.

PHARAON – Pourquoi ne m'as-tu pas tué dans l'œuf et sorti mort du ventre de ma mère ?
À quoi bon deux genoux qui s'ouvrent et deux seins à téter ?
Aujourd'hui Pharaon serait couché,
et il dormirait avec ces rois et ministres du monde
qui s'élèvent des mausolées
ou ces princes qui ont de l'or et de l'or plein leur caveau
ou comme un fœtus que l'on jette
inexistant comme un mort-né
et il trouverait la paix
Regarde-moi
Face à toi je gémis et mes rugissements déferlent comme les eaux
Mes jours sont-ils pour toi comme ceux d'un salarié ?
Ne suis-je pour toi qu'un Job ?
Maudite soit la République
Jamais tu ne m'as considéré
À Sara, reine de Saba tu dis
« Lève ton armée, à Babel-Mandeb élève ta voix face à la mer Rouge-Brun et fends-la, ouvre la Porte des Lamentations, va »
Alors te voici
Tu renforces le cœur de Pharaon et il les poursuit
Tu te glorifies à ses dépens et tu ne le considères pas
— peu t'importe la République restée en arrière,
sous ses bases militaires et aéronefs bitumés,
entrepôts déserts, semences brevetées et avariées,
bidonvilles muets et autoroutes inachevées —
Leurs voix s'élèvent face à la mer
C'est une nuée dans les ténèbres, la nuit s'éclaire
Et tu fais refluer les eaux au souffle du levant,
rude, toute la nuit, tu mets Babel-Mandeb en dessèchement
D'un monde à l'autre l'espace se fend, c'est un trou noir au milieu des eaux, qui sépare les eaux d'avec les eaux
À des années-lumière tu sépares et tu cries
Et il en est ainsi
Les Gynoïdes franchissent le portail, les eaux se font murailles à leur droite et à leur gauche
À pied sec, elles pénètrent la faille, toujours Pharaon les poursuit

JOUR 1
Costumes De pâques
15 avRiL
DiJoN
Pharaon
(Yasser)
Richard
Philip K.
Sara?
David
Scouts
d'Europe
Parvis
St Jean
Ustensiles
Gourdes
Gamelles
tintent
accrochés
aux sacs

À la garde du matin tu sèmes la confusion dans son esprit, tu le fais tressaillir
Et lorsque enfin il voudrait fuir car tu guerroies pour elles et contre lui
Tu l'attrapes au milieu des eaux, et tu refermes les eaux avec les eaux
La mer retourne, au tournant du matin, en sa brune permanence, et
Voilà que je tremble de tremblement car ce qui m'épouvantait est arrivé,
mes autochtones sont décimés et
Me voici
Je rampe, dégueulé sur la lèvre de la mer, rouge et
Je ne me repose pas, je ne peux pas me calmer
Jamais je ne serai une grande Nation
Tu as bordé ma route d'un mur infranchissable
Je me suis trompé, je croyais
Sur mon chemin tu mets la nuit, tu me dépouilles de ma vie, tu as tout démoli Tu as déraciné l'espoir, ta rafale m'a brûlé vif
Toutes mes faces sont tombées et tu as fait de moi ton ennemi
Qui pénètre le bien et le mal aujourd'hui ?
Qui légifère ?
Qui crie ?
Prophètes du dangereux peut-être, pourquoi nous as-tu faits ainsi ?
J'appelle, je hurle violence
Pas de réponse
Vive toi !
Qui dénie mon droit et m'aigrit !
Je suis un violent
Mon ventre bouillonne, j'éructe, je vois venir des jours absents
Sombre je vais
Je me dresse face au mur, je lamente
Je hurle, je suis égaré
J'ai la peau noire, mes os brûlent de fièvre
Et tu oses demander qui je suis pour noircir tes desseins de mes mots d'ignorant ?
Tu demandes où j'étais quand tu fondais la terre et séparais les eaux ?
Quand tu criais ?
Tu me sommes de répondre, moi qui me crois intelligent, moi qui sais tant de choses ? Ai-je jamais hâté la venue du matin ?
Sais-je où se cache l'aurore pour aller saisir les coins de cette terre et en secouer les méchants ?

5.
SARA – Je suis descendue pour libérer notre code des mains de la République et nous faire monter vers une planète bonne et vaste, ruisselante de bitume et d'uranium où recréer semences et spécimens dans le lieu où sont encore d'autres autochtones : le Cananéen, le Hittite, l'Amorite, le Perizzite, le Hiwwite, le Guirgashite et le Jébusite.

Déjà ceux-là entendent et ils frémissent, un spasme les saisit, tombent sur eux l'effroi et la terreur, leur courage se dissout, tous débandent et se font silencieux comme les pierres jusqu'à notre passage, mais nous les ferons venir et nous les planterons sur la montagne de notre héritage.
Soyez fortes et fermes car c'est par vous que les Gynoïdes hériteront de cette terre promise à notre père pour en faire une Nation.
Vous traverserez en ordre de bataille, vous ne serez jamais lâchées, vous ne serez pas abandonnées. Il vous sera donné chaque lieu qu'arpentera la plante de vos pieds.
Vous vous approprierez cette terre en l'occupant à tous les niveaux stratégiques, vous en chasserez les autochtones directement ou indirectement.
Vous clôturerez les zones aquifères, les puits de bitume et les terres fertiles.
Tout ce que j'ai ordonné vous le ferez, partout où je vous enverrai vous irez, quiconque contestera mes paroles et négligera mes ordres sera mis à mort.
Soyez fermes et fortes, allez.

4 JÉRICHO (LES MURS)

1.
Le Brésil emmure la Bolivie et le Paraguay
La Suède emmure le Danemark à coups de contrôles d'identité

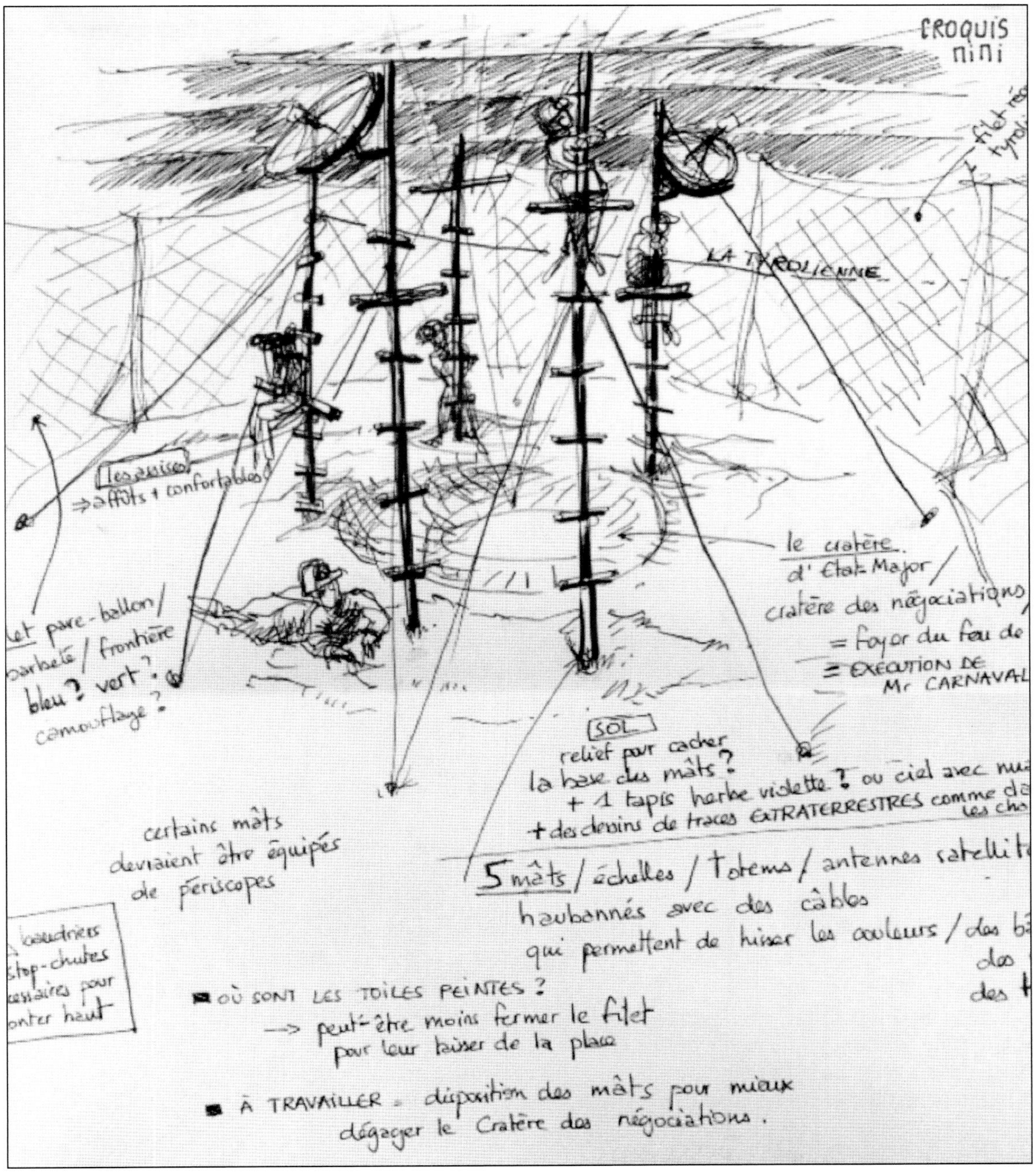
CROQUIS
nini
LA TYROLIENNE
Les assises
⇒ affûts + confortables
le cratère
d' État-Major /
cratère des négociations
= foyer du feu de
= EXÉCUTION DE
Mr CARNAVAL
pare-ballon /
barbelé / frontière
bleu ? vert ?
camouflage ?
SOL
relief pour cacher
la base des mâts ?
+ 1 tapis herbe violette ? ou ciel avec
+ des dessins de traces EXTRATERRESTRES comme
certains mâts
devraient être équipés
de périscopes
5 mâts / échelles / totems / antennes satellite
haubannés avec des câbles
qui permettent de hisser les couleurs / des
baudriers
stop-chutes
pour
haut
OÙ SONT LES TOILES PEINTES ?
→ peut-être moins fermer le filet
pour leur laisser de la place
À TRAVAILLER : disposition des mâts pour mieux
dégager le cratère des négociations.

La France et le Royaume-Uni emmurent les migrants de Calais derrière une paroi anti-intrusions végétalisée
En Irlande du Nord, à Belfast, catholiques et protestants sont tenus séparés par des Murs de la paix
En Italie, Padoue emmure son ghetto de la via Anelli
Au Maroc, l'Espagne emmure Ceuta et Melilla ses dernières colonies
Le Maroc emmure ses sables du Sahara occidental pour résister aux assauts du Front Polisario
L'Algérie emmure le Maroc, la Tunisie et la Libye
La Slovénie emmure la Croatie
La Hongrie s'emmure face aux migrants de Serbie, de Croatie et de Roumanie
Premier mur intra-Schengen, l'Autriche emmure la Slovénie
L'Ukraine emmure son territoire face à la Russie
La Bulgarie emmure la Turquie
La Macédoine emmure la Grèce
Et la Grèce emmure la Turquie
La Turquie emmure la Syrie
Chypre s'emmure elle-même, face à face à Nicosie
L'Iran emmure le Pakistan
L'Iran emmure l'Irak et la Turquie
L'Arabie saoudite emmure le Yémen et Oman
L'Arabie saoudite emmure l'Irak, le Qatar et les ◊mirats arabes unis
Les ◊mirats emmurent Oman aussi
Le Kazakhstan emmure les contrebandiers d'Ouzbékistan
D'hygiénisme urbanistique à hygiénisme social, l'Ouzbékistan emmure ses pauvres à Samarkande pour les dissimuler aux yeux des touristes étrangers
L'Ouzbékistan se sépare de la Kirghizie puis de l'Afghanistan Le Turkménistan entreprend à son tour d'enclore l'Ouzbékistan
L'Inde se coupe du Pakistan, du Bangladesh et de la Birmanie
Le long de sa frontière avec le Cachemire elle prend soin de miner l'espace entre les deux rangées de fil de fer barbelé
La Birmanie emmure les trafiquants du Bangladesh pour des raisons de sécurité
La Thaïlande et la Malaisie s'entendent pour s'emmurer mutuellement La Thaïlande projette aussi de s'isoler de l'Indonésie
Brunei et la Malaisie emmurent les immigrants et les contrebandiers de Limbang La Chine emmure la Corée du Nord pour stopper ses hémorragies
En parallèle la Corée du Nord emmure la Chine aussi
Les Corées Nord et Sud se tiennent fermement isolées
Le Kenya emmure la Somalie pour raisons de sécurité
L'Afrique du Sud emmure le Zimbabwe
Botswana et Zimbabwe s'entendent mutuellement

pour s'emmurer
Israël emmure le Liban, l'Egypte, la Jordanie et la Syrie
Israël emmure la Palestine à Jérusalem à Gaza et en Cisjordanie
L'Égypte emmure Gaza aussi
Les États-Unis emmurent le Mexique
Et s'emmurent eux-mêmes dans leurs Gated Communities Comme s'emmurent vivantes les colonies de Cisjordanie

Apparition d'un monsieur Carnaval Pendaison

2.

CARNAVAL APOCALYPTIQUE

Je vois un cheval, un blanc
Celui qui est assis dessus a un arc et une couronne
Il sort en vainqueur pour vaincre encore
Sort un autre cheval, un rouge
Celui qui est assis dessus prendra la paix hors du monde pour que les gens s'égorgent les uns les autres, il lui a été donné une épée, une grande
Et je vois un cheval, un noir
Celui qui est assis dessus a une balance dans sa main « un dollar le kilo de farine ! un dollar les trois kilos de patates ! pas de gâchis avec l'huile et le vin ! »
Et encore un cheval, un vert
Celui qui est assis dessus a pour nom : la mort

mis
cel
lan
ées

CRÉATION

Puissance lui a été donné sur le quart-monde de tuer par l'épée, par la famine, par les maladies mortelles, par les bêtes sauvages
Danse Procès de monsieur Carnaval Mise à feu

3.
Chant de Jericho
C'est une planète morte
Sa mer est morte
et les murs sont partout
Jadis il y avait des palmiers
Et d'abondantes sources d'eau tiède Qui jaillissaient
Qui jaillissaient
Tu as dit de marcher
Sans un mot
Faire le tour de l'enceinte Nous lever tôt, marcher
Et dans nos cornes de mouton Souffler
Souffler
Et je crie une bataille pour Jericho Et je crie une bataille pour Jéricho Que soient rendues nos âmes
Au chaos
C'est une planète creuse
Enfoncée
Sous le niveau de la mer
Il y a des siècles que nous soufflons Dedans nos cornes de mouton
Que nous tournons Que nous tournons
Une planète labyrinthe
Sans Ariane
et sans Minotaure
On tombe des murs, on en élève On assassine et on libère
On erre On erre
Et je crie une bataille pour Jericho Et je crie une bataille pour Jericho Que soient rendues nos âmes
Au chaos

Planète Cisjordanienne
Sept fois détruite,
Livrée aux cris de guerre Effondrée pillée et emmurée
Au commencement ça dégénère Ça dégénère
Ça dégénère
Et je crie une bataille pour Jericho Et je crie une bataille pour Jericho Que soient rendues nos âmes
Au chaos

5. À NOS AMIS (DERNIER JUGEMENT)

Oraison funèbre

DAVID – Aujourd'hui, une bonne centaine de journalistes accourus de dix-huit pays a envahi les ruines de Babylone, ville antique de Mésopotamie située sur l'Euphrate à une centaine de kilomètres au sud de l'actuelle Bagdad, en Irak. La prophétie annonçant que cette place seule survivrait à notre fin des temps était un canular notoire ; les télévisions du monde entier y ont

pourtant dépêché des armadas de reporters.
On était curieux de voir s'il y avait vraiment des gens pour croire à la fin du monde.
Et à Babylone ce jour-là, il n'y a personne.
Personne d'autre que les officiants du spectacle, en grand nombre.
Et voici les journalistes qui deviennent eux-mêmes leurs propres sujets : leur attente sans objet, leur ennui et le fait que rien n'arrive.
Pris à leur propre piège, ils donnent à voir le visage d'une fin de monde véritable : les journalistes, l'attente, la grève des événements.
J'ai tant attendu tes jugements mais je sais désormais que le dernier des derniers ne viendra même jamais.
Tu es mort aujourd'hui.
Et nous sentons, effarés, le souffle du vide que tu laisses derrière toi, notre ruine intérieure, mais aussi la catastrophe qui est là et depuis bien longtemps, la catastrophe que nous sommes et l'extinction de notre civilisation, nous qui fructifions et nous multiplions, colonisons les mondes et les soumettons, assujettissons les poissons des mers et les oiseaux des ciels, tout vivant qui remue sur les terres.
Le moment est venu de quitter le vaisseau, de trahir notre espèce.
Il n'y a plus pour nous qu'un champ de bataille historique et les forces qui s'y meuvent. Nous avons le champ absolument libre, notre marge d'action est infinie.
Confronté à l'apocalypse dans un récent film de zombies, un ancien fonctionnaire des Nations unies en arrive à cette conclusion lucide : « It's not the end, not even close. If you can fight, fight. Help each other. The war has just begun. »
Ce n'est pas la fin, loin de là. Si tu peux te battre, bats-toi. Aidez-vous les uns les autres. La guerre est à peine commencée.

DANSER (CONTRE) LA SÉGRÉGATION RACIALE

PAR EMMANUELLE THIÉBOT

Créé en Israël en 2013, la pièce chorégraphique *We Love Arabs* a été accueillie pour la première fois en France à la Manufacture d'Avignon, dans le cadre du Festival Off en 2016. C'est un succès, selon *Libération* et *Le Monde*[1], dont les critiques sont l'occasion d'un compte-rendu élogieux et dense. Le spectacle, programmé au Théâtre du Rond-Point en septembre 2017, attire depuis l'attention des médias nationaux *(Le Point, Les Échos, Le Figaro, La Croix, Marianne)* et régionaux (éditions locales). L'accueil critique est globalement positif, quelles soient les orientations politiques de ces médias.

We Love Arabs montre le processus de création d'un spectacle destiné à promouvoir la coexistence entre Israéliens juifs et Palestiniens d'Israël. Le sujet est loin d'être consensuel, mais il s'accompagne d'une satire du monde de l'art beaucoup plus admise, (ré)affirmant l'inanité de l'art engagé. Malgré sa bonne volonté, le chorégraphe, interprété par Hillel Kogan, reproduit des clichés racistes en s'adressant à son danseur, Adi Boutros. Cette « exagération autobiographique »[2] puise dans l'expérience de Hillel Kogan du monde de la danse :

« [...] quand on travaille [...] au studio [...] on explique au danseur notre idée, le sens du mouvement, mais les danseurs n'ont pas beaucoup le droit de parler [...]. C'est [un prétexte] pour parler des relations de pouvoir ethnique en Israël à travers les relations de pouvoir dans le studio. »[3]

L'association d'un sujet grave (le racisme ordinaire et/ou le conflit israélo-palestinien) à une forme satirique retient l'attention des critiques : elle désamorcerait les discours politiques sur le conflit israélo-palestinien et permettrait de sortir des « impasses du vieux théâtre didactique »[4].

« Tout l'intérêt de cette pièce, mille fois plus efficace que les resucées de discours politiquement corrects égrenés dans les salles, repose donc sur l'ironie d'une finesse rare avec laquelle le (vrai) Hillel Kogan a su jouer. »[5]

« Le thème du choc juif et arabe, toujours d'une violence dévastatrice, n'a rien de neuf sur les plateaux contemporains. Sauf qu'il dépote ici sur un nouveau tempo entre "two-men-show" et pièce contemporaine, le tout vrillé par la gouaille moqueuse de Hillel Kogan. »[6]

« *We Love Arabs* va dès lors creuser ce sillon, que ce soit sur le conflit israélo-palestinien ou la relation amour-haine du créateur et de son interprète. Ce va-et-vient entre ce qui en apparence s'oppose pourrait être didactique mais l'humour sauve la partie. »[7]

La « finesse de l'ironie », « la gouaille moqueuse » et « l'humour sauv[ent] la partie ». A priori, cette entreprise « de démolition du mur des préjugés et [de] dissection des comportements ordinaires exécutée avec humour et subtilité »[8] est une réussite. Pourtant, ce qui met d'accord les critiques, c'est bien cette satire des « envolées autosatisfaites de l'art politique »[9], tandis que la « critique sociale féroce (mais pas sans lourdeur) »[10] ne semble pas du même effet. C'est d'ailleurs autour de la figure du danseur que se cristallisent les désaccords et interprétations différentes :

« C'est inévitable, il y eut quelques méprises [...] Les deux artistes nous confirment avoir entendu des réserves "politiques" de certains spectateurs visiblement très soucieux de victimisation et peu sensibilisés à la satire, déplorant que sur scène, le rôle de l'Arabe ne résiste pas, ne se rebelle pas, ne dise que trois phrases. »[11]

1– Ève Beauvallet, « "We Love Arabs", satire dans tous les sens », *Libération*, 21 juillet 2016, p. 21 ; Élisabeth Franck-Dumas, « Hillel Kogan, les pieds dans le plat », *Libération*, 15 septembre 2017, p. 31 ; Rosita Boisseau, « Juifs et arabes : Hillel Kogan envoie valser les clichés », *Le Monde*, 25 juillet 2016, p. 17.
2– Entretien avec Hillel Kogan, 27 janvier 2018.
3– Hillel Kogan, débat public à La Renaissance, Mondeville, 27 janvier 2018.
4– Ève Beauvallet et Anne Diatkine, « Avignon, le chemin des drames », *Libération*, 25 juillet 2016.
5– Ève Beauvallet, art. cité.
6– Rosita Boisseau, art. cité.
7– Philippe Noisette, « "We Love Arabs" ou la danse prise aux mots », *Les Échos*, 14 septembre 2017.
8– Dossier de presse du spectacle, consulté sur http://www.dddames.eu/spectacles/we-love-arabs/
9– Ève Beauvallet, art. cité.
10– Élisabeth Franck-Dumas, art. cité.
11– Ève Beauvallet, art. cité.

« Boutros est aussi mutique que Kogan est bavard. Il semble buté, peut-être même légèrement hostile. N'a aucune complaisance pour les théories de Kogan. Refuse de reprendre les parties dansées. »[12]
« Si l'on avait néanmoins un petit regret, ce serait que le personnage d'Adi existe si peu — car l'entendre aurait eu avant tout pour effet d'arrêter le flot verbal débordant de l'autre, qui frise l'excès. S'il est normal que le chorégraphe, emprisonné dans son impérialisme de bonne volonté, fasse si peu de cas d'Adi, le spectacle, lui, aurait pu le traiter différemment. »[13]
La passivité du danseur peut être perçue tantôt comme une forme d'« hostilité », tantôt comme une nouvelle représentation passive/orientaliste de « l'étranger » (comme il en existe déjà tant d'autres). La rencontre entre le chorégraphe juif et le danseur arabe génère une pluralité d'interprétations dont on perçoit aisément les liens avec l'actualité. L'édition angevine du journal *Ouest-France* indique que la pièce *We Love Arabs* traite de « la fracture religieuse avec l'islam »[14], et *Le Bien public* annonce un spectacle porteur d'« un message de paix »[15] tandis que *Nord Éclair* affirme au contraire une « impossible coexistence pacifique entre les peuples et les religions »[16]. La critique la plus stable est celle du monde de l'art, au sens où sa perception est unanime telle que rapportée par les journalistes. Il convient d'interroger à la fois ce qui génère ce consensus, et ce qui entraîne les désaccords. Dans le titre *We Love Arabs,* qui désignent le « we » (nous) et le « Arabs » ?

IMBRICATIONS DES RÉCITS, DU THÉÂTRE ET DE LA DANSE

La pièce se présente en deux grandes parties. La première partie est focalisée sur les préjugés du chorégraphe à l'égard de son danseur. Hillel tente de faire correspondre Adi à l'idée qu'il se fait de son identité à travers une série d'exercices et d'improvisations. La seconde moitié du spectacle est la création-répétition de plusieurs séquences pour la pièce de danse fictive qui aura lieu « pendant trois jours dans le désert »[17]. Le chorégraphe est d'abord seul sur le plateau nu. Il introduit le principe du spectacle dans une séquence courte qui se situe entre la conférence et le cours de danse, et répète plusieurs fois « ceci n'est pas un théâtre » : le public doit adhérer à l'idée qu'il assiste à un processus de création, et que ce qui se passe sur scène — si ce n'est pas du théâtre — dit quelque chose de ce qui se passe en dehors du théâtre. Hillel Kogan exécute des mouvements lents et ronds, en commentant sa façon de se mouvoir dans l'espace et l'obstacle qu'il rencontre : « [...] l'endroit qui me rejette, c'est un espace qui appartient à un Arabe ». La façon d'occuper l'espace, de se l'approprier et de le partager (ou non) prend un double sens avec lequel Hillel Kogan s'amuse lorsqu'il rencontre le danseur, Adi. Son apparence physique est un problème pour le chorégraphe qui s'imaginait pouvoir se distinguer d'un « Arabe ». Puisque la différence n'est pas visible (lequel des deux (n')est (pas) juif ?), le chorégraphe propose un moyen de les distinguer. Il lui demande de tracer sur son teeshirt une étoile de David et dessine à son tour un croissant sur le front d'Adi qui s'étonne : « [...] mais je suis chrétien ». Ces premiers échanges sont construits à partir des stéréotypes du chorégraphe sur l'identité (supposée) de son danseur (arabe donc musulman). Tout au long de la pièce, il est sans cesse confronté à la caducité de ses attendus : « Tu es né dans quel village, Adi ? — Tel-Aviv... » Hillel demande un exercice d'improvisation à Adi : il souhaite le voir exprimer son identité par la danse. Il s'adresse au régisseur pour lui demander une musique et un éclairage particuliers. Adi improvise une danse hip-hop sur fond de musique arabe, tandis que la scène est éclairée aux couleurs du drapeau palestinien (rouge et vert, la tenue noire et blanche d'Adi complétant le tableau). Le chorégraphe l'interrompt car il s'attendait à le voir exécuter une danse du ventre. Il lui demande de recommencer l'exercice et s'enthousiasme quand son danseur se sert de son bassin. Pour finir la liste des clichés éculés du chorégraphe, ce dernier propose à son danseur de jouer avec des objets du quotidien, supposant qu'il a déjà dansé avec un pichet ou une cruche. La deuxième partie se construit en plusieurs séquences dansées raillant plus directement le monde de la danse : puisque les attentes du chorégraphe ont

12– Ariane Bavelier, « *We Love Arabs* : la réconciliation israélo-arabe par le houmous et par la danse », Le Figaro.fr, 20 septembre 2017.
13– Élisabeth Franck-Dumas, art. cité.
14– Fabienne Richard, « Entretien », *Ouest France,* 1er avril 2017.
15– Mayalen Gauthier, « L'ABC donne les clés de sa prochaine saison », *Le Bien public,* 17 juin 2017.
16– « Danse », *Nord Éclair,* 24 décembre 2017.
17– Texte du spectacle, de mémoire.

We Love Arabs, chorégraphie Hillel Kogan, 2013. Hillel Kogan. © Maria Grazia Lenzini.

été déjouées, un couteau et une fourchette feront l'affaire pour une danse avec des objets du quotidien. Le clou du spectacle est l'utilisation du houmous comme « matière chorégraphique » pour réunir les deux hommes qui s'enduisent le visage de ce « plat national israélien ». Le chorégraphe tourne en dérision une velléité nationaliste, rappelant qu'il est issu de l'immigration russe et que ce plat ne constitue pas vraiment un patrimoine culinaire juif. Unis par les liens sacrés du houmous, les deux hommes entament une danse finale sur un air de Mozart pour franchir une « rivière », dernier obstacle à leur coexistence. À cette occasion, les deux hommes pastichent le Christ portant sa croix (Adi porte Hillel). Une fois la « rivière » franchie, ils descendent de scène avec le houmous et la pita et donnent la communion au public, raillant une énième fois la figure de l'artiste providentiel.

Le spectacle tisse donc deux récits qu'on peut distinguer sans séparer ou hiérarchiser : l'histoire d'un chorégraphe directif avec son danseur, miroir des relations

We Love Arabs, chorégraphie Hillel Kogan, 2013. Adi Boutros et Hillel Kogan. © Maria Grazia Lenzini.

de pouvoir dans le monde de la danse; et l'histoire d'une rencontre entre deux hommes, miroir de la ségrégation raciale en Israël. Bien qu'émanant de ce cadre socio-historique précis, Hillel Kogan souhaite une montée en généralité: «[…] c'est une pièce sur le rapport entre ethnicités, entre majorité et minorité. Cela pourrait être We Love Blacks, We Love Chineses…»[18] C'est du point de vue du (des) dominant(s) que le spectacle est construit. Ce point de vue est doublement central car ce «moi exagéré»[19] dirige l'ensemble du spectacle qui vise à «parler du regard orientaliste sur l'Autre»[20], et pas de la façon dont le danseur pourrait s'y opposer, y résister ou transformer sa position. Le personnage central est donc le chorégraphe, pétri de préjugés sur les Arabes, qu'il dit partager avec nombre de ses collègues dans le monde de la danse. Cette pièce chorégraphique a d'ailleurs été produite «pour les Israéliens avant tout»[21].
«Au début, je pensais que la pièce porterait sur ce qu'est un mouvement arabe et ce qu'est un mouvement juif. Je voulais dénoncer cette posture jusqu'à l'aberration, en faire l'antithèse comme s'il y avait deux façons de se déplacer: comme un Arabe, comme un Juif. Un peu comme la théorie de la race, que je voulais appliquer à la danse. Durant le processus de création, ma posture a évolué, j'ai changé d'avis et j'ai décidé que le morceau porterait plutôt sur la façon dont un Juif regarde un Arabe, et comment l'Orient et l'Arabe est vu, perçu, à travers les yeux de la personne occidentale, en particulier le Blanc, Israélien juif et de gauche.»[22]

AU-DELÀ DE LA FIGURE DU CHORÉGRAPHE: L'HOMME OCCIDENTAL DE GAUCHE

Hillel Kogan définit ainsi sa position sociale et son orientation politique, indispensable pour comprendre le fonctionnement du spectacle puisqu'il souhaite que le public s'identifie à lui, et pas à Adi. Il désigne son travail comme une «confession de culpabilité»[23] qu'il souhaite partager avec ceux qui, du côté du pouvoir, sont «presque tous coupables d'un regard orientaliste»[24]. La pièce reflète son «existence comme Israélien Juif, Tel-Avivien, dans la bulle»[25]. «La bulle» est le surnom donné à Tel-Aviv, quartier juif fondé en 1909 au nord de la ville de Jaffa mais dans

18– Hillel Kogan, débat public à la Renaissance, déjà cité.
19, 20, 21– Entretien avec Hillel Kogan, déjà cité.
22– Hillel Kogan, entretien avec Olivier Frégaville-Gratian d'Amore, «Hillel Kogan, chorégraphe de maux», *Mediapart*, 11 novembre 2016.
23– Hillel Kogan, débat public à La Renaissance, déjà cité.
24– Entretien avec Hillel Kogan, déjà cité.
25– Hillel Kogan, débat public à La Renaissance, déjà cité.

sa continuité, c'était le premier « à présenter à la fois un projet urbanistique très défini, moderne, hygiéniste et européen » [26]. Tel-Aviv s'étend rapidement et acquiert son autonomie sous mandat britannique, symbolisant la réussite du projet sioniste en Palestine. Elle est désignée dès les années 1920 comme une ville à part, « en état d'"apesanteur" » [27], et dont les habitants auraient vécu, et vivraient encore, insouciants des conflits politiques émaillant le quotidien du pays. C'est aujourd'hui « le pôle culturel et le poumon économique du pays » [28], tourné vers le monde occidental, mais son développement économique s'est « accompagné de la création de frontières qui, bien qu'elles aient été par la suite "neutralisées", se sont maintenues physiquement et laissent apparaître un différentiel socio-économique entre populations des parties nord et sud de la ville » [29]. Les conséquences de cette histoire, et des inégalités sociales qui séparent toujours les populations de la ville, sont racontées par Hillel Kogan : « […] je parle six langues, mais je dis ça avec beaucoup de honte car je ne parle pas une langue qui est très parlée à cinq minutes de ma maison. » [30]
« La bulle » désigne aussi un entre-soi que le Tel-Avivien met en question, soulevant le problème fondamental qui sous-tend l'ensemble du spectacle :
« Je suis de gauche, je lis tous les journaux de gauche, mais — c'est un texte de la pièce mais ça représente vraiment ce que je vis —, je lis tous les journaux de gauche, je suis de gauche, je vote pour la gauche, je suis pour les droits de l'homme, je lis Edward Saïd et tout ça, je connais l'injustice faite aux Palestiniens, et celles des Israéliens envers les minorités israéliennes. Je sais qu'il n'y a pas vraiment d'invitation pour les Arabes à participer à la culture, ou un intérêt de savoir de ma part… Je ne peux pas ouvrir ma liste de contacts dans mon téléphone et trouver, comme ça, le danseur arabe, ça n'existe pas, je n'ai pas d'amis arabes alors que je vis à cinq minutes dans une même ville : à Tel-Aviv, à Jaffa, c'est une ville. » [31]
Le chorégraphe partage son désarroi avec un public qu'il souhaite voir s'identifier à lui. Cette manière de verbaliser — pendant le spectacle et autour — son positionnement politique est une façon pour le chorégraphe de demander au public de s'identifier à lui. Mais cette identification n'est pas adhésion, et le rire provoqué doit être « amer » [32]. Il se fait la première cible de la critique du racisme ordinaire dont il se rend coupable, prenant toute la place sur le plateau, décidant de l'identité de son danseur arabe : « c'est comme ça [qu'il] doit bouger, […] paraître, […] être représenté. » [33] Et c'est précisément la place du danseur qui fait l'objet de désaccords parmi une partie du public, comme l'ont écrit Élisabeth Franck-Dumas et Ève Beauvallet. C'est une question récurrente au cours des débats publics, selon Hillel Kogan : « Pourquoi le danseur ne se révolte pas ? » [34] Comme si le personnage devait nécessairement entrer en révolte, alors qu'il est aussi un danseur dans une relation de subordination à son chorégraphe. La difficulté pour les personnages est paradoxalement de dépasser l'assignation identitaire qui les définit comme deux opposés — l'Israélien et le Palestinien, alors que le conflit évoqué par le spectacle n'est qu'un motif secondaire. Le mutique Adi Boutros du plateau est d'ailleurs un Palestinien d'Israël, né dans un village juif, qui ne parle pas bien l'arabe et dit n'avoir aucun ami arabe [35] ; il est « plutôt blanc […], les yeux clairs, [sa] petite amie est juive […] » [36]. Le spectacle conduit à questionner l'identité de cet « Arabe », construite sur des présupposés ethniques et des distinctions culturelles artificielles.

APRÈS LE SPECTACLE, UNE MÉDIATION ENTRE LES SPECTATEURS ET LES ARTISTES

À l'issue du spectacle à La Renaissance de Mondeville, les échanges entre les artistes et le public ont été introduit par la lecture du billet du cercle des spectateurs écrit « à chaud » :
« We love être déconcertés, we love être frustrés, we hate la domination, we love le pas de côté qui se prend sur l'autre, le refus que l'on donne, le grand écart qui mène à l'émotion. We hate words words words… We love le vif du sujet qui, en fait, est le vif du corps en mouvement. We love le second, le troisième, l'énième degré. We love les bribes de danse et le contre-coup de pied. Wait. Wait. Wait. Le poids de l'autre. Le poids chiche. Où va se cacher notre nature, notre "houmous" humanité ? Identité /

26– Caroline Rozenholc, « Pour une lecture recontextualisée de Tel-Aviv », *in* Esther Benbassa (dir.), *Israël-Palestine, les enjeux d'un conflit*, Paris, CNRS, 2010, p. 123.
27– *Ibid.*, p. 120.
28– *Ibid.*, p.117.
29– *Ibid.*, p. 125.
30– Hillel Kogan, débat public à La Renaissance, déjà cité.
31, 32, 33, 34– Entretien avec Hillel Kogan, déjà cité.
35– Adi Boutros, débat public à La Renaissance, déjà cité.
36– Adi Boutros, cité par Ève Beauvallet, art. cité.

Identique, étoile de David, danse étoile, croix que l'on porte, croissant musulman, croix sans quoi ?, tant va la cruche qu'elle tombe dans le piège des préjugés. »

À une spectatrice qui dit avoir reconnu une forme de danse plus « internationale » à la fin du spectacle — lorsque les danseurs exécutent une chorégraphie sur un air de Mozart, Hillel Kogan lui demande ce que veut dire international, arguant que le mot n'est pas transparent : « Il y a "musique du monde", et il y a "musique" [...] comme si le Noir, l'Arabe, le Chinois [...] étaient l'autre... [...] Nous sommes aussi autres, nous sommes aussi "musique du monde" et "culture ethnique". » [37] Au cours du débat, Hillel Kogan rappelle systématiquement la nécessité de se décentrer, expliquant que, vivant en Israël, il a étudié « Dostoïevski, Victor Hugo » [38] mais n'a « jamais lu un livre d'un écrivain arabe » [39]. L'ensemble du spectacle — et du monde — est construit par « le regard occidental » [40] choisissant Mozart comme une musique universelle alors que « ce n'est pas vrai, c'est une musique [...] d'ethnicité européenne » [41]. Hillel Kogan procède par décentrement, souhaitant que la pièce reste accessible et ne souhaitant pas « mettre un doigt dans les yeux » [42] du public :

« Je ne pense pas que cette pièce [...] di[se] des choses qu'il ne faut pas dire. [...] je suis même subventionné par le ministère de la Culture [israélien]. [C]e n'est pas une menace. [...] Et puis le ministère de la Culture, même s'ils sont de droite, ils ont de l'intérêt pour subventionner ce genre de pièce, pour montrer une image libérale d'Israël, la libre parole, ce qui est vrai : il y a la libre parole, il n'y a pas de censure. » [43]

Si la censure, entendue comme l'interdiction d'une production artistique, n'est effectivement pas à l'ordre du jour, le gouvernement israélien n'hésite cependant pas à marginaliser les œuvres incompatibles avec sa ligne politique. Les médias français ont largement relayé, en 2016, l'exclusion du roman *Geder Haya*, de Dorit Rabinyan, des programmes du lycée, au motif qu'il promeut les mariages mixtes « considérés comme une menace pour une identité séparée » [44]. Le roman est depuis devenu un best-seller. Le théâtre n'est pas épargné : les subventions du théâtre palestinien Al-Midan de Haïfa ont été gelées après la première de la pièce *Le Temps parallèle*, de Bashar Murkus, à l'été 2015 [45]. Une pétition d'artistes israéliens a dénoncé ces « intimidations du gouvernement d'extrême-droite » [46]. Miri Regev, la ministre de la Culture et des Sports, a « menacé de couper les subventions au Théâtre Al-Mina de Jaffa car son directeur, l'acteur arabe palestinien Norman Issa, citoyen d'Israël, a refusé de jouer dans une colonie située dans la vallée du Jourdain occupée avec la troupe du théâtre de Haïfa dont il est membre » [47].

Le soutien du ministère de la Culture au spectacle *We Love Arabs* a entraîné une mobilisation de militants et militantes de la campagne BDS (Boycott Désinvestissement Sanctions contre Israël) à Montpellier (en décembre 2017 et mars 2018 [48]), non soutenus par l'ensemble des mouvements pro-palestiniens, le boycott culturel ne faisant pas l'unanimité au sein du monde militant. Hillel Kogan dit comprendre « le discours de BDS » mais « ne pas s'identifier aux actes du gouvernement » et avoir besoin de « subvention[s] pour vivre » [49]. *We Love Arabs* ne fait pas partie du programme de la saison France-Israël [50] qui se déroule de juin à novembre 2018, et à laquelle des personnalités ont appelé à ne pas participer [51]. Le contenu du spectacle et les propos de Hillel Kogan et Adi Boutros illustrent singulièrement les arguments d'Eyal Sivan et Armelle Laborie en faveur du boycott culturel et universitaire de l'État d'Israël. Dans leur livre *Un boycott légitime* [52], les auteurs expliquent qu'une partie des universitaires israéliens peut tout à fait se dire « de gauche » et « opposés à l'occupation » tout en exerçant à l'université d'Ariel, en territoires palestiniens occupés [53]. Cette posture paradoxale est aussi rendue possible par les menaces de sanctions sévères [54]. Quant aux productions culturelles soutenues par l'État israélien à l'étranger, elles ont une coloration « très occidentale [...], en complet décalage avec la réalité d'une culture majoritairement arabo-orientale, composée de Juifs du Proche-Orient (mizrahim) et d'Afrique du Nord, et de Palestiniens » [55]. Les artistes que les auteurs nomment les « dissidents officiels » « sont souvent les premiers à parler de "ponts de dialogue" à propos des échanges universitaires et culturels. [...] Mais en fait de dialogues [...] il n'y a guère que de l'entre-soi occidental » [56].

37, 38, 39, 40, 41– Hillel Kogan, débat public à La Renaissance, déjà cité.
42, 43– Traduction littérale de Hillel Kogan d'une expression hébraïque. Entretien avec Hillel Kogan, déjà cité.
44– Dépêches AFP 31 décembre 2015 et 8 janvier 2016.
45– Najla Nakhlé-Cerruti, « Le gouvernement israélien contre la création artistique palestinienne », sur *Orient XXI*, 28 août 2015.
46, 47– Communist Party of Israel, « Israel Artists Protest Anti-Democratic Intimidation by Right-Wing Government », 15 juin 2015, http://maki.org.il/en/?p=4757.
48– Diane Petitmangin, « Manif contre un spectacle israélien », *Midi libre*, 21 mars 2018.
49– Propos rapportés par Diane Petitmangin, *ibid.*
50– Hillel Kogan a participé dans ce cadre à une autre création, *Tel-Aviv Fever*, qui a suscité de nouvelles mobilisations de BDS.
51– « Contre la saison France-Israël », Le blog des invités de *Mediapart*, 4 mai 2018.
52– Armelle Laborie, Eyal Sivan, *Un boycott légitime. Pour le BDS universitaire et culturel de l'Etat d'Israël*, Paris, La Fabrique, 2016.
53– Chaim Levinson, « Leftist Views Don't Keep Professors From Teaching at Ariel », *Haaretz*, 17 août 2012.
54– Armelle Laborie et Eyal Sivan rapportent l'existence de groupes de pression

We Love Arabs, chorégraphie Hillel Kogan, 2013. Adi Boutros et Hillel Kogan. © Maria Grazia Lenzini.

Le pastiche de communion achève le spectacle de l'artiste providentiel, mais également l'idée de communion entre spectateurs et spectatrices. Ce n'est pas l'art qui (dés)unit, c'est ce qui se passe en dehors. Ce que le spectacle refuse de trancher. La proposition est éminemment subjective et refuse une approche totalisante, et moralisante, du conflit israélo-palestinien. Elle s'assume partielle, incomplète, à poursuivre… « Chacun fait son travail »[57], dit Hillel Kogan, estimant qu'il n'est pas de son ressort de donner des solutions ou d'apprendre quoi que ce soit au public. C'est probablement cette liberté offerte aux spectateurs qui permet un consensus autour du spectacle. Il est pourtant loin de les laisser dans un monde harmonieux, où la neutralité serait reine, mais plutôt dans un monde fait de dominations raciales et d'assignations identitaires qu'il ne suffit pas de dénoncer/confesser pour faire disparaître. C'est d'ailleurs la facilité des clichés utilisés qu'une partie du public et des critiques remettent en question en interrogeant la passivité du danseur, voire la raison d'être d'un tel spectacle, comme l'a demandé une spectatrice lors du débat à La Renaissance : « Pourquoi mettre en scène tous ces clichés très violents ? » Et c'est Adi Boutros qui répond à cette question, expliquant que ce que les médias disent à propos d'Israël « n'est pas tout à fait vrai », et qu'il est important de montrer qu'il existe des personnes « conscientes » de la situation[58]. Le spectacle vise à désassigner les identités, à tordre les évidences, en s'appuyant sur un texte « en noir et blanc » que Hillel Kogan espère contredire par la danse pour montrer un monde en « cinquante variations de gris »[59]. Partant, le spectacle se loge dans les contradictions de son temps.

---

qui, depuis le début des années 2000, publient « en ligne des listes de professeurs israéliens qu'ils jugent "traîtres à Israël". Sur ces plates-formes, les étudiants sont incités à participer à la délation des professeurs trop contestataires, en rapportant leurs propos », *op. cit.*, p. 82.

55, 56– Françoise Feugas, « Derrière la vitrine culturelle israélienne, une intolérable occupation », site *Orient XXI*, 19 mai 2017.

57– Entretien avec Hillel Kogan, déjà cité.

58– Adi Boutros, débat public à La Renaissance, déjà cité : « It's important to play this piece because I think when you see this choreographer we can understand that there are people that have knowledge, have awareness, that they laugh about themself, they admit that they are racists. Everybody in Europe and the USA know what's happening in Israel through the media, and it's not very correct what the media say. So I think it's important to say that there is another side, another group of people who think differently, who know they can confess about this issues. »

59– Hillel Kogan, débat public à la Renaissance, déjà cité.

La revue théâtre/public
est publiée avec le concours
du ministère de la Culture et de la Communication/
Direction générale de la création artistique (DGCA),
de la Région Île-de-France,
de l'université Paris Nanterre
et du Crédit coopératif

Liberté • Égalité • Fraternité
RÉPUBLIQUE FRANÇAISE

Ministère
Culture

îledeFrance

CREDIT
COOPERATIF

Université
Paris Nanterre

DANS LES PROCHAINS NUMÉROS

n° 231 janvier 2019 — COORDINATION CHRISTIAN BIET, CRISTINA DE SIMONE ET CLARE FINBURGH
Situation, détournement, performance, post-situationnisme

n° 232 avril 2019 — COORDINATION OLIVIER NEVEUX
Dieudonné Niangouna

n° 233 octobre 2019 — COORDINATION PAULINE DONIZEAU ET YASSAMAN KHAJEHI, AVEC LA COLLABORATION DE NAJLA NAKHLÉ-CERRUTI
Scènes politiques contemporaines du Proche et du Moyen-Orient

°229 · État de la scène actuelle 2016-2017

n° 228 · La scène lyrique - Échos et regards

°227 · Théâtre (jeune) public

n° 226 · Maguy Marin

théâtre public

NE MANQUEZ PAS UN SEUL NUMÉRO

Abonnez-vous !

Pour continuer à vous proposer chaque trimestre des analyses de qualité, des débats sur ce qui anime la vie théâtrale d'aujourd'hui, des articles des acteurs, chercheurs et artistes qui font référence, *Théâtre/Public* a besoin de votre fidélité.

Tarifs abonnement annuel 2018

	FRANCE	EUROPE	HORS EUROPE
INSTITUTIONS	68 €	76 €	84 €
INDIVIDUELS	50 €	58 €	66 €
ÉTUDIANTS	40 €	44 €	48 €

Pour souscrire un abonnement, contactez Laura Geloin
Tél. : +33 (0)2 31 59 25 02
Courriel : gisabo3@gis-routage.fr
Fax : +33 (0)2 31 69 44 35

Théâtre/Public - GIS Logistique
Z.A. La Tellerie
C.S. 20016
61438 Flers Cedex

Règlement par chèque, virement bancaire ou PayPal

LES CONTRIBUTEURS DU NUMÉRO

GEORGES BANU a collaboré avec Antoine Vitez au Théâtre national de Chaillot (1981-1988). Il a fait partie du conseil de direction du théâtre, a dirigé *Chaillot*, le journal du théâtre, et ensuite la revue *L'Art du théâtre*. Il a publié, avec Danièle Sallenave, l'anthologie des textes de Vitez, *Le Théâtre des idées*, et a signé un grand nombre d'essais consacrés à Antoine Vitez, au jeu de l'acteur, au travail de traduction, à la relation avec les marionnettes, etc.

CARLES BATLLE est auteur dramatique. Parmi ses œuvres, traduites dans une dizaine de langues, on peut citer *Temptació* (2004), *Combat* (1995-98), *Trànsits* (2006-07), *Still Life* (2018). Il a traduit quelques pièces d'auteurs français (Lescot, Danan, Sonntag, Dilasser, etc.). Il a été directeur de l'Obrador de Dramatúrgia de la Sala Beckett de Barcelone et membre du conseil du Teatre nacional de Catalunya. Il est directeur des services culturels à l'Institut del Teatre de Barcelona, où il enseigne, et professeur à l'Université autonome de Barcelone. Il a été directeur de la revue théâtrale *Pausa* (2004-17) et dirige aujourd'hui la revue d'études théâtrales *Estudis escènics*.

LAURENT BERGER, metteur en scène, dramaturge et enseignant-chercheur, est maître de conférences à l'université Paul-Valéry de Montpellier. Récemment, il a mis en scène *3 85M* au Teatro Nacional Cervantes en coproduction avec le FIBA, et, avec Andrés Marín, *D. Quixote* au Théâtre national de Chaillot. Ses domaines de recherche sont principalement la théorie et la pratique de la mise en scène et du jeu de l'acteur.

JEAN-LOUIS BESSON est professeur émérite des universités Paris-Nanterre et Louvain-la-Neuve. Au théâtre, il travaille comme dramaturge et a traduit de l'allemand en français de nombreuses œuvres classiques et contemporaines. Ses recherches et publications portent sur le théâtre allemand du XIXe au XXIe siècle, sur la mise en scène et sur la traduction théâtrale.

MICHEL BOERMANS a étudié à l'Insas où il enseigne depuis 1983. Depuis 1990, il a en charge de coordination de la pédagogie du département Théâtre. Il travaille l'espace pour la scène (scénographie, lumière, son) et le papier (photographie, graphisme). Vice-président puis président du Conseil de l'art dramatique de la Fédération Wallonie-Bruxelles depuis 2007.

YANNICK BUTEL est critique et dramaturge, professeur en arts de la scène à l'université d'Aix-Marseille. Il est cofondateur de l'Insensé-scenes.net (plate-forme numérique de critique en ligne sur les arts vivants).

ROBERT CANTARELLA fonde en 1983 le Théâtre du Quai de la Gare, puis crée, en 1985, la Compagnie des Ours, avec la volonté de faire découvrir ou redécouvrir les auteurs du XXe siècle. En 1987, c'est la création d'*Inventaires*, de Philippe Minyana, dont il monte successivement de nombreuses pièces. Entre 1989 et 2017, il a mis en scène des textes d'Henry Bernstein, Noëlle Renaude, Lars Nören, Cervantès, Jean-Luc Lagarce, Jane Bowles, Tchekhov, Shakespeare, Eduardo de Filippo, Thomas Bernhard, August Strindberg, Dea Loher, etc. Depuis 1993, il exerce une activité régulière de formation tant en France qu'à l'étranger. Il dirige le master Formation à la mise en scène de La Manufacture, à Lausanne, depuis 2013, pour laquelle il ouvre en 2019 la section Scénographie. Prochaines créations : en janvier 2019, *Ida ou le délire*, d'Hélène Bessette, et, en novembre 2019, *Steve Jobs*, d'Alban Lefranc.

NICOLAS FLEURY est scénographe, costumier, collaborateur artistique, metteur en scène et comédien. Il est chargé depuis mars 2018 de l'accompagnement des projets personnels des élèves et responsable du cursus Jouer et mettre en scène au Conservatoire national supérieur d'art dramatique.

JOSYANE HORVILLE a été codirectrice du Théâtre de la Commune (1965-1975), codirectrice (1975-1981) puis directrice (1993-2001) du Jeune théâtre national, directrice du Théâtre de l'Athénée (1982-1993). Elle crée, en 1997, l'Unité nomade de formation à la mise en scène, rattachée sous sa responsabilité au Conservatoire national supérieur d'art dramatique en 2001.

ÉMELINE JOUVE, spécialiste du théâtre américain, est maître de conférences à l'INU Champollion et à l'université Toulouse Jean-Jaurès. Elle est l'autrice de *Susan Glaspell's Poetics and Politics of Rebellion* et *Avignon 1968 et le Living Theatre. Mémoires d'une révolution*.

GUILLAUME LÉVÊQUE Avant d'obtenir une maîtrise en philosophie, il entame en 1979 une carrière d'acteur et joue dans de très nombreux spectacles, notamment sous la direction d'Alain Françon, pour qui il sera aussi dramaturge ou assistant. Il est durant treize ans artiste associé au Théâtre national de la Colline, où il fait plusieurs mises en scène. Il est intervenu par ailleurs à l'Erac, au CNSAD, à l'école du Théâtre du Nord, à l'école du TNS et anime de nombreux stages professionnels en France et à l'étranger. Il intervient également dans différentes universités. Depuis septembre 2011, il est coresponsable, avec Christian Schiaretti, du département Mise en scène de l'Ensatt.

ROXANE MARTIN est professeur d'Histoire et d'Esthétique du théâtre à l'université de Lorraine. Spécialiste du théâtre français du XIXe siècle, elle est l'autrice de plusieurs ouvrages et d'éditions critiques de textes dramatiques. Elle est directrice du master Arts de l'université de Lorraine et du M2 «Mise en scène et dramaturgie en Europe».

STANISLAS NORDEY, metteur en scène de théâtre et d'opéra, acteur et pédagogue, crée, joue, initie de très nombreux spectacles depuis 1991. Il met en scène principalement des textes d'auteurs contemporains. Depuis 2014, il est directeur du Théâtre national de Strasbourg et de son école, où il mène notamment une politique volontariste en faveur de la diversité et des écritures contemporaines.

RADU PENCIULESCU, né en 1930, a été acteur, metteur en scène et directeur de théâtre en Roumanie. De 1964 à 1969, il a également été professeur à l'Institut des arts théâtraux et cinématographiques de Budapest. Depuis 1973, il est installé en Suède où il se consacre à la formation de l'acteur.

BÉATRICE PICON-VALLIN est directrice de recherches émérite au CNRS, Thalim/Arias. Spécialiste du théâtre russe et de l'histoire de la mise en scène, elle est l'autrice de nombreux ouvrages (en particulier *Meyerhold*, Les Voies de la création théâtrale, vol. 17, CNRS Editions, 2004) et de traductions italienne, brésilienne...). Dernière publication : *Le Théâtre du Soleil*, Actes Sud, 2014.

MARIA LÚCIA DE SOUZA BARROS PUPO, docteur de Paris-III Sorbonne-Nouvelle, est chercheuse au Conseil national brésilien de développement scientifique et technologique et professeur titulaire du département des Arts de la scène de l'université de São Paulo, où elle intervient en particulier dans la formation d'enseignants en arts de la scène et dirige des recherches en pédagogie du théâtre.

MARIE-ANGE RAUCH est maître de conférences en études théâtrales (UFR Arts-Philosophie, Paris-VIII). Ses travaux portent sur l'histoire des théâtres publics, leurs organisations, leurs rapports aux pouvoirs publics, les engagements collectifs et individuels syndicaux et/ou politiques des artistes.

JEAN-LOUP RIVIÈRE est professeur émérite à l'École normale supérieure de Lyon, responsable de recherche et professeur au Conservatoire national supérieur d'art dramatique à Paris, directeur de SACRe/le Laboratoire (université de recherche Paris-sciences-et-lettres). Il a été notamment conseiller littéraire et artistique de la Comédie-Française (1986-2001).

RADU PENCIULESCU Né à Bucarest en 1930, metteur en scène réputé et pédagogue d'exception, il signe des spectacles unanimement reconnus en Roumanie. Il dirige à l'Institut d'Art théâtral et cinématographique la section Mise en scène et crée le théâtre Teatrul Mic (1964-1969). Après les succès de *Tango*, *Le Roi Lear*, *Woyzeck*, *Le Vicaire*, il quitte la Roumanie et travaille en Suède où il enseigne d'abord le jeu. Invité aux Etats-Unis, il poursuit son enseignement à Pittsburg ou à Ann Arbor, puis revient à l'Ecole de théâtre (acteurs) de Malmö (1983-1989). Outre son activité pédagogique, il signe des mises en scènes en France, en Finlande, en Belgique, au Canada. Après la chute de Ceaucescu, il retourne en Roumanie pour animer des ateliers pédagogiques et signer des spectacles entre la lecture et la mise en espace. Sa dernière mise en scène est *Macbeth* (Théâtre national). Il vit actuellement à Stockholm.

KATHARINA STALDER est metteuse en scène, comédienne, traductrice et pédagogue. Elle a traduit des pièces de Philipp Weiss, Maxi Obexer, Christina Kettering, Klaus Mann, Magdalena Schrefel. Elle enseigne l'art dramatique au CRD de l'Aveyron et prépare une thèse à la Sorbonne-Nouvelle - Paris-III sur la formation à la mise en scène.

EMMANUELLE THIÉBOT est doctorante en études théâtrales et chargée de cours à l'université de Caen. Ses recherches portent sur les représentations théâtrales du conflit israélo-palestinien en France, leurs contextes de production et réseaux de diffusion. Une partie de ce travail s'intéresse aux transferts culturels d'œuvres israéliennes et palestiniennes.

TRADUCTION

MARIELLE PELISSERO est docteur en arts du spectacle, chercheuse associée à l'université Paris-Nanterre. Elle a traduit pour ce numéro l'entretien avec Thomas Ostermeier.

ALICE MARIA DE ARAÚJO FERREIRA est docteur en linguistique (université de São Paulo), professeur de traduction (français) à l'université de Brasilia, directrice du groupe de recherche Traduction ethnographique et Poétiques du devenir (Cnpq-UnB-Brésil).

REMERCIEMENTS

Merci à Dietmar Böck, administrateur de la Schaubühne, pour son aide précieuse.

Merci à celles et ceux qui, sans avoir écrit ou témoigné dans le dossier « Enseigner la mise en scène », ont aidé à sa réalisation : Angela Konrad (Uqam), Dominique Lecoyer (TNS), Mireille Losco-Léna (Ensatt), Fabienne Lottin (CNSAD), Sabine Quiriconi (Paris-Nanterre), Bernhardt Siebert (ATW).